VOYAGE
D'AUVERGNE.
2535

Ouvrages du même Auteur qui se vendent chez le même Libraire.

FABLIAUX ou Contes du douzième & du treizième siècle, traduits ou extraits d'après plusieurs Manuscrits du tems; avec des notes historiques & critiques, & les imitations qui ont été faites de ces Contes depuis leur origine jusqu'à nos jours. 4 *vol. in-8.°*

Le 4.° voulme, ayant paru postérieurement, se vend à part.

Idem. 5 volumes petit *in-12.*

VIE PRIVÉE DES FRANÇAIS depuis l'origine de la Nation jusqu'à nos jours. 3 *vol. in-8.°*

VOYAGE D'AUVERGNE.

Par M. LE GRAND D'AUSSY.

A PARIS,

Chez Eugene ONFROY, Libraire,
Quai des Augustins ;

Et Quai de la Mégisserie, Numéro 45.

M. DCC. LXXXVIII.

Avec Approbation, et Privilège du Roi.

AVERTISSEMENT.

« Eh quoi ! toujours des Voyages, disais-je un jour à l'un de mes amis Rédacteur d'un Journal, M. l'Abbé de F...... en parcourant chez lui des livres nouveaux ! Quoi ! toujours des Voyages de Suisse, d'Angleterre, d'Italie, de tous les Etats du monde enfin ! & jamais des Voyages de France ! Nous recherchons, nous lisons avec avidité tout ce qui concerne les pays étrangers ; & le nôtre, qui, dans ses diverses Provinces, offre des mœurs, des usages, des productions, des montagnes, &c. qu'il serait pour nous si agréable & si intéressant de connaître ; le nôtre, dont la description bien faite serait un travail si sûr d'être accueilli par des Français, nous ne les connaissons pas » !

AVERTISSEMENT.

Je ne prévoyais guères, en tenant ce discours, que, moi-même avant peu, je publierais un de ces Ouvrages. Je me disposais alors à partir pour l'Auvergne; j'allais voir à Clermont un frere (*), que j'aime tendrement; & comme, dans un pareil voyage, je devais à-coup-sûr rencontrer plus d'un objet curieux, l'Homme-de-lettres dont je viens de parler, m'avait prié de lui donner quelques détails sur ceux qui me paraîtraient les plus piquans. Je le promis, sans savoir à quel point je m'engageais; mais j'étais bien éloigné de croire que de cette promesse résulterait un livre.

Cependant j'avoue qu'elle me fut utile, & que c'est à elle particulièrement que je dois de connaître l'Auvergne. Il faut en convenir; de tous les objets que peut voir un Voyageur, il n'est que ceux dont il se

---

(*) Prieur de l'Abbaye de Saint-André, Ordre de Prémontré.

AVERTISSEMENT.

propose de rendre compte, qu'il observe avec une certaine attention. Si je n'eusse voyagé que pour mon seul amusement, j'aurais peut-être porté par-tout des regards superficiels: au moins, sur beaucoup de faits & de remarques, je m'en serais fié à ma mémoire; & ma mémoire les eût bientôt oubliés. Engagé au contraire, par une promesse, à instruire mon ami de mes observations, je me crus obligé d'y mettre plus de soin; & partout je m'imposai la loi de noter, sur les lieux mêmes, ce que j'avais occasion d'y remarquer.

Ces notes se sont multipliées à un point qui m'a surpris moi-même. En cherchant à y mettre de l'ordre, j'ai cru y appercevoir des faits nouveaux & dignes d'être connus. Il m'a semblé que ce que j'avais eu tant de plaisir à voir, d'autres peut-être auraient encore du plaisir à le lire; & c'est dans cet

AVERTISSEMENT.

espoir que, de retour à Paris, après cinq mois de courses, j'ai rédigé mon travail & l'ai mis en état d'être publié. Primitivement ce n'était qu'un compte rendu à mon ami. Je lui écrivais dans l'effusion de mon ame, & lui parlais autant de ce que j'avais senti que de ce que j'avais vu. Il m'en eût coûté trop de tems pour changer cette forme; je l'ai conservée. Au reste, l'Ouvrage appartenait en partie à M. l'Abbé de F......; puisque d'abord c'était pour lui qu'il avait été entrepris. En raison de ses droits, il m'en a demandé quelques articles; j'y ai consenti; & déjà il a fait imprimer dans sa feuille périodique une partie de ce qui regarde le puy de Dome & la description de la Limagne.

Je ne m'excuserai point sur tous les détails d'Histoire-Naturelle dans lesquels je suis entré; parce que c'est particulièrement par ces détails que l'Auvergne est intéressante. Ce

AVERTISSEMENT.

pendant j'avouerai que ce n'était pas à moi, Homme-de-lettres, de parler d'une science, dans laquelle je n'ai que les connaissances superficielles qu'on peut aquérir, quand, comme moi, on a seulement suivi quelques cours, lu quelques livres, & parcouru quelques cabinets. J'arrivais d'ailleurs dans une contrée qui m'était totalement inconnue ; & lorsque mon frere, occupé de ce qui pouvait m'intéresser en m'amusant, me proposa de parcourir avec lui les montagnes qui sont dans le voisinage de Clermont, je sentis que, pour tirer parti d'un projet auquel nous ne manquerions pas de donner bientôt plus d'étendue, j'avais besoin des renseignemens & des lumières d'un homme instruit dans la connaissance locale du pays.

Heureusement pour moi, cet homme existait à Clermont (*). Aussi excellent Natu-

---

(*) M. Mossier, M.ᵉ Apothicaire, & en ce moment Echevin de la ville.

AVERTISSEMENT.

ralifte que Chymifte habile, depuis trente ans qu'il s'occupe de la Minéralogie de la Province, c'eft à lui que s'adreffent tous les Etrangers qui veulent connaître l'Auvergne. Comme eux, nous allâmes, mon frere & moi, lui demander des inftructions ; *& nos eamus ad videntem* : &, comme à eux, il a eû la bonté de nous donner toutes celles dont nous avions befoin. Nous devons à fa complaifance de nous avoir accompagnés dans quelques voyages ; moi je dois à l'amitié qu'il m'a témoignée pendant tout le tems de mon féjour, des converfations particulières dont j'ai fouvent profité pour l'Ouvrage qu'on va lire. Pourquoi n'ai-je pas toujours eu l'avantage de parler d'après lui, & de tout voir par fes yeux!

APPROBATION.

J'AI LU, par ordre de Monseigneur le Garde-des-Sceaux, un Manuscrit, intitulé : *Voyage en Auvergne*, par M. le Grand d'Aussy. Cet Ouvrage m'a paru fait pour servir de modèle, & tel qu'il seroit à désirer que l'on en publiât sur chacune des Provinces de France. Je crois donc qu'il ne peut qu'être fort utile, soit par ce que l'on y apprendra, soit aussi par ce qu'il pourra faire naître, à des hommes suffisamment instruits, le désir d'en publier de pareils sur les lieux de leur résidence.

Signé, MENTELLE, Censeur Royal.

PRIVILEGE DU ROI.

LOUIS, par la grace de Dieu, Roi de France & de Navarre : à nos Amés & Féaux Conseillers les Gens tenans nos Cours de Parlement, Maîtres des Requêtes ordinaires de notre Hôtel, Grand Conseil, Prévôt de Paris, Baillifs, Sénéchaux, leurs Lieutenans-Civils, & autres nos Justiciers qu'il appartiendra : SALUT. Notre amé le sieur LE GRAND D'AUSSY nous a fait exposer qu'il désireroit faire imprimer & donner au Public le *Voyage d'Auvergne*, de sa composition ; s'il nous plaisoit lui accorder nos Lettres de privilège pour ce nécessaires. A CES CAUSES, voulant favorablement traiter l'Exposant, Nous lui avons permis & permettons par ces Présentes, de faire imprimer ledit Ouvrage autant de fois que bon lui semblera, & de le vendre, faire vendre & débiter par-tout notre Royaume; Voulons qu'il jouisse de l'effet du présent Privilège, pour lui & ses hoirs à perpétuité, pourvu qu'il ne le rétrocède à personne; & si cependant il jugeoit à propos d'en faire une cession, l'acte qui la contiendra sera enregistré en la Chambre Syndicale de Paris, à peine de nullité, tant du Privilège que de la Cession ; & alors, par le fait seul de la Cession enregistrée, la durée du présent Privilège sera réduite à celle de la vie de l'Exposant, ou à celle de dix années, à compter de ce jour, si l'Exposant décède avant l'expiration desdites dix années ; le tout conformément aux articles IV & V de l'Arrêt du Conseil du 30 Août 1777, portant Règlement sur la durée des Privilèges en Librairie. Faisons défenses à tous Imprimeurs, Libraires & autres personnes de quelque qualité & condition qu'elles soient, d'en introduire d'impression étrangere dans aucun lieu de notre obéissance ; comme aussi d'imprimer, ou faire imprimer, vendre, faire vendre, débiter, ni contrefaire ledit Ouvrage, sous quelque prétexte que ce puisse être, sans la permission expresse & par écrit dudit Exposant, ou de celui qui le représentera, à peine de saisie & de confiscation des Exemplaires contrefaits, de six mille livres d'amende qui ne pourra être modérée pour la première fois, de pareille amende & de déchéance d'état en cas de récidive, & de tous dépens, dommages & intérêts, conformément à l'Arrêt du Conseil du 30 Août 1777, concernant les contrefaçons : à la charge que ces Présentes seront enrégistrées tout au long sur le Registre de la Communauté des Imprimeurs & Libraires de Paris, dans trois mois de la date d'icelles; que l'impression dudit Ouvrage sera faite dans notre Royaume & non ailleurs, en beau papier & beaux caractères, conformément aux Réglemens de la Librairie, à peine de déchéance du présent Privilége; qu'avant de l'exposer en vente, le Manuscrit qui aura servi de copie à l'impression dudit Ouvrage, sera remis dans le même état où l'Approbation y aura été donnée, ès mains de notre trèscher & féal Chevalier, Garde-des-Sceaux de France, le Sieur DE LAMOIGNON, Commandeur de nos Ordres; qu'il en sera ensuite remis deux Exemplaires dans notre Bibliothéque publique, un dans celle de notre Château du Louvre, & un dans celle de notre très-cher & féal Chevalier Chancelier de France le Sieur DE MAUPEOU, & un dans celle dudit sieur DE LAMOIGNON; le tout à peine de nullité des Présentes; du contenu desquelles vous mandons & enjoignons de faire jouir ledit Exposant & ses hoirs, pleinement & paisiblement, sans souffrir qu'il leur soit fait aucun trouble ou empêchement. Voulons que la copie des Présentes, qui sera imprimée tout au long au commencement ou à la fin dudit Ouvrage, soit tenue pour duement signifiée, & qu'aux copies collationnées par l'un de nos amés & féaux Conseillers-Secrétaires, foi soit ajoutée comme à l'original. Commandons au premier notre Huissier ou Sergent sur ce requis, de faire pour l'exécution d'icelles, tous actes requis & nécessaires, sans demander autre permission, & nonobstant clameur de Haro, Charte Normande, & Lettres à ce contraires. Car tel est notre plaisir. Donné à Versailles, le troisième jour du mois de Février, l'an de grace mil sept cent quatre-vingt-huit, & de notre Règne le quatorzième. Par le Roi en son Conseil. *Signé*, LE BÈGUE.

Regiſtré ſur le Regiſtre XXIII. de la Chambre Royale & Syndicale des Libraires & Imprimeurs de Paris, n.° 1502, fol. 474, conformément aux diſpoſitions énoncées dans le préſent Privilège : & à la charge de remettre à ladite Chambre les neuf Exemplaires preſcrits par l'Arrêt du Conſeil du 16 Avril 1785. A Paris, le 22 Février 1788. Signé, KNAPEN, *Syndic.*

- Abbaye de St. André
- Abbaye de St. Allyre
- la Barraque
- Village de Royat
- Gergovial
- Mont Rognon
- Mont Audoux
- Graveneire

VUE DE CLERMONT

Et des Montagnes Voisines

- Clermont
- Puy de Dome
- Petit Puy de Dome
- les Côtes et Chanturgue

Entre Royat et Clermont,
Se trouve Mont joly,
au dessous de Montrognon
Se trouve le Village de Beaumont.

HISTOIRE

D'AUVERGNE.

DE toutes les Provinces du Royaume, l'Auvergne peut-être eſt celle qui eſt la moins connue : & de toutes cependant c'eſt celle qui pour le Phyſicien, le Naturaliſte, & le Voyageur, mérite peut-être de l'être d'avantage.

Habitée par une race d'hommes laborieux & robuſtes, ſituée au centre de la France, environnée du Rouergue, de la Marche, du Limouſin, des Cévennes, du Forez, &c, Provinces pauvres & ſtériles ; elle pourrait, par ſes productions, devenir néceſſaire à l'exiſtence de ſes voiſins.

A

Mais avec un grand nombre de ruisseaux qui arrosent ses paturages, la Nature ne lui a donné qu'une seule riviere navigable; à une petite partie près, elle la rendue âpre & montagneuse; elle l'a bouleversée par des volcans; & après l'avoir placée en apparence au premier rang des Provinces du Royaume, elle semble, par un retour d'humeur, l'avoir reléguée dans la foule du second ou du troisieme.

Ce pays pauvre & sans débouchés, qui n'a de longueur qu'une quarantaine de lieues sur dix-huit de large; qui n'a gueres que six à sept cens mille habitans, paye néanmoins, selon le *Compte rendu au Roi*, douze millions huit cens mille livres d'impositions : surcharge qu'il prétend être d'autant plus énorme que son commerce est peu considérable, qu'il n'a presque que des denrées; & que quand ses denrées manquent, il est sans ressource.

Ce commerce consiste en toiles grossières & en chanvres; objet qui passe presque en entier dans le Languedoc, & qu'on estime environ quatre millions :

En vins, qui montent à douze ou quinze

cens mille livres; & qui rapportent néanmoins peu de profit réel, parce qu'il est peu de Provinces où la culture de la vigne coûte, à raison de la rareté des bois, autant qu'en Auvergne:

En quelques articles de culture ou d'industrie, comme papier, fruits, fromages, &c, enfin en bestiaux; & cette partie du commerce de la Province est la plus considérable de toutes.

L'argent, comme vous voyez, sortant en fleuves de l'Auvergne, & n'y rentrant que par filets, l'exportation & les produits de la terre n'y suffisant pas pour aquitter le fardeau des impôts, il a fallu que les Auvergnats imaginassent un genre de lucre quelconque, & qu'ils allassent chercher ailleurs un revenu qui leur étant refusé par la Nature était néanmoins exigé d'eux. Dénués d'industrie, d'activité ou de moyens pour établir des manufactures; mais doués, en récompense, de patience & de force, ils ont pris le parti de s'expatrier. Tous les ans, au printems ou à l'automne, on en voit des milliers quitter leurs habitations, & porter dans des contrées étrangères leur lourde & grossière adresse. Des villages entiers sont déserts;

il n'y refte que les vieillards, les femmes & enfans : encore voit-on quelquefois des femmes même & des enfans s'expatrier. Tous partent, & fe repandent les uns dans la Capitale, les autres dans les différentes Provinces du Royaume, & jufques dans des Etats étrangers. Moiffonneurs, Chauderonniers, Paveurs, Maçons, Raccommodeurs de parafols & de vieux fouliers, Porteurs d'eau, Scieurs de bois, Décroteurs, Commiffionnaires, il ne rebutent aucun travail; tout leur convient, pourvû qu'on les paye. La vie la plus dure, l'économie la plus ftricte, voilà leur exiftence. Nation eftimable, qui loin d'être, comme les autres, abattue & découragée par la mifère, n'en eft que plus aiguillonnée au travail.

Après une ou plufieurs années, ont-ils enfin amaffé quelque argent ; on les voit, de nouveau, vers l'automne, ou le printems partir en troupe, revenir aquitter leurs impofitions, & porter dans leur famille le fruit de leur opiniâtre labeur & de leur longue économie. L'amour de la patrie les ramene : ils reviennent habiter les ftériles montagnes d'où les avait chaffés la misère, & où la misère les attend encore.

Malheureusement il en est qui rapportent dans leur foyers les germes de maladies infâmes qu'ils ont prises dans leurs caravanes; & par eux sont infectées des femmes honnêtes, qui bientôt périssent, sans secours, des suites d'un mal qu'elles ignorent. Quelques uns, parmi ceux qui étaient sortis garçons, renoncent à leur pays, & s'etablissent où ils se trouvent mieux. Enfin il en est beaucoup qui, par la nature de leurs travaux, périssent, soit par accidens, soit de maladies aigues: & c'est en cela que sont pernicieuses ces emigrations forcées auxquelles les condamne le besoin de subsister. De toutes parts dans les villages, on voit des maisons en ruines, ou abandonnées. J'en ai vus où ces masures en décombres faisaient plus d'un tiers du village. L'Administration qui n'est point instruite de ce malheur, & qui sûrement y remédierait, laisse subsister le même fardeau d'impositions. Réparti sur moins de têtes, il devient plus lourd encore; le mal augmente; & c'est sans espoir de diminution, parce que le sol de l'Auvergne étant mauvais, il se refuse à des productions d'une grande valeur, & que fes denrées, même celles qui font un objet de commerce & d'exportation, font d'une qualité inférieure.

Si nous en croyons Grégoire-de-Tours, Thierri, fils de Clovis, voulant engager fes foldats à le fuivre dans une expédition contre l'Auvergne, leur promettait de les conduire dans un pays d'où ils rapporteraient auta ntdr & d'argent qu'ils pourraient en défirer : *ad Arvernos fequimini ; ego vos inducam in patriam ubi aurum & argentum accipietis, quantum veftra poteft defiderare cupiditas.* Affurément fi l'Auvergne était alors telle que la peignait Thierri, elle a bien changé depuis ce tems. Il eft vrai que l'Auteur qui lui fait tenir ce difcours était Auvergnat : & que fans ceffe occupé à vanter fa patrie, on doit fe défier des éloges qu'il lui prodigue.

On a nommé Haute-Auvergne la partie méridionale de cette Province, fituée au de-là de Brioude, de Bort & de Maffiac. Elle eft toute en montagnes : & ces montagnes font fa richeffe par des paturages immenfes où elle élève de nombreux troupeaux dont le commerce l'alimente.

L'autre partie, plus peuplée & plus fertile, quoi que placée au nord de la premiere; beaucoup plus intéressante parce qu'elle est plus variée, est la seule que j'aie parcourue, & la seule par conséquent dont je vous parlerai. On la divise en Limagne & en montagnes ; & ce sont ces montagnes qui lui ont fait donner le nom de basse, parce que malgré leur hauteur, assez considérable, elles sont cependant moins élevées que celles de la haute.

Quant à cette Limagne, l'un des cantons les plus fertiles du Royaume, & celui qui le premier se présente à vous, quand de Paris vous entrez dans la Province, vous la connaissez de réputation, mon cher Abbé. Vous savez qu'on appelle ainsi la partie orientale de la Basse-Auvergne, terminée par les montagnes du Forez c'est-à-dire un espace d'environ douze lieues de long sur huit de large; quoi que quelques personnnes lui en donnent vingt-quatre en longueur (depuis St. Pourçain jusqu'à Brioude.) Vous avez lû les éloges que Sidonius Apollinaris fesait déja, au IV siècle, de cette contrée, dont la beauté, dit-il, donnait aux voyageurs le dégoût de leur patrie ; *quod hujus modi eſt ut ſemel viſum advenis, multis patriæ oblivionem ſæpe perſuadeat.* Vous avez vu dans Grégoire-de-Tours les regrets que témoignait le Roi Childebert, en la traverſant par un tems de brouillard épais, de ne pouvoir jouir du ſpectacle agréable qu'il ſe flattait d'y voir : *dicere enim erat ſolitus Rex, velim unquam arvernam Lemanem, quæ tantâ jucunditatis gratiâ refulgere dicitur, oculis cernere.*

Selon Du Cange, ce mot *Lemane* dérive du celtique, & ſignifie une plaine cultivée. Cependant on ſe tromperait beaucoup, ſi par cette plaine on ſe figurait un terrein plat & uni, comme celui de Beauce ou de Flandres. C'eſt le baſſin d'un pays montueux, hériſſé lui-même, par-ci par-là de tertres aſſez élevés, & même de collines hautes, qui dans d'autres contrées porteraient le nom de montagnes.

C'eſt à ces collines, & ſurtout aux montagnes qui l'entourent, que la Limagne doit ſa fécondité. Arroſée par les ſources & les eaux pluviales qui en découlent, elle produit ſans interruption ; & offre aux yeux une des vues les plus riantes & les plus riches qui soient dans l'univers. Vous connaissez, mon ami, cette riche Vallée de Montmorenci, si renommée dans la Capitale par ses sites agréables, par ses châteaux nombreux, par l'abondance & la beauté de ses fruits. Eh bien, ôtez à la Vallée une partie de ses opulens villages & de ses maisons de campagne; ôtez lui ses châteaux magnifiques, ses parcs, ses avenues si multipliées, enfin tout ce qui tient au luxe & à la magnificence; qu'il ne lui reste qu'un sol fertile, des vergers, des prairies, des vignobles, enfin tous les genres possibles de culture; & vous aurez la Limagne. Mais ce qui distingue celle-ci, est ce qui manque à la Vallée, ce sont des ruisseaux nombreux dont les eaux divisées, par l'industrie des habitans, en mille canaux, augmentent sa fécondité, & donnent à ses prairies & à sa verdure une fraîcheur & une jeunesse éternelles; ce sont des villes nombreuses qui la parent; c'est surtout cette longue suite de montagnes bisarrement découpées, grouppées plus pittoresquement encore, dont la chaîne, de tous côtés, l'entoure & l'enferme: montagnes presque toutes volcaniques, qui naiſſant pour ainſi-dire à vos pieds, & s'élevant l'une ſur l'autre, vont au loin ſe perdre dans l'horiſon, ſous la forme de ces nuages bleuâtres qu'enfante un jour d'orage. Non, jamais plus riche tableau n'eut une plus magnifique bordure.

C'eſt ſur-tout lorſqu'on vient de Paris, & qu'on eſt à une ou deux lieues de Riom, qu'on jouit de la beauté de ce ſpectacle. Des hauteurs où vous êtes, vous voyez ſe déployer devant vous cet immenſe baſſin, avec ſes villages, ſes villes, ſes champs ſi variés, ſes montagnes ſi extraordinaires. Pour moi qui, depuis vingt ſix ans ne ſuis guères accoutumé qu'aux beautés froides & à l'art compaſſé des environs de la Capitale, je fus ravi, je l'avoue. Jamais mes yeux n'avaient vu un théâtre auſſi riche, auſſi vaſte, & auſſi grandement deſſiné. Je ne pouvais me laſſer de l'admirer; & comme Argus, j'euſſe voulu en ce moment être tout œil. Ma vue ſe portait de la plaine aux montagnes, & des montagnes à la plaine. Envain j'eſſayais de la fixer ſur un objet, un autre objet plus beau encore l'appellait vers lui; & près de celui-ci j'en découvrais vingt autres qui me paraiſſaient plus piquans encore.

Il m'eſt impoſſible de vous peindre tout le plaiſir que j'éprouvai en ce moment ; & cependant ce plaiſir, par un effet que je ne peux comprendre, était mêlé de peine. Devant moi s'offrait un grand tableau, dont l'enſemble me paraiſſait impoſant & tous les détails enchanteurs. Ces détails & cet enſemble étaient préciſément ce que je cherchais à ſaiſir ; & je voyais avec dépit que je ne pouvais y réuſſir. Dans certains momens je m'applaudiſſais d'accourir en poſte au devant des objets qui ne s'offraient à moi que confuſément. L'inſtant d'après, je regrettais que le Poſtillon m'arrachât trop vîte à ceux que je voyais bien ; & ſans l'empreſſement que j'avais de revoir mon frere, & d'être embraſſé par lui, j'euſſe ordonné d'arrêter.

Dans ce déſordre de ſenſations & d'idées, je repaſſais dans ma mémoire ce que j'avais lu chez différens Auteurs ſur les volcans éteints d'Auvergne. Long-tems, la tête échauffée de leurs deſcriptions, j'avais déſiré de voir ces monts, autrefois la proie des feux soutérreins. Je les voyais enfin; & à leur aspect mon imagination s'allumait. Ce n'était plus ces montagnes ordinaires que j'avais vues dans d'autres Provinces, & qui formées à loisir par le travail lent & paisible des eaux, offrent dans toutes leurs formes une ressemblance monotone. Ici rien d'uniforme; un désordre qu'il est impossible de dépeindre; par-tout des déchiremens, des bouleversemens horribles, & l'image de la plus affreuse destruction.

A mesure que vous avancez, & que vous descendez dans la Limagne, le tableau se rapproche; & comme il est moins étendu, il est aussi moins confus. Vous traversez, vous cotoyez ces champs si bien cultivés, & qui par la diversité de leurs productions ainsi que par celle de leurs couleurs, par la coupure de tous leurs canaux ainsi que par les compartimens de leurs arbres, forment peut-être le *jardin anglais* le plus beau qui soit dans l'Europe entiere. Pas un terrein qui ne rapporte quelque chose. Tout, jusqu'aux grandes routes, y est en valeur. Comme celles des autres Provinces,

ces routes sont toutes plantées; mais au lieu d'ormes, de chênes & de tous ces arbres stériles qu'on voit ailleurs, ici ce sont des noyers, qui, doublement utiles dans un canton où le beurre est cher, donnent une huile dont le peuple & le paysan se sert pour assaisonner ses alimens.

Dans un enfoncement particulier que forme la Limagne, vers l'Ouest entre des montagnes, ou plutôt dans une baie qu'y a faite autrefois l'Océan, est placé Clermont.

Ici, mon ami, vous allez vous récrier, je m'y attens; & quoique jusqu'à ce jour vous ayez lu mille preuves du séjour qu'à fait jadis la mer dans différens cantons de notre France, vous me demanderez peut-être quelles sont celles que j'ai de sa demeure dans un pays, élevé aujourd'hui de près de 1600 pieds au-dessus du niveau de l'Océan. Ne vous effarouchez pas, je vous prie; attendez & différez un moment vos objections : j'aurai à vous dire, sur cette matière, des choses qui vous étonneront bien davantage encore.

La baie, ou le bassin dont je vous parle, large de deux grandes lieues d'ouverture, est formé par une chaîne de collines qui s'arrondissant en fer-à-cheval, ne le laissent ouvert qu'au nord-est & à l'est, & le ferment de tous les autres côtés.

Il est difficile d'imaginer un aspect plus agréable. On l'admire encore, même après celui de la Limagne; & quoiqu'il n'ait point les perspectives bizarres & lointaines de celui-ci; quoiqu'il n'ait ni sa brillante variété, ni la diversité infinie de ses nuances, ni enfin l'effet imposant de sa riche étendue; peut-être néanmoins est-il plus frais, plus riant encore, & sur-tout plus régulier. De quelque côté que se porte la vue, elle trouve à se reposer avec plaisir. Pour rendre plus piquantes les beautés, un peu trop uniformes, de ce joli tableau, il n'y manquait que quelques horreurs qui en fissent les ombres; & la Nature semble s'être plu à les y placer. Vers la partie de l'ouest sont plusieurs collines de granit, qui cultivées seulement vers leur base, ont leur cîme absolument inculte & stérile. Leurs têtes nombreuses ont eté usées & arrondies par le tems; il n'a pu les rendre fécondes, & les a rendues plus hideuses encore, en les sillonnant par des ravins profonds, & en découvrant d'espace en espace les pointes décharnées deleurs roches. On voit avec peine ces masses arides & frappées de malédiction, au milieu de la large zone de verdure qu'offrent les autres collines ; & néanmoins leur aspect sauvage y produit un effet auquel il est impossible de résister.

Si le bassin de Clermont offrait sur sa circonférence quelques parties de futaies ; si de la cîme de quelques unes de ses collines on voyait se précipiter une de ces cascades sans nombre qu'offre la chaîne des Monts-Dor ; avec ce spectacle & celui de la Limagne, peu de villes au monde pourraient se vanter d'une position aussi heureuse & d'une vue aussi riche.

C'est à l'ouverture de ce bassin, mais très-près d'une des deux pointes qui le forment, qu'est situé Clermont. Bâti sur une éminence, vous le voyez de loin se présenter avantageusement aux regards. Il s'élève comme une île au-dessus de la Limagne ; & dominant ce paradis de l'Auvergne, semble destiné à lui commander. Sur la cîme de son monticule est l'Eglise Cathédrale, dont le bâtiment lourd &

gothique n'a de frappant que fa fituation; mais dont la vue rappelle avec attendriffement & refpect Maffillon, fon Evêque. Les maifons, conftruites en amphithéâtre au-deffous & au tour de l'Eglife, offrent à l'œil un tableau très-agréable.

Vous applaudiffez de loin à la riante fituation de cette capitale de l'Auvergne; vous vous empreffez d'y arriver, & vous flattez d'un féjour délicieux. Quelle eft votre furprife, quand, en y entrant, vous ne voyez plus que des rues étroites & tortueufes, un pavé déteftable, enfin une ville antique, mal bâtie, plus mal tenue encore, & qui dans fon enceinte délabrée n'offre pas un feul monument digne de la curiofité d'un Voyageur. A ce tableau peu flatteur, mais fidèle; ajoutez encore une circonftance particuliere à Clermont, & qui ne peut gueres appartenir qu'à lui; c'eft que les maifons étant conftruites de laves, la couleur gris-noir de cette pierre volcanique leur donne une teinte fombre & lugubre, que vous croiriez le figne & l'annonce d'un deuil.

Ce paffage fubit de la plaine la plus riante

ux objets les plus tristes, inspire un certain dépit, dont on ne peut se défendre. Trompé dans son attente, le voyageur se reporte en idée dans cette magnifique Limagne qu'il vient de quitter. Involontairement ses yeux se tournent de côté & d'autre pour la retrouver encore; c'est-là ce qui l'a charmé, ce qu'il ne peut oublier, & ce qui dernièrement fesait dire à une étrangère, femme d'esprit, que Clermont était un vilain tableau encadré dans une bordure magnifique.

Malgré cette laideur extérieure, n'allez pas néanmoins, mon cher abbé, vous prévenir contre la ville. Elle n'a contre elle que l'apparence; & c'est-là particulièrement que je pourrais dire avec vérité, *nimium ne crede colori.* Dans ces maisons noires, vous trouveriez une excellente société; &, ce qu'on ne trouve pas toujours avec la bonne compagnie, de la cordialité, de la gaieté, & surtout cette envie de plaire, sans laquelle on n'est jamais agréable, & avec laquelle on l'est presque toujours. Dans cette ville dont l'extérieur est rebutant, vous trouveriez trois promenades publiques, qui malgré

B

leur peu d'étendue, offrent, vers différens points de la Limagne & des montagnes, une perspective délicieuse. Enfin, si je vous connaissais gourmand, je vous annoncerais une chere aussi délicate qu'abondante; excepté en maigre, parce que le poisson de mer y est inconnu à cause de l'éloignement, & que le défaut de rivières y rend celui d'eau douce rare & cher.

La ville autrefois a été plus considérable qu'elle ne l'est actuellement; & elle s'étendait beaucoup vers le midi. Aujourd'hui cette partie là est en vignobles, en terres labourables & en jardins; mais on ne peut guéres fouiller à deux ou trois pieds de profondeur, qu'on n'y trouve des fondemens, des mosaïques, des fragmens de vases & de marbres, en un mot des restes d'opulence & des débris d'antiquité.

Différens particuliers, & l'Academie possedent plusieurs de ces mosaïques & de ces vases. On est même si assuré de rencontrer là des ruines, que dernierement un sieur Emeri, possesseur d'un jardin dans ce canton, voulant y bâtir une grange, on lui conseilla, au lieu d'acheter des pierres ailleurs, de faire fouiller dans son terrein & de profiter de celles qu'à coup sûr il y trouverait enfouies. En effet il trouva non-seulement des pierres en quantité, mais encore des fondemens, des distributions toutes faites, des appartemens tracés comme sur un plan d'Architecte, & même un ciment qui servait de pavé à quelques unes de ces pièces, & qui avait un pied d'épaisseur. Il en profita; il fit bâtir sur ces fondemens ; & dans ces distributions se contruisit une chambre, dont le pavé actuel est le ciment ancien.

Mais en fouillant il y trouva ce qu'il ne cherchait pas ; des débris d'une poterie rouge très-fine & ornée de figures en relief, des fragmens considérables de marbre blanc, que j'ai vus, & qui avaient appartenus à des colonnes ; enfin un squélette de jeune femme. Celui-ci était en dedans des fondations, placé contre le mur, & enfoui en quelque sorte dans le ciment.

Je ne vous dirai rien sur les mœurs des Clermontois, parce que dans les cinq mois de séjour que j'ai fait parmi eux, presque toujours absent, sans cesse courant les montagnes, j'ai moins cherché à connaître les habitans que le pays qui les entoure. D'ailleurs accueilli & reçu par eux avec bonté ; partout n'ayant éprouvé d'eux que des soins & des complaisances, puis-je les avoir vus dans ces situations où le caractère se montre à nu ? On vous aura dit sans doute que les jolies femmes y sont très-rares ; mais si l'on ne vous a pas dit en même tems que les femmes aimables y sont communes, mon ami, l'on vous a trompé.

Quant aux hommes, plus occupés de plaisir que de Littérature & de Sciences, on peut dire d'eux, qu'en général ils montrent dans leur entretien plus de raison ou de gaieté que d'instruction. Eux-mêmes au reste, sur ce point, conviennent gaiement de leurs torts. Ils avouent, sans se flatter, qu'avec cette vie inoccuppée, leur patrie doit produire peu d'hommes illustres ; & en rejettent la faute sur les femmes, dont la société, disent-ils, en leur inspirant des mœurs oisives, a produit chez eux par contre-coup un esprit de satire & de méchanceté, & une fureur pour le jeu, qui, dans certains jours, font plus d'une victime.

Ces reproches sont exagérés sans doute. Moi, je voudrais qu'ils fussent vrais. Le sexe à qui on les fait ne manquerait pas assurément de les faire cesser bientôt. Il sait trop tout ce qu'ajoutent de charmes à la société, & même au tête-à-tête, ceux des hommes qui y portent un esprit cultivé ; & à coup-sûr il entend trop bien ses intérêts pour ne pas porter, par toutes sortes de moyens, notre sexe à aquérir ce qui le rendrait plus aimable, plus amusant, plus sûr de plaire, & sur-tout plus digne d'être aimé.

On a établi dans Clermont, il y a quarante ans, une Société académique, dont les travaux devaient avoir à la fois, pour but, la Littérature, l'Erudition & les Sciences.

Ces deux dernières parties, intéressantes dans tout pays, & bien autrement intéressantes encore dans une contrée volcanisée, offraient à des mains habiles une carrière riche & brillante ; & parmi les membres de l'Académie, j'en connais plusieurs qui, faits pour la fouiller avec gloire, y sont déjà descendus avec quelque succès.

D'ailleurs, l'établissement, sans être aucune

ment onéreux à l'Auvergne, pouvait l'illuftrer par fes travaux ; & c'eft dans ce deffein que M. de Chazerat, Intendant de la Province, l'avait fait décorer du titre de Société Royale.

Malheureufement l'indifférence que les Clermontois portent à tous les objets d'inftruction a rejailli fur l'inftitution elle-même. Reftée fans encouragement & fans confidération, fes travaux ont langui.

Déjà, quoiqu'elle n'ait pas encore aquis âge d'homme, elle eft expirante ; & avant peu, fi l'Adminiftration Provinciale ne s'empreffe de lui rendre la vie, il ne reftera plus d'elle que fon nom : pareille à ces grandes armées, qui faites pour cueillir des lauriers & pour vaincre, mais détruites prefque auffitôt qu'affemblées, fe diffipent tout-à-coup, avant même d'avoir combattu.

Il en fera probablement bientôt de même d'un jardin de botanique, inftitué tout récemment par M. de Chazerat, & fous la direction d'un Eccléfiaftique très-inftruit, M. Delarbre, jadis Médecin, aujourd'hui Curé de l'églife cathédrale. L'établiffement convenait fpécialement à un pays rempli de montagnes, dont la plupart sont remarquables par l'abondance & la qualité de leurs simples. Pour fournir aux gages du Jardinier & aux frais du jardin, M. de Chazerat, avait fait assigner par le Gouvernement une somme de 500 livres, à prendre sur les impositions de la Province; & un particulier s'était engagé libéralement à fournir un terrein. Mais le terrein a été vendu; & en attendant un emplacement favorable, on a transporté le jardin dans l'enclos d'une Maison religieuse, où il n'a ni serre ni abri pour garantir pendant l'hiver les plantes délicates & les arbustes précieux. Le Professeur lui-même, faute d'emplacement, & parce que les Religieux ont refusé de lui prêter une de leurs salles, s'est vû obligé de donner ses leçons en plein air.

Je ne doute nullement que le sol de Clermont ne soit favorable aux Sciences, & qu'elles ne s'y naturalisent enfin, comme elles l'ont fait depuis quelque tems dans les Capitales & les principales villes des autres Provinces du Royaume: mais, si elles y fleurissent un jour ce ne sera point sans peine qu'elles y auront pris racine.

L'Académie avait commencé un cabinet d'Antiquités & d'Histoire-naturelle, dont les objets ne devaient être pris que dans l'Auvergne : entreprise infiniment louable, & l'une de celles auxquelles, pour leur propre gloire, devraient se dévouer, de préférence, les Académies de Provinces, s'il ne leur était pas plus facile de trouver un Poëte médiocre ou un Prosateur insipide, qu'un Chymiste habile, un Physicien profond, un excellent Naturaliste. Ce cabinet, depuis quarante ans qu'il est commencé, eût pu sans peine devenir le dépôt de la collection la plus complette. Ce n'est encore aujourd'hui qu'une armoire commune, dans laquelle se trouvent quelques échantillons de minéraux, quelques bois pétrifiés, quelques coquilles fossiles, deux vases antiques trouvés dans des fouilles, un herbier très-beau acheté à la mort d'un Médecin Botaniste, & une ou deux curiosités modernes : telle qu'une tige d'escourgeon qui, provenue d'un seul grain, a produit deux cens quarante quatre épis, & plus de quatorze mille grains.

Il est beau sans doute, de rassembler & d'offrir en un même lieu ce que la Nature, par-tout l'univers, produit dans les trois Règnes. C'est-là vraiment une de ces magnificences dignes des grands Souverains ; & s'il est des établissemens dont Paris doive s'enorgueillir, un des premiers peut-être est ce Museum célebre, connu sous le nom de Cabinet du Roi. Mais là, quoique tout excite mon admiration, tout cependant ne m'intéresse pas également. Après avoir cherché à connaître les productions des contrées étrangères, je viens étudier les productions de nos Provinces. Comme ce sont celles qui peuvent spécialement m'être utiles, ce sont celles-là qui m'attachent de préférence ; & je crois que sur ce point tout bon Français, & tout homme raisonnable pensera comme moi.

Lorsque M. Turgot, occupa le Ministère des Finances, M. de Chazerat lui proposa un projet, qui, s'il eût été adopté, aurait en peu d'années facilité l'étude & perfectionné la connaissance de l'Histoire-naturelle du Royaume; c'était de pensionner dans chaque Province un Naturaliste habile, de l'obliger à envoyer au Cabinet du Roi, tous les minéraux, les végétaux &c, de son district; & de donner dans le Cabinet, aux productions de chaque diſtrict, un emplacement particulier. Cette inſtitution, utile également & au Naturaliſte qui eût voulu aller étudier une Province, & au citoyen qui, prêt à retourner dans la ſienne, eût été jaloux de la connaître, était faite pour plaire à un Miniſtre ami des Sciences & inſtruit particulièrement dans celle-ci. Mais s'il l'adopta, il n'eut pas le tems de l'exécuter; & dans la criſe où eſt en ce moment le Royaume, il ne faut pas ſe flatter de la voir établie de long-tems.

Ce que l'État n'a pû faire aujourd'hui, c'eſt aux Aſſemblées Provinciales à l'entreprendre. Je déſirerais donc que chaque Province formât dans ſa capitale un cabinet d'Hiſtoire-naturelle, compoſé de ſes ſeules productions. Je le déſirerais ſurtout pour l'Auvergne, qui de toutes peut-être eſt la plus riche en accidens & en ſingularités, & qui en ce moment poſſède un Naturaliſte que lui déſignerait unanimement la voix publique

Ces ſortes de collections, quand on veut les rendre complettes, exigent tant de recherches & de ſi longues années qu'il n'y a guères que des Sociétés littéraires & des Corps Religieux qui puiſſent les entreprendre & les achever. J'ai proposé à mon frère d'en commencer une dans ſon Abbaye : & pour la completter plutôt, de la compoſer ſeulement de la partie minérale.

Dans les courſes nombreuſes que nous avons faites enſemble, nous nous ſommes attachés à ramaſſer, pour ce projet, tout ce qui nous paraiſſait intéreſſant. A quelques morceaux près, que je rapporterai à Paris avec moi, tout le reſte a été placé chez lui ; & ſi, l'an prochain, 1788, je retourne en Auvergne, comme je m'en flatte, nous augmenterons encore la collection. Il a prié un jeune Religieux de ſeconder ſes vues, en ſe livrant à l'étude de l'Hiſtoire-naturelle ; & celui-ci s'y eſt engagé avec zèle. M. de l'Ecuy, Général de l'Ordre, homme inſtruit dans toutes les Sciences utiles, ainſi que dans l'art de parler & de plaire, l'a approuvée. Enfin tout ſemble m'annoncer qu'elle réuſſira.

Ce projet m'eſt devenu cher, je l'avoue ; j'y mets un intérêt infini, & je ferais déſolé de le voir échouer. l'Auvergne, ſi elle était bien connue, deviendrait, à coup-ſûr, pour un grand nombre de Français l'objet d'un voyage intéressant & curieux. Ce serait une chose agréable pour le Voyageur qui l'entreprendrait, de trouver à son entrée dans la Province, un cabinet formé de ce qu'elle a de plus rare. Le Naturaliste ou l'Amateur qui viendrait la visiter pour la première fois, y trouverait à la fois des renseignemens sûrs. On l'instruirait de tous les lieux qu'il pourrait visiter avec fruit. Carrières, mines, fontaines minérales, ruisseaux, gorges & montagnes, tout lui serait indiqué. Assuré de sa marche, aucun de ses pas ne deviendrait inutile. Le tems, si précieux pour lui, serait mis tout entier à profit : & celui que sans ces indications il eût perdu en courant au hasard, il le ferait tourner à des découvertes nouvelles, utiles pour la Science & intéressantes pour le Province. Voilà ce qu'à mon arrivée en Auvergne j'eusse désiré trouver; & ce que j'eusse trouvé sans doute chez M. Mossier, si sa générosité ne l'avait pas dépouillé successivement de tout ce qu'il avait pu amasser : mais voilà ce qui m'a manqué, & ce que d'après la peine que j'en ai ressentie, je désirerais au moins procurer aux autres.

Clermont possède encore, outre son Academie, une bibliothéque assez belle, mais qui n'est guères, pour les habitans, qu'un trésor inutile. Elle contient un certain nombre de manuscrits, dont la plus grande partie consiste en livres d'église. Je n'en ai trouvé que trois qui m'aient paru mériter quelque attention. L'un est un Aristote; l'autre un immense Dictionnaire latin, dans lequel se trouvent insérés, par-ci par-là, des morceaux d'ancienne Romance provençale; & le troisième enfin, intitulé faussement Catilinaires de Cicéron, est un *Bellum Catilinarium* de Salluste: ouvrage vraiment précieux par lui-même, & plus encore par la beauté de son écriture, par le choix de son vélin, & la fraîcheur qu'il a conservée jusqu'à ce moment.

C'est au Chapître de la Cathédrale, ou plutôt c'est à Massillon que Clermont doit sa Bibliothéque & le joli vaisseau qui la renferme. Ce Prélat immortel, voulant engager ses Chanoines à la fonder & à la bâtir, s'obligea envers eux à leur laisser la sienne après sa mort. C'etait là leur assurer un fonds de livres & un commencement pour la leur. En conséquence ces MM.

prirent près de leur Cathédrale un emplacement qui leur appartenait ; & ils y conftruifirent une falle, agréable & ornée.

Pour donner à leur inftitution une utilité plus etendue, ils ont eu la générofité de la rendre publique ; comme celle *du Roi* à Paris. Leur bibliothéque eft ouverte deux fois la femaine. Dans ce moment ils fe propofent de l'augmenter encore ; & je fouhaite très-fincèrement que leur bienfait devienne utile ; mais fi j'en crois des pronoftiqueurs finiftres, on peut en douter. Jufqu'à ce jour au moins, on affûre que de tous les emplois du Royaume, le moins fatiguant peut-être a eté celui de Bibliothécaire.

Pour moi quand j'allai, la premiere fois, vifiter la bibliothéque, j'ignorais comment & par qui elle avait eté fondée ; & n'y fus conduit, je l'avoue, que par le motif qui guide tous les voyageurs, la fimple curiofité. Depuis j'appris qu'elle poffédait des manufcrits ; & comme depuis quelque tems je m'occupe d'une troifième édition des *Fabliaux*, je voulais favoir fi parmi ces manufcrits je trouverais d'anciennes Poëfies françaifes. Enfin ayant eu occafion d'y retourner pour consulter quelques ouvrages dont j'avais besoin, on m'apprit que ces livres etaient de ceux qui avaient appartenu à Massillon, & l'on me conta ce qu'il avait fait pour procurer à la capitale de son Diocèse une bibliothéque.

C'est une sensation bien etrange, il faut l'avouer, que ce respect & cette vénération involontaires dont tout-à-coup nous nous sentons saisis, quand dans certaines circonstances nous entendons prononcer un grand nom. Un Voyageur parcourt l'Italie, & traverse une campagne. On lui apprend que ce lieu est celui où se livra la bataille de Cannes. A l'instant tout change à ses regards. Ce n'est plus un champ qu'il voit; c'est Annibal, c'est Rome. Leurs ombres sont là, avec leurs exploits, leur gloire & leur imposante renommée. Son imagination exaltée voit s'elever devant lui des colosses qui n'existent pas. Il s'arrête involontairement. Forcé de marcher en quelque sorte sous leurs regards, il n'avance qu'en tremblant ; & emporte dans son ame mille sentimens confus & délicieux d'admiration, d'étonnement & d'enthousiasme, qui longtems après le troublent & le ravissent encore.

Vous allez rire de moi, & de ma comparaison, mon cher abbé; mais dussiez-vous en plaisanter, voilà à peu de chose près ce que j'eprouvai dans la bibliothéque. A peine m'eut-on parlé de Massillon que tout mon corps frémit. Jusqu'à ce moment je n'avais connu de lui que ses productions immortelles, modèle de la douce & véritable éloquence. Ici je le retrouvais tout entier; tout était plein de lui. Je ne voyais plus ses livres que comme une chose sacrée qu'avaient long-tems tenue ses mains, sa bibliothéque que comme un sanctuaire honoré souvent de sa présence. Il me semblait voir un Dieu au milieu de son temple. Enfin, que vous dirai-je ? mon imagination extravaguait peut-être; mais à-coup sûr il est peu de plaisirs sur la terre, pour lesquels j'eusse cédé celui que j'eprouvai dans ce moment.

Un des Académiciens de Clermont a entrepris, dit-on, l'histoire de la ville & celle de l'Auvergne. Sans doute il est des miracles qu'opère l'art d'un grand Ecrivain. Sa plume peut quelquefois, comme la baguette d'Armide, changer en jardins brillans & en palais somptueux

tueux les plus arides déserts : mais fans cette baguette enchantereſſe, j'ai peine à concevoir comment nous intéreſſera l'Hiſtorien des Auvergnats. S'il eſt vrai, comme l'a écrit un homme célèbre, qu'heureuſe eſt la nation dont l'Hiſtoire n'a rien à raconter, jamais peuple ne fut plus heureux que celui-ci.

A la vérité on le voit, dans les tems reculés, tenir un rang diſtingué parmi les Gaulois. On le voit même, pendant quelques inſtans, réſiſter avec éclat à Céſar ; mais ce moment de gloire n'eſt qu'un éclair. Soumis aux Romains, puis aux Goths, puis à nos Rois ; gouverné enſuite par des Comtes & des Dauphins ſous la ſuzeraineté d'Aquitaine ou de France ; enfin réuni, comme les autres Provinces, à la Couronne, l'Hiſtoire ne parle de lui que quand elle parle de ſes Maîtres. Pas un ſeul fait vraiment intéreſſant ; pas un événement qui marque ; à peine deux ou trois grands hommes.

Malgré cette ſtérilité cependant, il s'eſt trouvé un homme qui a eu le courage de ſe faire l'Hiſtorien d'Auvergne ; & cet Hiſtorien nommé Audigier, a mêmê trouvé l'art de composer quatorze volumes *in-4°*. Il est vrai que son incroyable compilation n'a pas vu le jour ; & que morte avant de naître, elle a été déposée en manuscrit à la Bibliothéque du Roi, où elle gît en paix, placée à son rang dans la foule immense des morts qui reposent-là pour toujours.

Des Historiens, prétendus observateurs, ont avancé sur les nations montagnardes, & sur les nations insulaires qui ne sont également que des montagnards placés au milieu des mers, une assertion que je crois un paradoxe ; c'est que ces peuples ont dans le caractère plus d'énergie que les peuples des plaines ; c'est que naturellement audacieux & braves, ils sont plus impatiens du joug & plus jaloux de leur liberté. Aux auteurs de cette belle observation, je dirai, voyez l'Auvergne ; & cherchez sur la terre un Peuple qui depuis dix-huit siècles se soit montré aussi pacifique & aussi soumis.

Ce que je viens de dire sur la stérilité de l'histoire d'Auvergne, je le dirai de sa capitale. Après avoir porté sous Auguste le nom *d'Augusto-Nemetum*, puis celui *d'Urbs arverna*,

Arverni, Civitas Arvernorum, Urbs arvernica, elle prit enfin, au moyen âge, le nom qu'elle a aujourd'hui, & que lui fit donner un château qui la défendait : *Rex Pipinus*, dit un Annaliste contemporain de ce Prince, *usque urbem arvernam cum exercitu veniens, Claremontem castrum cepit*. Elle a été prise & ravagée plusieurs fois ; ses seize premiers Evêques, & treize autres sont au nombre des Saints ; & le premier mourut sur la fin du troisième siècle. Il s'y est tenu six Conciles, & spécialement celui de 1055, où se prêcha la premiere Croisade ; sa population peut monter à 24000 ames ; par un Edit du Roi, rendu en 1730 on y a réuni Mont-Ferrand, sous le titre de faux-bourg, quoique ce faux-bourg en soit éloigné d'une petite demie-lieue, & en conséquence de cette réunion elle porte le titre de Clermont-Ferrand ; enfin elle a donné naissance à Pascal, à Domat, à l'Abbé Girard, & à Thomas : telle est son histoire.

Dans ses environs cependant sont quelques monumens romains ; une pierre milliaire, placée à Pérignat-outre-Allier, sur le chemin qui conduit à Lyon ; une voie romaine, qui conduifait de Clermont à Limoges ; enfin un aqueduc qui amenait à la ville l'eau d'une montagne assez éloignée.

La pierre milliaire porte une inscription en l'honneur de Trajan, mais fruste, & dont plusieurs lettres ont été effacées par le tems. La voici fidellement copiée :

I. CAES DIVI TR:
IANI :ARTHICI FL
DIVI N:RVAE NE
:RAIANVS HADRI

C'est-à-dire,

IMPERATOR CÆSAR, DIVI TRAJANI PARTHICI FILIUS, DIVI NERVÆ NEPOS, TRAJANUS HADRIANUS.

On trouve la Voie romaine au delà du fauxbourg de Chamaliere, & l'on peut la suivre pendant quelque tems. Elle conduisait, comme je vous l'ai dit, de Clermont à Limoges ; & formait même encore, il y a peu d'années, une partie de cette route. Aujourd'hui comme c'est un autre chemin qui mene dans le Limousin, la Voie n'est plus que celui du hameau de Villarts, & l'on a cessé de l'entretenir.

L'aqueduc traverse la Voie romaine ; & il est d'autant plus aisé à reconnaître que le sol s'étant abaissé tout autour par les dégradations du tems & des eaux, il l'excède de plusieurs pouces. C'est un ciment lardé de fragmens de lave ; mais ce qui est à remarquer, c'est que ce ciment est si excessivement dur que malgré sa protubérance qui depuis long-tems l'expose à l'action des pluies, au froissement des voitures, au marcher des piétons & des chevaux, il a cependant résisté, comme l'eût fait la lave la plus solide & la plus compacte.

La curiosité m'avait conduit là ; & un fait pareil ne pouvait que l'éguillonner encore davantage. Comme l'aqueduc, par sa direction, paraissait sortir d'une vigne voisine, j'entrai dans la vigne, & demandai la permission de le visiter. En effet elle en avait contenu quelques toises ; mais le propriétaire, ne voyant dans ce monument qu'une bâtisse inutile qui lui prenait du terrain, venait tout récemment de le faire démolir; & il fe plaignait beaucoup des frais de cette deftruction, qui, malgré fon peu d'étendue lui avait coûté, par la peine & le tems qu'elle avait demandés, plus de cent cinquante livres. On n'avait pu en venir à bout qu'en caffant le tout par grandes pièces. Elles confervaient encore leur hauteur & leur épaiffeur; & l'on y voyait même toute entiere la couche de ciment rouge fur laquelle jadis coulait l'eau. Le démoliffeur, peu fenfible à leur vénérable antiquité & à leur inaltérable conftitution, les avait, pour s'en débarraffer, rangées fur deux files; & il s'etait fait ainfi deux petits murs, qui lui formaient un bout d'allée.

Envain je le queftionnai fur la direction que fuivait le canal, il ne put me l'apprendre. Faute d'inftructions, je me vis donc obligé d'aller demander des renfeignemens à trois ou quatre Payfans, épars, que je voyais travailler fur les hauteurs du voifinage. A dire le vrai, j'efpérais peu de mes queftions. Eh! qu'attendre en effet de gens groffiers à qui de pareils objets, oubliés depuis long tems par les perfonnes même les plus inftruites, devaient être totalement etrangers ? Mais quelle fut ma surprise, quand je les entendis prononcer le nom de César, & me demander, dans leur langage corrompu, si ce que je voulais voir était le *Canar* qu'il avait fait bâtir ! Ce nom de César, sorti de pareilles bouches, me stupéfia, je l'avoue. Je croyais rêver. Mon ami, quel homme c'était que ce Romain ! & quelle renommée il dut laisser dans les Gaules, puis qu'après dix-huit siècles il est connu encore parmi ces races de Montagnards, qui n'ont jamais su lire, & qui pénétrés pour lui d'admiration, lui font honneur d'un monument qui probablement n'est l'ouvrage que des Gaulois Auvergnats, instruits par leurs vainqueurs dans la science de l'hydraulique & dans l'art des constructions Romaines !

Chacun d'eux nous montra du doigt, dans les vignes ou sur les hauteurs, un endroit où je pouvais retrouver quelque bout du *Canar*. Enfin il y en eut un qui nous apprit que ce *Canar* commençait à Fontanat, & que c'était l'eau des sources de ce village qu'il amenait à la ville.

Cet avis était fait pour me surprendre bien

plus encore. Fontanat est à près de deux lieues de Clermont. Depuis là jusqu'à l'endroit où nous nous trouvions, on ne voit plus que montagnes de granit, entre-mêlées de courans de lave. C'était à travers ces laves & ces montagnes qu'il avait fallu former aux eaux un canal ; c'était un canal d'environ deux lieues qu'il avait fallu leur construire ; & ce projet hardi, dont l'idée seule m'effrayait parce que j'avais sous les yeux les obstacles sans nombre qu'on avait eus à vaincre, je pouvais le voir executé.

Mon frère, toujours attentif à ce qui pouvait me faire plaisir, toujours habile à le deviner, proposa de monter à Villarts ; & là de prendre un guide. Malgré un orage qui nous avait déja mouillés & qui nous menaçait encore, malgré un tonnerre assez fort qui nous accompagna long-tems, nous marchâmes vers Fontanat ; fesant des vœux pour un tems passable, qu'en effet nous éprouvâmes ; mais en tout cas, résolus à tout braver.

Je connaissais déja ce village, célèbre par les belles fontaines qui lui ont donné son nom. Placé au-dessous & à quelque distance de la base du puy de Dome, il reçoit de lui des eaux si abondantes qu'en commençant à couler elles font tourner plusieurs moulins. Réunies toutes au-dessous des moulins, elles forment un ruisseau qui dans son cours recevant une source considérable, nommée la Font-de-l'arbre, court de vallée en vallée & de gorge en gorge, arroser & enceindre Clermont. Mais sa pente est si rapide, ses sources sont si élevées au-dessus de la Ville qu'il ne présente presque partout que des cascades ou des nappes blanches d'écume. C'est un spectacle charmant que celui qu'il offre, au moment où devenu ruisseau il se précipite dans la gorge profonde qu'il s'est creusée. Arrêté par les roches & les laves que renferme son lit, il gronde, il jaillit, & lance au loin une bruine légère qui retombant en rosée de chaque côté du vallon, y nourrit une herbe d'un verd & d'une fraîcheur dont on ne peut avoir l'idée que quand on a vu les vallons d'Auvergne. Des troupeaux répandus sur cette belle verdure, des grouppes d'arbres semés çà & là, & qui tantôt cachant le ruisseau, tantôt le laissent entrevoir, ou le montrent à découvert;

des points-de-vue piquans que vos yeux apperçoivent en plongeant vers la plaine ; enfin l'enfemble de ce fite à la fois fauvage & riant, tout cela donne à ce joli tableau une forte de vie, & fur-tout un air d'*étrangeté* qui ravit, quand comme moi on n'eft accoutumé depuis long-tems qu'aux triftes & froides beautés des jardins de la Capitale ou de fes environs.

C'eft au-deffous du dernier moulin, du moulin de Charérat, que commence l'aqueduc. Par une pente douce on y avait conduit une branche du ruiffeau ; & depuis tant de fiècles, elle y coule encore comme autrefois. Mais le ruiffeau ayant une pente trop rapide, le canal s'en éloignait ; & allait gagner le revers oppofé des montagnes que cotoyait l'autre. C'eft, comme fur la Voie romaine, un mortier entre-mêlé de fragmens de lave. Vous diriez une auge, creufée & taillée quarrément. Elle a vingt pouces de haut ; le couloir en a autant de large, & l'eau y coulait à découvert. Le tout n'eft voûté que dans des endroits plus éloignés de la fource.

La partie fupérieure fubfifte encore toute entière, dans un efpace de 600 pas ; & à quelques portions près qui se sont couvertes d'herbe qui se sont affaissées ou ont perdu leur à-plomb par la poussée des terres, elle est très-bien conservée; & l'on y voit partout ses deux bords & son canal. Plus loin elle entre dans une prairie où on la perd. Là, les alluvions des eaux l'ont enfouie; & jusqu'à Clermont on ne la retrouve plus qu'en quelques endroits. (1) Mais en disparaissant, elle devient encore utile; & ses eaux qui autrefois allaient au loin abreuver & embellir la Capitale, ont fait naître dans un des plus stériles & des plus horrible cantons du Royaume, une suite de belles prairies qu'elles arrosent. Peut-être même n'est-ce qu'à cet arrosement qu'est due la conservation de

---

(1) L'aqueduc commence au revers de la montagne nommée *Autour*; il va passer sous les murs du château de Villarts, descend dans les bois *au-dessous de Prudelle*, traverse la Voie romaine, perce dans plusieurs vignobles, revient traverser la Voie, & va au faux-bourg de Chamaliere. La partie que j'ai vue dans le bois de Prudelle est voûtée; & la voûte est assez haute pour que notre guide pût y entrer en rampant.

la partie qui subsiste encore de l'aqueduc. Sans l'intérêt qu'ont les propriétaires des prairies à tenir sans cesse son canal libre, il y a long-tems que les atterrissemens des eaux pluviales l'eussent enseveli & dérobé aux yeux; comme elles l'ont fait dans tout son cours.

L'aqueduc, selon un manuscrit que possède M. l'abbé Cortigier, Chanoine de l'Eglise Cathédrale & Académicien, fut détruit par Thierri, Roi d'Austrasie, fils aîné de Clovis ; quand pour se venger des Clermontois qui sur le bruit de sa mort avaient appellé & reconnu pour leur maître son frère Childebert, il vint ravager leur ville & ses environs. Les habitans, hors d'état par le désastre où ils se trouverent réduits, de fournir aux dépenses qu'exigeait la réparation d'un pareil ouvrage, amenèrent dans leurs murs, par des conduites en bois, d'autres eaux plus voisines, dont j'aurai occasion de vous parler; & ce sont celles qu'on y boit encore aujourd'hui. Il n'est resté de l'aqueduc ancien que quelques parties détachées, qui semblent n'avoir été épargnées par le vainqueur que pour éterniser sa vengeance ; mais en voyant les lieux par où l'on a été forcé de faire passer le canal, & la sorte d'inaltérabilité qu'il a conservée pendant tant de siècles, on songe à ces constructions romaines, si différentes des nôtres; & l'on est saisi de respect pour ce Peuple singulier, qui grand & magnifique jusques dans les moindres choses, semblait vouloir assûrer au dernier de ses monumens l'éternelle durée de son nom & de son empire.

Après tout, si jamais pays eut des matériaux capables de former une construction inaltérable, c'est sans contredit l'Auvergne. L'Italie se vante de trouver dans les environs du Vésuve & surtout auprès de Pouzzol, ce sable volcanique & ferrugineux, que du nom de cette ville elle a nommé *Pouzzolane*; elle se vante de posséder cette grenaille ou ce gravier de volcans, auquel elle a donné le nom de *lapillo*, ou *rapillo*; & c'est avec l'une ou l'autre de ces deux substances qu'elle forme ce ciment si renommé, qui presque indestructible est inaltérable au milieu des eaux, Ce que donne à l'Italie l'un de ses deux volcans, l'Auvergne peut le tirer de ses montagnes. Presque toutes ayant été volcanisées, presque toutes ont eu de la pouzzalene & du rapillo. La plupart en offrent encore des masses incommensurables. De tout tems les villes, & même les villages qui sont à portée de ces matières, les ont employées pour la confection du mortier de leurs bâtimens ; c'est avec elles qu'ont été construits l'aqueduc & la Voie romaine dont je viens de vous parler ; & on les reconnaît de toutes parts dans le ciment épais dont sont formés ces deux ouvrages.

Clermont n'a guères plus de monumens antiques dans son enceinte que dans ses environs. Cependant Pline fait mention d'une statue colossale qui fut érigée à Mercure dans la ville des Arvernes, sous l'empire de Néron, & qui était l'ouvrage du célèbre Zénodore. Elle surpassait en grandeur non-seulement toutes celles de ce genre qui existaient dans l'univers, mais encore le fameux Colosse de Rhodes, dont la hauteur était de 70 coudées. Aussi l'Artiste avait-il employé dix années entières à la construire : *omnem amplitudinem statuarum vicit ætate nostrâ Zenodorus, Mercurio facto in civitate Galliæ Arvernis, per annos decem. L 34 cap. 7.* La célébrité de ce monument fut telle que Néron, jaloux de tous les genres de gloire, quoiqu'il n'en méritât aucune, appella Zénodore à Rome, & se fit fondre une statue, égale en hauteur au Mercure des Arvernes.

Grégoire-de-Tours parle aussi d'un temple fameux, nommé en celtique *Vasso*; lequel subsistait encore de son tems, & dont il vante l'architecture, les mosaïques & les marbres. Cet ouvrage fut détruit par un certain Crocus, Roi des Allemands; brigand à la fois extravagant & féroce, qui au troisième siècle de l'ére chrétienne vint ravager la Gaule, & qui voulant s'immortaliser par des actions dont les peuples conservassent long-tems la mémoire, dans ce dessein abattit & brûla, partout sur son passage, les monumens auxquels ils attachaient quelque gloire: *Crocus cunctas ædes quæ antiquitûs fabricatæ fuerant, a fundamentis subvertit. Veniens verò Arvernos, delubrum illud quod gallicâ linguâ Vasso Galatæ vocant, incendit, diruit atque subvertit. Miro enim opere factum fuit atque firmatum, cujus paries duplex erat. Ab intus enim de minuto lapide, a foris verò qua-*

dris sculptis fabricatum fuit. Habuit enim paries ille crassitudinem pedes triginta ; intrinsecus verò marmore ac musico variatum erat. Pavimentum quoque ædis marmore stratum, desuper verò plumbo tectum.

Rien n'indique aujourd'hui où existait dans Clermont le temple & le Colosse. Seulement on trouve encore dans la ville quelques tronçons de colonnes & une pierre sculptée, qui paraissent avoir appartenu au premier. La pierre (1) représente une tête, vue de face, ayant de chaque côté & plus bas que le menton, un serpent détaché.

Des Antiquaires vous diront que c'est là une lune, d'autres y verront un soleil. Les gens raisonnables & circonspects, n'entrevoyant sur tout cela que des conjectures, s'abstiendront de prononcer : & vous serez de leur avis.

---

(1) Elle se voit dans la rue des Bohêmes, sur le derrière de la maison de MM. Bélaigue ; & forme l'imposte d'une fenêtre. Le P. Montfaucon l'a fait graver dans son *Antiquité expliquée.*

Quant aux affises ou tronçons de colonnes, (1) ils n'ont rien de curieux que leur grosseur & quelques sculptures grossières. Ces fragmens autrefois sans doute étaient des objets religieux; on les révérait, on les baisait avec vénération. Aujourd'hui dédaignés & incommodes, en butte à toutes les insultes des hommes & des saisons, couverts de boue & d'ordures plus sales encore, ils ne subsistent que parce qu'il en couterait trop pour les briser. Pauvres humains ! faites-vous après cela des monumens ; glorifiez-vous de vos temples & de vos Dieux ; voilà le sort qui les attend !

―――――――――――――――――

(1) J'en connais quatre dans la ville ; l'un à l'Abbaye de St. Allyre, & formant la base d'une des arcades de l'escalier qui conduit au sallon des Religieux ; l'autre à la porte cochere *du petit seminaire*, où il sert de borne ; le troisième à la porte méridionale de l'Eglise Cathédrale, vis-à-vis les fontaines ; on distingue sur celui-ci des boucliers scuplés ; le quatrième enfin au coin de la rue *du Perron*. J'ai mesuré ce dernier, qui est une ancienne corniche, & lui ai trouvé trois pieds trois pouces, de diametre.

Les tronçons & la pierre sculptée sont de grès ; mais le grain de celle-ci est fort grossier, & celui des autres très-fin, très-compact, & très--dur.

L'Auvergne a plusieurs carrieres de grès de cette derniere qualité. L'on en trouve particulièrement une à trois lieues de Clermont, dans un lieu nommé Chadrat ; & peut-être est-ce celle-ci dont la pierre servait jadis pour les grands monumens publics, tels que le temple de Vasso.

De toutes les pierres qu'offre l'Auvergne, la plus commune étant celle qui a été volcanisée, & que par cette raison l'on nomme lave, on ne peut douter que de tout tems elle n'y ait été employée. En différens endroits de la Province on a découvert d'anciennes haches, dont la hampe était de basalte. M. Mossier en a plusieurs ; (1) & l'usage de cette sorte d'armure

---

(1) Il en posède d'autres, dont la matiere est de granit ou du quartz. Ces instrumens, abandonnés dans le tems, ou perdus, se trouvent quelquefois à la surface de la terre ; mais sans manche, parce que dans l'espace de

remonte aux premiers tems de la Nation, aux tems où elle ne connaissait point encore le fer.

Quant à la construction des maisons & des autres bâtimens particuliers, il est vraisemblable qu'on y employait également des laves ; mais de celles qui par leur nature étant plus tendres, peuvent être taillées par le marteau. Au moins les anciens sarcophages qu'on a trouvés sont tous de cette pierre. Il existe même, à deux lieues de Clermont, près du Puy de Dome, une montagne volcanisée, nommée Clersou, dont la pierre servait à faire ces sortes de cercueils. Quoi qu'il y ait aujourd'hui quelque difficulté, & même quelque danger à descendre dans la carriere, on peut y descendre neanmoins. On y trouve même des sarcophages à demi taillés, & qui détachés du rocher

---

tant de siècles, le bois qui formait ce manche a dû se détruire. J'en ai une aussi, trouvée dans un vignoble. La mienne est un quartz veiné. Un des bouts est arrondi & pointu, l'autre applati & tranchant ; forme ordinaire de cette sorte d'arme ou d'instrument.

par une de leurs extremités, y tiennent encore par l'autre.

Si l'on en croit le Légendaire, qui nous a donné la vie de saint Allyre, un des premiers Evêques de Clermont, l'Auvergne, au tems du Prélat, n'avait point de marbres. On lit aumoins dans cette légende qu'Allyre ayant été appellé à Treves par l'Empereur Maxime pour guérir sa fille qui était possédée du Démon, (1) le Prélat, après la guérison faite, voulant retourner dans son Evêché & orner de marbres le cloître d'une Eglise qu'il venait de bâtir, & qui est aprésent une Abbaye sous son nom, il en choisit quelques uns à Treves, & obligea le Diable de les porter. Ce beau miracle est encore aujourd'hui representé à fresque dans le cloître du Couvent. On y voit Allyre, en chappe & en mître, chassant le Malin du corps de la Princesse, en présence de l'Empereur & de la Cour; & tout au haut du tableau est

---

(1) Le miracle de cette guérison se trouve dans Grégoire-de-Tours.

représenté un Diable qui, à travers les nuées, part chargé de colonnes, toutes taillées. Le Cloître auquel furent employées ces colonnes ne subsiste plus aujourd'hui. On en a fait un autre, dans lequel on a trouvé le moyen de les replacer, quoique la plupart fussent cassées; & comme le nouveau cloître était probablement plus grand que l'ancien, & que les colonnes du Diable n'eussent pas suffi pour le remplir, on a été obligé d'en ajouter d'autres, lesquelles sont en pierre volcanique : ce qui fait un accolage fort étrange. Les anciennes au reste ne sont pas toutes de marbre, comme l'écrit le Légendaire. Une grande partie est de serpentine ; l'une de ces sortes de pierres que les Naturalistes appellent Ollaires, parce qu'elles ont cet œil gras qui est propre aux poteries de nos cuisines, & que plusieurs d'entre elles sont employées à faire ces sortes de vases ; mais qui ne sont point du marbre. Au reste la magnificence dont il s'agit ici n'était point particulière au cloître de saint Allyre. Ce temple de Vasso, dont je vous ai déjà parlé, était riche en marbres. On a trouvé des marbres dans les fouilles qui ont été faites par delà l'enceinte méridionale de la ville. Enfin il exifte à la Cathédrale un monument antique & curieux, qui eft en marbre.

Ces marbres étaient-ils tirés de la Baffe-Auvergne? avait-elle alors des carrieres qui aujourd'hui foient inconnues ou épuifées? Je l'ignore, & n'ai point affez étudié les antiquités de la Province pour répondre à cette queftion. Tout ce que je fais, c'eft que malgré la phrafe de Pline, *où ne trouve-t-on pas du marbre?* en ce moment on n'en connaît à Clermont que deux carrieres; Savenne, fitué dans les montagnes à huit lieues de la ville, & Nonnette près d'Iffoire.

Le marbre de Savenne eft fort dur, & s'employe dans le pays à faire de la chaux; mais il eft gris, groffier, & fon poli n'a point d'éclat. Celui de Nonnette contient beaucoup de coquilles, & particulièrement des vis. Du refte fes couleurs font ternes & mal fondues; d'ailleurs il eft fi tendre qu'expofé à l'air libre il s'y décompofe en peu de tems.

Qant au monument de la Cathédrale, c'eft

un de ces cercueils que les Anciens nommaient Sarcophages, & qui destinés à contenir un corps mort qu'on ne voulait pas brûler, avaient la forme d'un coffre oblong. Celui-ci est un bloc d'un seul morceau, haut de deux pieds, large de trois & demi sur la plus grande face, & de vingt pouces sur la plus petite. Au dehors il est orné de bas-reliefs, assez bien conservés, qui si l'on en juge par les habillemens, représentent des personnages Romains, douze hommes, un enfant, & deux femmes. A l'une des extrémités de la face antérieure, & au bord de l'angle qu'elle forme, on remarque un temple dans lequel est une Isis, enveloppée de bandelettes depuis le cou jusqu'aux pieds. L'une des femmes est prosternée aux genoux d'un des hommes, & elle a l'air de le supplier.

Si l'on en croit ces sortes de Savans prétendus, que rien n'embarrasse, qui ne doutent de rien & savent tout expliquer, cette femme est une Vestale coupable, qui condamnée à mort pour avoir laissé éteindre le feu sacré, demande sa grace; car selon eux, Isis & Vesta n'étaient à Rome qu'une seule & même Divinité.

Les objets que représentent les deux petites faces sont étrangers au sujet de celle-ci ; & beaucoup plus grossiérement sculptés. C'est, d'un côté, une femme qui puise de l'eau dans un puits ; & de l'autre, trois hommes, dont l'un tient son cheval par la bride, tandis qu'un autre s'agenouille devant lui, & qu'un troisième le regarde, monté sur un arbre.

Quant à la quatrième face, on m'a certifié qu'elle a des bas-reliefs, ainsi que les trois autres ; mais comme on l'a enchassée dans le mur, & qu'elle y est cachée, on ne peut voir ce qu'ils représentent.

Parmi ces Antiquaires dont le délire religieux adore tout ce que le tems nous a conservé des Grecs & des Romains, j'en connais qui frémiront de colère, en lisant ici l'outrage fait à un morceau qu'ils eussent voulu voir conservé avec le plus grand respect. Mais à coupsûr leur humeur cessera, quand je leur dirai que ce monument payen, qui représente probablement un mistère d'Isis, & qui jadis renferma le cadavre de quelque idolâtre Auvergnat ou Romain, est aujourd'hui, dans l'Eglise Cathédrale, un monument sacré, destiné au mistère le plus saint de notre Religion. Sans sa forme on l'eût probablement détruit & mis en pièces, il y a long-tems. Heureusement il exista une circonstance où l'on eut besoin d'un autel; on trouva que le Sarcophage pouvait en faire un, en l'élevant sur un socle. En conséquence, il fut placé dans la Chapelle du Saint-Esprit; & aujourd'hui on y dit journellement la messe. Tel est l'effet de la Religion ; elle sanctifie tout, & change l'argile en or.

A ne considérer que le mérite particulier de ce morceau, je ne doute nullement qu'il ne doive être regardé comme un des plus précieux de ceux que possède en ce genre la France; & qu'on ne puisse le comparer à celui de Saint Nicaise de Rheims, tant vanté dans certains ouvrages. Au moins, si aux yeux d'un Artiste il le cède pour la correction & la pureté du dessin, aux yeux d'un Antiquaire il l'emportera pour le choix du sujet; puisque les bas-reliefs de ce celui de Rheims n'offrent qu'une chasse, & que l'énigme de l'autre peut donner lieu à des conjectures piquantes, & peut être à des explications heureuses.

Le deffin du Sarcophage de Clermont eft acuellement dans la poffeffion de l'Académie des Belles-Lettres. Il fut fait, il y a quelques années, par un neveu du célébre Maupertuis, Deffinateur habile& homme inftruit, qui ayant parcouru une partie de l'Europe, avait copié avec foin les monumens les plus curieux que lui avaient préfentés fes voyages. Fixé en France, il a offert le fruit de fes travaux au Gouvernement, qui après les avoir foumis aux lumières de l'Academie, en a gratifié ce Corps favant, & a penfionné l'Auteur.

Pour moi, en attendant que le Public puiffe jouir de tous les morceaux de ce tréfor, j'avais réfolu de lui faire connaître celui dont je parle, & d'en donner ici la gravure. Mon projet était même d'y joindre celle de tous les objets intéreffans que j'ai rencontrés en Auvergne, & d'en embellir un Ouvrage qui en eût tiré tout fon mérite. Mais envain j'ai cherché dans Clermont un Deffinateur capable de remplir mes vues; ceux que j'ai effayés fe font trouvés hors d'état de me satisfaire ; & il m'a fallu y renoncer.

On a prétendu que le monticule sur lequel est bâti Clermont avait été jadis un volcan, & que l'Eglise Cathédrale, qui en occupe la cîme, couvrait aujourd'hui le cratère ou l'ouverture par où autrefois il avait vomi ses feux. Une pareille position n'a rien que de très-possible en Auvergne. Il y a dans cette Province plusieurs villes & une infinité de villages, qui sont construits sur des montagnes volcaniques, ou sur d'anciennes coulées de laves. Cependant ces deux mots, *ville & volcan*, sont si peu faits pour être alliés ensemble, ils offrent des idées si disparates & si inconciliables, que la première fois, je l'avoue, je ne pus les entendre sans étonnement. Si d'un côté je me plaisais à voir, sur ce monticule, autrefois enflammé, des habitans heureux & tranquilles, de l'autre je ne pouvais m'empêcher de trembler pour eux. Envain je cherchais à me rassûrer par tant de siècles de paix ; ce volcan, quoi qu'éteint, m'effrayait toujours. Jadis allumé, je me disais qu'il pouvait n'être qu'assoupi & se rallumer encore, & dans un nouveau moment d'explosion, lancer au loin & la ville & ses habitans, ou les ensevelir sous des rochers en feu.

Mes terreurs étaient à la fois & ridicules & peu fondées. La montagne sur laquelle est bâtie Clermont n'offre ni courans de laves ni rien qui annonce un volcan. Son noyau est une roche de granit. A la vérité la mer, lorsqu'elle couvrait ces cantons, est venue apporter sur la roche plusieurs couches de matières étrangères, qui s'y déposant & s'inclinant suivant sa pente, l'ont enveloppée toute entière ; mais cette roche n'en existe pas moins ; & l'on a pu s'en convaincre, il y a quelques années, quand en creusant les fondemens du nouvel Hôtel-Dieu, on la mit à nu. Quant aux couches, elles sont formées du détriment des montagnes voisines, dont les unes étant volcaniques & les autres granitiques, ont donné ou des sables & des graviers, ou des pouzzolanes & des fragmens de laves roulés. Tout cela forme aujourd'hui un tuf, qui en quelques endroits a beaucoup d'épaisseur, & qui, selon les matières dont il se trouve composé, est quelquefois si solide qu'on peut le tailler en moellons. M. Moſſier en a fait l'analiſe ; & il a donné, ſur cet objet, un mémoire, très-bien fait, qui pendant mon ſéjour à Clermont a été lu, le jour de la ſaint Louis, dans la ſéance publique de l'Academie.

C'eſt ſur ce tuf pierreux & volcanique que ſont bâties les maiſons de Clermont ; c'eſt dans ſon épaiſſeur que ſont creuſées les caves : & ces caves, pour peu qu'elles ſoient profondes & qu'elles avoiſinent le noyau granitique, y ont une fraîcheur qu'on ne s'attendrait pas à trouver ſur une éminence iſolée, qui pendant toute la durée du jour eſt expoſée aux rayons du ſoleil. Comme on m'avait beaucoup parlé de cette fraîcheur, je voulus la vérifier ; & en fis l'expérience, à dix heures du matin, chez M. Chaudeſolle, Notaire. C'était à la mi-Juillet, & il feſait très-chaud. Un thermomêtre de mercure, placé en dehors de la maiſon, à l'ombre & au nord, marquait dix-neuf degrés au-deſſus de la congélation. Porté dans la cave, & laiſſé ſuſpendu pendant neuf à dix minutes, il deſcendit à neuf degrés & demi ; ce qui eſt à Paris la température des ſouterreins de l'Obſervatoire. Mais ce qu'il faut obferver, c'eft que ces caves de l'Obfervatoire ont 84 pieds de profondeur, & que celle dont je parle n'en a pas 40. Un pareil phénoméne paraîtra extraordinaire, fi l'on fe rappelle que Clermont étant bâti fur une éminence, fes caves parconféquent doivent être beaucoup plus élevées que le niveau de la plaine. Mais il faut fe rappeller en même tems que cette éminence eft une roche de granit, recouverte d'un tuf épais ; que défendue contre les variations de l'athmosphère par cette enveloppe & par tous les bâtimens qui la couvrent, elle doit conferver toujours, à peu près, la même température ; & que cette température elle doit la communiquer aux fouterreins, qui percés dans fon tuf font voifins de fa furface.

La bonté de ces caves ferait un avantage inappréciable pour les Clermontois, fi leurs vins avaient quelque valeur. Mais ces vins font, de leur nature, comme prefque tous ceux de l'Auvergne, plats & froids ; & ils ne peuvent devenir que plus mauvais encore, par l'abfurde coutume où l'on eft de les laiffer en vidange dans le tonneau, fans jamais le remplir ; ce qui ne peut que diminuer le peu qu'ils peuvent avoir d'efprit ardent. D'ailleurs, comme on n'y employe gueres que des raifins à peau très-noire, & fur-tout celui que du nom de la Province on a nommé Auvernat ; comme l'ufage eft de les laiffer long-tems cuver, & que pendant ce tems la fermentation diffout & développe, en grande partie, la fubftance colorante qui réfide dans la pellicule, ils deviennent la plupart fi épais, fi foncés en couleur, que la digeftion doit en être difficile, & qu'à la vue ils en font dégoûtans.

Plufieurs caufes au refte contribuent à entretenir en Auvergne la mauvaife habitude de teindre les vins. Une partie de ceux qui fortent de la Province font achetés par les Cabaretiers de Paris ; & ces Cabaretiers les veulent très-foncés, parce qu'ils les employent p   colorer de petits vins blancs qu'ils vendent enfuite pour rouges. Quant à ceux qu'on vend dans les montagnes, & dans les parties de la Province qui n'ont point de vignobles, par la fuite d'un préjugé dont j'ignore l'origine non-seulement on les y demande très-noirs; mais même on ne les accepterait point s'ils n'étaient pas tels. La prévention sur cette couleur est si enracinée que les Montagnards qui viennent en acheter ont soin, avant tout, d'en répandre quelques gouttes sur leur chemise, pour voir si la couleur qu'elle prend est aussi forte qu'ils la désirent. Pour eux une liqueur moins teinte ne serait pas du vin ; ils la prendraient pour une piquette altérée par l'eau, & se croiraient trompés.

Cependant il est des propriétaires qui voulant, pour leur usage, une boisson plus délicate, font faire la leur avec plus de soin ; & ceux-ci l'obtiennent beaucoup meilleure.

Quelque médiocres que soient les vins des environs de Clermont, c'est là pourtant sa principale richesse. Joignez à ce produit quelques denrées & des chanvres ; & vous aurez tout son commerce. Point de manufacture; point d'objets d'industrie ; car je compte pour rien ces pâtes de pommes & d'abricots, recherchées dans la Capitale, mais dont la renommée est à charge aux Clermontois, parce que n'étant pour eux

qu'un

qu'un objet de cadeaux & d'envois, ce n'est pour eux qu'un objet de dépense.

Ceux qui sont propriétaires de vignobles n'ont pour leurs vins que deux débouchés; l'un est de les débiter chez eux en détail, & comme on dit, à pot & à pinte; l'autre est de les vendre pour cette partie de l'Auvergne qu'on nomme la montagne. Là il s'en consomme une quantité prodigieuse. C'est un goût général; & ces Montagnards en paraissent même d'autant plus avides que sur leurs hauteurs froides, ils ne peuvent en recueillir. Il est un tems où ce commerce de transport occupe une infinité d'hommes & de chevaux. De tout côté vous ne voyez que cela sur les routes. Le vin ne pouvant se transporter dans des tonneaux à cause de la difficulté des chemins, on le met dans des peaux de bouc, préparées & coûsues en forme de sac. A l'une des extrémités de la boute, c'est le nom qu'on donne aux sacs, est une ouverture dans laquelle on l'y verse. Est-elle pleine, on noue l'ouverture avec une ficelle; on place les deux boutes sur chaque cheval, l'une à droite, l'autre à gauche, ou plusieurs sur une charette, si le chemin permet une voiture ; & tout part à la file, portant ainsi dans les montagnes les batteries, les querelles, la joie bruyante, & l'oubli de tous les maux.

Je dirai pourtant, à la décharge de ces vins plats & noirs, que transportés dans le Haut-Pays ils gagnent un peu en qualité. C'est-là un fait qui m'a été certifié par tant de personnes qu'il m'eût paru hors de doute ; mais d'ailleurs j'ai été moi-même à portée de le vérifier sur la même espèce de vin, bu à la ville & dans les montagnes. Peut-être cette amélioration tient-elle à la nature du vin lui-même ; peut-être est-elle la suite d'une fermentation nouvelle & d'une combinaison intime de principes, occasionnées par le balottement de la route, par le changement de température, & par une moindre action de l'air, dont les colonnes, devenues plus courtes, sont devenues parconséquent moins pesantes. Au reste, comme il est des vins qui perdent au transport, il en est aussi d'autres qui gagnent ; &

personne n'ignore tout ce qu'aquerent par exemple ceux de Bordeaux.

Les vignobles qui font la richesse de Clermont commencent presque à la porte de ses Fauxbourgs. A un certain nombre près de vergers & de prairies, ils occupent en entier le large bassin où il se trouve situé; & s'élevent en amphithéatre sur la croupe de plusieurs des hauteurs dont la vaste circonférence l'environne.

C'est au-delà du bassin que commencent les montagnes. Arrivé là, vers quelque point de l'horison que se portent vos pas, vous ne voyagez plus que dans les montagnes. Leur chaîne s'étend au loin, vers le Sud, dans tout le reste de la Province; & toujours s'élevant de plus en plus, y va former cette partie qu'elle a fait nommer Haute-Auvergne. D'après une position pareille, il est aisé de deviner quel doit être le climat de Clermont; chaleurs étouffantes, vents froids, pluies abondantes, orages fréquens, en un mot tout ce que donne le voisinage des montagnes. Avec une latitude plus méridionale de trois dégrés que Paris, il n'a gueres que la même température (26 dégrés, terme moyen de ſes grandes chaleurs ; ſix à ſept dégrés au-deſſous de la glace, terme moyen de ſes plus grands froids.) (1) ; mais ſon ciel eſt plus variable & plus inconſtant encore. Vers la mi-oût, j'ai vu le thermometre à 29 dégrés & demi, quelques jours après il était à 14, c'eſt-à-dire à une différence de plus de moitié. A la vérité il n'y a point de Province en France , où dans l'été l'on n'éprouve ces ſortes de variations ; & où après s'être plaint, le matin, de la chaleur, on ne ſe voie, le ſoir, obligé tout-à-coup, à la ſuite d'un orage, de prendre des habillemens chauds. Mais ailleurs ces variations ſont très-rares ; & ici au contraire elles ſont très-communes, parce que les orages eux-mêmes y ſont très-fréquens. Auſſi les vendanges, qui ſe font ailleurs dans le courant de Septembre, ne ſe font-elles ici qu'à la mi-Octobre ; auſſi les maladies les plus ordinaires dans le pays, ſont-

---

(1) Ces réſultats de froid & de chaud m'ont été donnés par M. Doucet Chirurgien & Docteur en Médecine , qui depuis dix-huit ans fait des obſervations météorologiques. J'aurai encore occaſion de le citer plus bas.

elles les rhumatismes, les maux de dents, les fluxions de poitrine &c, & autres semblables.

Deux caractères particuliers qui distinguent encore les orages de Clermont d'avec ceux des autres pays, ce sont les tonnerres qui les accompagnent, & les pluies qui les suivent. Ces pluies ne sont point, comme ailleurs, des ondées passagères & momentanées. Ce sont des averses, qui ordinairement durent plusieurs jours de suite, & qui n'ont presque aucune interruption. Mais aussi un instant suffit pour tout changer; le tems qui tout-à-coup était devenu pluvieux, tout-à-coup redevient serein ; le soleil brille comme auparavant; c'est un autre ciel & une autre température. Il est même rare que les pluies, malgré leur continuité & leur abondance, soient nuisibles. Comme le terrein, en général, est sec & sablonneux, elles font peu d'effet. On peut même dire que c'est principalement à elles que la Limagne doit sa fertilité. De toutes parts entourée de montagnes, elle reçoit avec les eaux qui en découlent, la terre végétale qu'elles en ont enlevée, & tous les principes vivifians qu'elles charrient. Je me suis affûré par moi-même de la vérité de ce fait. Sur la fin de Septembre la pluie ayant tombé pendant deux jours & demi, je montai, vingt quatre heures après, fur une des collines voifines de Clermont, pour examiner dans quel état était la plaine. Le ciel était beau; & depuis un jour entier il n'avait point plu. Cependant tous les chemins qui defcendaient des montagnes étaient devenus des lits de torrents; partout l'eau ruiffelait; les foffés eux mêmes étaient des ruiffeaux, & coulaient à plein bord. Quant à la Limagne elle était inondée en grande partie, & offrait des lacs immenfes, dont l'étendue furpaffait déja celle des terres qui étaient encore à découvert

Il ferait curieux de favoir combien, par année commune, il tombe de pouces d'eau dans la Province. Cette expérience eft fi facile, elle tient à des connaiffances fi curieufes que je fuis furpris qu'aucun Phyficien de l'Académie ne s'en foit occupé.

D'un autre côté, fi l'on confidère fur une carte la pofition de l'Auvergne, on a de la peine à concevoir comment un pays éloigné de la mer, & fans eau, car je ne compte pour rien quelques lacs de peu d'étendue, & des torrens qui font à fec pendant une partie de l'année, fourniffe cependant à des pluies fi abondantes. Mais il ne faut pas oublier que ce pays, fitué au centre de la France, & très-élevé par lui-même, eft en outre couvert de montagnes dont plufieurs font très-hautes. De quelque côté de l'horifon que fouffle le vent, il lui apporte des nuages ; or perfonne n'ignore que les nuages vont s'accumuler autour des montagnes, & fe diffoudre dans leurs alentours. Elles ont, pour les attirer, une force inconnue, mais irréfiftible, mais très-réelle, & qui femble croître en raifon de leur maffe. Je vous parlerai ailleurs de cette attraction des montagnes. J'en ai eu, dans mes courfes, des preuves fi fenfibles & fi frappantes qu'une expérience particulière, faite fous mes yeux pour mon amufement ou pour mon inftruction, ne me l'eût pas démontrée avec plus d'évidence.

Quant à ces vents irréguliers & violens, fi fréquens dans toute l'Auvergne qu'on eft obligé d'y faire les toits des maifons furbaiffés & prefque plats, & qu'il n'y existe pas un seul moulin à vent, je ne crois pas aussi facile d'en assigner la cause.

D'après ce que je viens de dire sur la propriété attractive des montagnes, il est des Physiciens qui les attribueront à la pression, à la dilatation, à la condensation de ces nuages que sans cesse les montagnes attirent, & qui ac-accourant de toutes parts se dissoudre sur leurs cîmes, ou poussés par d'autres & s'élevant plus haut pour aller au loin se résoudre en orages ou en pluies, forment, dans l'athmosphère des courans dont la vitesse devient celle de l'air qu'ils chassent. Moi-même j'ai cru, pendant quelque tems, à cette explication; mais un fait que le hasard m'a procuré, & que je n'avais pu prevoir, m'a fait changer d'opinion.

J'allais dîner à la campagne, vers la fin de Septembre, au levant de Clermont. Quoiqu'il ne fût pas encore neuf heures, le soleil était très-chaud; le vent soufflait sud, & jamais je ne vis un plus beau ciel. Mais en peu de tems ce vent devint si violent qu'il cassa sous nos yeux de très-grosses branches d'arbres, & que nôtre postillon avait de la peine à se tenir sur son cheval. Malgré sa violence cependant il soufflait continuement & sans interruption ; & non par bouffées, comme font ordinairement tous les vents de tempête. Enfin il dura ainsi jusqu'au soir; mais ce que je remarquai, (& je le répete) c'est que les nuages n'entraient pour rien dans ses effets ; c'est que les cîmes des hautes montagnes étaient parfaitement nettes, & que dans le ciel entier, tant que ma vue pouvait s'étendre, il était impossible d'appercevoir la plus petite nuée. Il est vrai que dans la nuit le vent tourna à l'ouest, & que le lendemain, au lever du soleil, commença une pluie, qui d'abord accompagnée de tonnerre dura, presque sans interruption, soixante heures. C'est celle dont je vous ai parlé ci-dessus, & celle qui me donna lieu d'observer l'inondation de la Limagne.

Comme les pluies sont le produit des vapeurs qu'attirent les montagnes, le tonnerre est l'effet de la matière électrique dont sont chargées ces vapeurs. Ce genre d'orages est très-commun à Clermont ; & souvent ils sont accompagnés d'une grêle qui dévaste tous les environs. Il est même des cantons que leur position malheureuse semble condamner régulièrement à cette sorte de désastres. Tels sont Blanzat, Châteaugai,, Sayat &c, villages à vignobles, & placés au nord de la branche ouest des montagnes qui forment le bassin de Clermont. Sayat, recommendable par un des plus beaux vallons de l'Auvergne, a été grêlé cinq années de suite. Chateaugai l'a été pendant sept. Enfin, en 1786, ce dernier canton avait été épargné; mais cette année 1787, dans la nuit du onze octobre, un orage, précédé par douze heures d'un vent affreux, est revenu ravager de nouveau les trois villages. Je suis allé, quelques jours après, en voir les tristes effets à Sayat. La grêle y était tombée d'un demi-pied d'épaisseur ; partout les vignobles étaient jonchés de feuilles déchiquetées, de grappes coupées, de grains arrachés & fendus. Les seps pendans offraient un état de délabrement & de nudité qu'il m'est impossible de vous peindre. Jamais je n'oublirai ce spectacle. Tout étranger qu'il était pour moi, il m'arracha des larmes ; parce que j'y voyais toutes celles que devaient répandre les malheureux qu'il intéressait. Après tant de travaux, au moment d'une récolte, ils perdaient tout. J'en vis quelques uns ; ils étaient désolés. Ils me parlèrent d'une requête dont le village s'occupait dans le moment, & qu'il voulait présenter à l'Intendance pour demander une décharge de ses impositions. Depuis douze à quinze jours je n'avais presque entendu parler à Clermont que de requêtes pareilles, envoyées par différens villages après les inondations qu'avaient causées les pluies de la fin de Septembre. Je n'ai l'honneur de connaître M. de Chazerat, que par les éloges qu'on m'a faits de son cœur ; mais si tous les ans l'Auvergne a des automnes pareils à celui dont j'ai été témoin, que je le plains ! & que son ame sensible doit souffrir, quand arrive la douloureuse saison des requêtes !

S'il est, comme je vous l'ait dit, des situations malheureuses pour la grêle, il en est aussi de favorables & de fortunées. Gergoviat, par exemple, montagne immense par son étendue, & couverte de vignobles dans tout son contour, n'a, de mémoire d'homme, jamais été grêlé. Il est vrai que Gergoviat est une montagne à cîme plate; & que Sayat est à l'extrémité d'une chaîne de montagnes granitiques, qui par les pointes & les aspérités, vraiment effroyables, de leurs cîmes, ne peuvent qu'attirer un nuage orageux. En ce moment les malheureux habitans de Sayat se construisent une église, que sans doute ils auront soin d'orner d'un clocher à pointe; & ce clocher ne fera encore qu'augmenter leurs malheurs; s'il est possible que leur malheur augmente.

Clermont, comme ville, a moins à craindre, il est vrai, le dommage des grêles; mais, comme ville aussi, il doit plus redouter les dangers des orages à tonnerre. Ce tonnerre, à raison des échos multipliés des montagnes, a là des roulemens prolongés & un fracas éclatant qu'il n'a point ailleurs. Souvent même la foudre y tombe; & pendant mon séjour j'ai entendu citer comme un phénomene qu'elle ne fût point tombée dans le cours de l'année 87.

Au reste si jamais ville fut faite, par la forme, pour être foudroyée, c'est sans contredit celle-ci. Non-seulement le tertre sur lequel on l'a bâtie est conique ; mais sur la cîme de ce cône se trouve l'Eglise Cathédrale, ornée de deux clochers pointus.

A ces Conducteurs électriques, joignez dix Paroisses, dont quatre Chapîtres, dix-neuf Maisons Religieuses ou Abbayes, quelques Communautés, deux Séminaires, un Collège &c; tout cela hérissé de clochers ou de girouettes ; & voyez, mon ami, vous qui connaissez la propriété qu'ont tous les corps, armés de pointes, d'attirer le fluide électrique, voyez ce que dans un jour d'orage doit être Clermont sous un nuage chargé d'electricité. Ne dirait-on pas qu'on l'a bâti tout exprès pour servir d'expérience aux terribles effets du tonnerre ?

En 1779, le premier Juillet, en moins d'un quart-d'heure il tomba plusieurs fois dans les environs de Clermont, & quinze fois dans la ville. Ce fait m'a été certifié par plusieurs personnes, & spécialement par M. Mossier. Quelqu'un qui se trouvait en ce moment dans une tonnelle des hauteurs voisines, & qui fut témoin du phénomene, m'en a fait un récit dont les détails, même, après cet espace de tems, me fesaient encore frémir. La nuée planait sur Clermont. A chaque instant il voyait la foudre l'entrouvrir, & se précipiter en éclats tortueux. Jamais spectacle ne fut à la fois & plus magnifique & plus épouventable. Aux tems de la Mythologie, on eût dit que c'était un Dieu, qui caché dans les flancs du nuage, & irrité contre la ville, avait résolu de la reduire en poudre & d'en exterminer pour jamais les habitans. Après tout ce fracas vint la pluie ; & à l'instant même qu'elle commença de tomber, le tonnerre cessa.

Vous me demanderez maintenant ce qu'ont fait les Clermontois pour se garantir de ces événemens effroyables, dont la fréquence peut à la fin devenir désastreuse, & finir par consumer leur ville ? Rien, mon ami. Accoutumés à tous ces événemens, ce n'est pour eux qu'un sujet de nouvelles. Il vous en parlent froidement; comme d'une chose indifférente, & qui de tems en tems fournit matière à leurs conversations.

Peut-être au reste ont-ils cru jusqu'ici leur sécurité fondée. Au moins il régnait parmi eux une croyance populaire, que jamais dans un incendie Clermont n'aurait plus d'une maison brûlée. J'ignore sur quoi était fondé ce miracle ; mais la tradition l'attribuait à certaine promesse d'un saint Artheme, l'un des premiers Evêques de la ville. Sans doute le Prélat eût été plus généreux encore de protéger également toutes ses ouailles, & d'empêcher qu'aucune de leurs maisons ne brûlât. Cependant, comme il ne faut point chicaner avec ses protecteurs, vous avouerez que le bienfait était encore assez beau. Malheureusement le feu prit, le quatorze Octobre, dans une rue de la ville ; & quoique ce fût vers midi, quoiqu'on eût lâché les fontaines, quoique les pompes fussent arrivées à l'instant même ; enfin quoiqu'on eût tous les secours possibles, & particulièrement ceux du Regiment de Royal-Navarre, actuellement en garnison à Clermont, & que par sa bonne conduite on s'applaudit généralement de l'y avoir, neanmoins il y eut trois maisons brûlées. Mon ami, la Religion est par elle même si belle & si respectable ! Pourquoi faut-il que dans tous les pays on y mêle des sottises & des fables, qui ne sont point elle ; & qui cependant la rendent ridicule aux yeux du libertin, parce qu'il les confond toujours ?

Il y a cinq ans qu'un homme de mérite, proposa contre les effets de la foudre un moyen plus sûr, selon moi, que la promesse imaginaire d'un faux miracle. Il était Chirurgien de MM. les Jacobins & des Dames Hospitalières. Ces deux Communautés sont voisines. Plusieurs fois leurs clochers avaient été frappés de la foudre ; & comme elles avaient, à se garantir mutuellement, le même intérêt, il leur proposa d'établir sur leurs clochers un Paratonnerre. Les Paratonnerres étant aujourd'hui très-communs, non-seulement en France, mais dans toute l'Europe ; leur utilité étant universellement reconnue, les deux Maisons Religieuses dont il s'agit ne devaient y voir qu'un avantage & une sûreté. D'ailleurs l'auteur du conseil s'occupant, avec gloire & avec succès, des expériences d'électricité, il offrait de diriger lui-même lui-même la construction de l'instrument préservateur.

Les Hospitalières seules acceptèrent son offre; mais à peine en fut-on instruit dans la ville qu'à l'instant mille clameurs s'élevèrent. Ces mêmes gens qui ne voyaient qu'avec indifférence la foudre tomber fréquemment au milieu d'eux, s'effrayaient d'avance, sans savoir pourquoi. Ils avaient entendu dire que la pointe du Paratonnerre soutirait la matière électrique de la nuée; & ils en concluaient qu'elle devait attirer le tonnerre & le faire tomber. Le Physicien dont je parle s'occupait en ce moment à élever une méridienne sur une petite terrasse qu'il avait. Un style, qu'on y vit élevé, fut pris pour un Paratonnerre; & les clabauderies redoublèrent. A travers toute cette fermentation vint un orage, accompagné de grêle, qui fit dans la ville un dégât affreux & y brisa la plus grande partie des vitres. Alors tout le monde de crier vengeance. C'était le prétendu Paratonnerre qui avait attiré l'orage. Que vous dirai-je ? Les esprits s'échauffèrent; une femme ameuta le voisinage; on s'attroupa; & si le

F

Magistrat n'eût dissipé la tempête, je ne sais ce qui fût arrivé.

Enfin cependant toute cette colère s'appaisa. On oublia la grêle, parce que tout s'oublie; & cette année 1787, les Dames Hospitalières ont consenti à ce que le Physicien élevât sur leur clocher un Paratonnerre. MM. les Jacobins ont refusé d'en avoir un ; il n'ont pas même voulu abattre la pointe de leur clocher, ainsi qu'on le leur conseillait. Si par hasard leur Eglise vient à être foudroyée de nouveau, comme elle l'a déja été plusieurs fois ; adieu le Paratonnerre ; on l'accusera d'avoir attiré la foudre ; & une nouvelle sédition forcera de l'abattre.

Ce que je vous dis ici de Clermont, mon cher abbé, ne vous surprendra pas. Vous avez lu, vous avez fait imprimer vous même cent faits pareils, arrivés dans les différentes Provinces. Partout le peuple est si routinier, & si borné ! partout les lumières & les sciences ont tant de peine à pénétrer ! Dans de pareilles circonstances c'est aux gens éclairés à détruire le préjugé de leurs compatriotes, ou au moins à les rassûrer par l'exemple ; & c'est en ce moment ce que fait le Chapitre de la Cathédrale. Déja il a résolu d'élever sur son Eglise un Paratonnerre ; & probablement il en élevera plus d'un, puis qu'il est prouvé, par les observations les plus récentes, que la puissance de ces Conducteurs n'agit pas au-delà d'une sphère de quarante pieds. Mais s'il rend cet hommage à l'une des plus brillantes & des plus utiles découvertes qu'ait faites depuis long-tems l'esprit humain, je ne doute nullement que bientôt les autres Corps ne l'imitent, ou au moins que les pointes de la plupart des clochers ne soient abattues. La ville alors ne sera plus pour les orages qu'une ville ordinaire ; elle jouira, sans danger comme sans crainte, de son incomparable situation ; & c'est au Chapitre seul qu'elle devra un jour son bonheur & sa sécurité.

Avant la conquête des Gaules la Capitale d'Auvergne n'était point située sur ce monticule dangereux ; c'était cette Gergovia, si célèbre dans les *Commentaires* de César, & qui devenue le foyer de la ligue gauloise contre l'usurpation de Rome, fut envain assiégée par lui, & prouva, la première, qu'il n'était point invincible. Ce fait est celui dont vous entretiennent, de préférence, & les Académiciens de Clermont & les Clermontois eux-mêmes. Fiers d'ayeux qui ont repoussé les armes romaines, ils ne parlent de Gergovia qu'avec complaisance; sorte d'amour-propre qui ridicule en apparence, parce qu'il place notre gloire hors de nous, cependant est dans le cœur humain, & doit s'excuser chez les Peuples qui, comme celui-ci, ayant joué autrefois dans l'Histoire un grand rôle, aujourd'hui comme lui ne sont plus rien.

Gergovia, avec toute sa gloire, ne fut pas moins obligée de céder à César, lorsque toute la Gaule se soumit à lui. Sans doute alors elle fut détruite. Au moins, depuis ce moment, aucun Auteur n'en parle comme d'une ville subsistante. Il n'en reste même aucun vestige; & l'on ignore jusqu'au lieu où elle existait. Les Clermontois, jaloux de l'honneur d'un si bel héritage, la placent sur une des montagnes qui font l'enceinte de leur bassin; & en effet cette montagne, depuis long-tems porte le nom de Gergoviat. (1)

Quoi qu'aujourd'hui ce soit une découverte plus que futile, que celle d'une ville qui fut jadis & qui n'est plus ; cependant celle-ci aquit dans la Gaule une telle renommée ; ces noms de Romains & de César, auxquels elle tient, font si imposans, que le Voyageur qui vient en Auvergne ne peut se défendre de s'en occuper. Il voudrait retrouver cette fière cité, qui seule dans les Gaules brava les armes romaines, contre laquelle échoua l'habileté du plus grand Capitaine & d'un des plus grands hommes de l'antiquité.

Lancelot a cru cet objet digne de ses recherches ; & il en a fait (année 1706) le sujet d'un Mémoire qui fait partie de ceux de l'Academie des Belles-Lettres, dont il était membre. L'auteur, sans nous apprendre où était Gergovia, nous dit seulement où elle n'était pas ;

---

(1) Elle le portait au XII siècle ; comme le prouve un Mémoire de l'abbé Le Beuf, dont il est mention dans l'Histoire de l'Académie des Belles-Lettres.

& il attaque l'opinion des Clermontois. M. Pazumot, Ingénieur-Géographe, publia en 1765 une dissertation, dans laquelle il est au contraire de leur avis. Il fait assaillir la montagne par le côté du sud, & suit les différentes opérations du siège, décrites par César. Cette hauteur, assez vaste pour l'emplacement d'une grande ville, puisqu'en fesant le circuit de son plateau j'ai compté quatre mille pas, offre en effet la plupart des caractères qu'attribue à l'ancienne le Général Romain; & Lancelot lui-même en convient. Elle a plusieurs étages, & pouvait dans son contour loger l'armée de défense que commandait le Général Auvergnat : *Verçingentorix , castris prope oppidum in monte positis, separatim singularum civitatum copias collocaverat.* Ses avenues sont difficiles, *omnes aditus difficiles habebat.* Sa cîme est plate, *dorsum jugi prope æquum.* Au-dessous, à peu de distance est un ruisseau, (*la Serre*) & une autre montagne escarpée, assez roide, (*le Puy de Monthon* ;) choses dont parle César : *erat e regione oppidi collis , sub ipsius radicibus montis, egregiè munitus, atque ex omni parte circumcisus*;

quem si tenerent nostri, & aquâ magnâ parte & pabulatione liberâ prohibituri hostes videbantur. Enfin il la repréfente comme très-haute, *altissimo monte*; comme ayant, en droite ligne, douze cens pas au-deſſus de la plaine, *oppidi murus ab planitie atque initio adſcenſûs, rectâ regione, si nullus anfractus intercederet, ducentos & mille paſſus aberat*; & Gergoviat eſt élevé de 175 toiſes au-deſſus de la Limagne. Mais, d'un autre côté, ce lieu n'a pas une goutte d'eau ni un ſeul arbre ; mais il eſt ſujet à des vents affreux ; & il en coûte de croire que des hommes qui avaient à leurs pieds cette Limagne ſi fertile, euſſent choiſi pour leur habitation un ſéjour où ils auraient eu à ſe plaindre de tous les élémens.

M. l'abbé Cortigier, Chanoine de la Cathédrale & membre de l'Académie de Clermont, prétend, dans une diſſertation qu'il a faite auſſi ſur cette matière, que la Capitale d'Auvergne était alors placée où elle eſt aujourd'hui ; mais qu'en tems de guerre & dans le danger d'un ſiège, les habitans ſe retiraient ſur la montagne, où ils ſe fortifiaient ; & que quand le danger était passé, ils revenaient dans la plaine. La Gaule une fois subjuguée ; obligés, comme les autres Gaulois, d'obéir aux loix de Rome, la forteresse sera devenue inutile pour eux ; & on les aura forcés d'habiter la Limagne.

Cette hypothèse est séduisante ; elle expliquerait très-bien pourquoi l'on ne trouve plus aujourd'hui le moindre vestige de l'ancienne cité ; & pourquoi, du moment où elle fut soumise aux Romains, on ne rencontre plus son nom chez les Auteurs du tems. Je ne vois à tout ceci qu'une objection ; c'est que César, qui devait se connaître en forteresses & en villes, ne donne point celle-ci pour un lieu de refuge, mais pour une ville véritable, une ville *bâtie* ; (*perspecto urbis situ quæ posita in altissimo monte.*)

En 1783, vint à Clermont un Anglais, Officier-Général des armées de sa Majesté Britannique. Il voyageait, & avait déja parcouru une partie de l'Europe ; mais il avait formé un projet singulier ; & ce projet fesait un des principaux motifs de ses voyages : c'était de vérifier sur les lieux mêmes les narrations & les détails de tous ces campemens, marches, sièges

& batailles qu'on trouve dans les Auteurs anciens. Curieux de savoir si César ne nous avait pas trompés en nous parlant de son siège de Gergovia, il prit en main les *Commentaires*, & la dissertation de M. Pazumot; alla demander quelques renseignemens à M. l'abbé Cortigier, l'homme que l'on consulte quand on veut connaître les antiquités de Clermont; & se rendit sur la montagne, pour tout voir & tout examiner par lui même. Il revint très-satisfait; avouant qu'il ne différait qu'en quelques points de l'avis de M. Pazumot; & ce témoignage rendu par lui, je l'ai vu dans une lettre de remercimens qu'il écrivit à M. Cortigier.

De tous les Historiens anciens, il n'y en avait que deux dont ce Voyageur louât l'exactitude; parce que tous deux ne décrivaient que des lieux qu'ils avaient vus; c'était César & Polybe. Il vantait sur-tout César, dont les descriptions s'étaient toujours trouvées, à ses yeux, d'une fidélité inaltérable, & que jamais il n'avait pu prendre en défaut. Quant aux autres il les traitait sur ce point avec assez de mépris, & particuliéremant Tite-Live; Auteur, selon lui, très inéxact, feseur de phrases, & qui n'étant pas sorti de son cabinet, parlait, à tort & à travers, ██████rations qu'il connaissait mal, & de lieux q██ ██'avait pas vus.

Au reste si les Clermontois étaient jaloux d'avoir en faveur de leur opinion, une autorité bien plus concluante encore; je leur citerais celle de Danville. Cet homme dont le témoignage est d'un si grand poids en Géographie, & surtout dans la Géographie de la Gaule, paraît penser comme eux sur Gergovia. Au moins ce qu'il dit de cette ville dans l'article de sa *Notice* est-il employé tout entier à réfuter les objections de Lancelot, & à prouver qu'aucunes d'elles n'est fondée. L'Abbé le Beuf a prononcé plus affirmativement encore. Après s'être transporté sur la montagne, & avoir observé les lieux, il décide en faveur des Clermontois; & son jugement est consigné dans les Mémoires de l'Académie des Belles-Lettres.

De tous les objets dont peut traiter l'Académie de Clermont, celui-ci étant sans contredit & le plus flatteur pour elle & le plus brillant; il n'est point étonnant qu'elle s'en soit occupée. Quelques-uns de ses membres avaient proposé des fouilles sur la montagne; & en effet c'était le seul moyen de vérifier si autrefois il y avait eu là une ville. Mais il fallait trouver quelqu'un qui voulût prendre sur lui les frais des travaux; & l'Académie renonçait à cet honneur. Enfin M. le Comte de la Tour-d'Auvergne, à qui l'on proposa l'entreprise, s'en étant chargé généreusement, en 1765 les fouilles commencerent; & un Académicien voulut bien les diriger.

Vous devinez sans peine tout ce que dut produire dans la ville un pareil événement; que de conjectures! que de propos! quelle fermentation des esprits! Pour le coup c'était la montagne de la fable; & celle-ci allait accoucher d'une ville. Or devinez ce qu'on y trouva! un cabinet; une cave & un puits.

La tradition portait que très-anciennement il y avait eu là un château. La plûpart des montagnes d'Auvergne, & sur-tout celles qui sont escarpées, en ont eus de pareils. On ne peut pas faire quatre lieues sans en rencontrer quelqu'un; & l'on avouera qu'avant l'invention de l'artillerie, la situation la plus avantageuse pour un fort était celle-ci. Les bâtimens dont je viens de parler étaient ceux d'un manoir antique, de ce genre. Probablement même il en avait eus de plus considérables, & avait appartenu à quelque personnage important; puisqu'on trouva, en même-tems, des morceaux d'albâtre & de marbre, des débris d'ustensiles domestiques & d'armes en fer & en cuivre, quelques médailles romaines, enfin des fragmens d'une poterie rouge qui portaient des inscriptions latines, écrites en caractères romains. Quelque prix que la manie des antiquailles puisse attacher à ces trouvailles pitoyables, qui toutes ensemble peut-être n'eussent pas suffi pour payer la journée d'un des ouvriers, il est certain au moins qu'elles ne peuvent avoir appartenu à Gergovia. Assurément une ville Gauloise, détruite sous César, jusques-là ennemie des Romains, & qui parlait la Langue celtique, ne peut avoir eu des médailles romaines, des inscriptions en langue romaine & en lettres romaines.

La Chronique scandaleuse du pays prétend que tout ce qu'on trouva ne fut pas connu

& qu'un Orfévre, auſſi peu délicat que peu honnête, ayant gagné les ouvriers par quelques promeſſes, trouva le moyen d'avoir ſecrettement d'eux une partie des médailles d'or & d'argent qu'il rencontrerent. Lui-même, dit on, eut la ſotte impudence de s'en vanter; & l'on ajoute qu'ignare autant qu'avide, il les feſait fondre, à meſure qu'on les lui apportait. On parle sur-tout d'un morceau précieux, qui lui coûta ſix francs, & qu'il vendit dix louis; c'était une bague en or, fort lourde & fort maſſive, mais qui, pour chaton, avait une emeraude, ſupérieurement gravée, d'un travail parfait, & repréſentant un buſte de Chevalier Romain.

Il n'eſt pas rare dans l'Auvergne de trouver des médailles, en fouillant la terre; & ſouvent les Payſans en rencontrent. Si elles ſont de métaux précieux, ils cherchent à s'en défaire auprès de quelque Orfevre; ſi elles ſont de moyen bronze, ils écraſent les figures avec des marteaux, & les lâchent enſuite dans le commerce, comme de gros ſous. On m'en a données quelques unes qui avaient circulé ainſi, & ſervi de paiement au jeu.

Quant à ces fragmens de poterie rouge trouvés sur la montagne de Gergoviat, ils sont très-communs non-seulement dans le voisinage de Clermont, & à plusieurs lieues de distance, mais même dans la ville & encore plus dans son ancienne enceinte. Long-tems on avait ignoré d'où venait toute cette vaisselle si abondante & si jolie; on la croyait étrangere à l'Auvergne; & rien ne fesait soupçonner qu'elle y eût été fabriquée.

Le hasard en fournit la preuve, il y a dix ans; & la manufacture fut trouvée à six lieues de Clermont, par de-là l'Allier, dans la Limagne. M. de Chazerat, Intendant de la Province, fesant creuser & applanir des terres pour ajouter une avenue à son beau Château de Ligone, on découvrit l'atelier. Il était formé de 70 à 80 fourneaux, un peu plus grands que les plus forts fourneaux de Chymie; & qui à leur extrémité supérieure avaient pour cheminée, un tuyau rond & vertical, enfermé dans un autre, de même forme, mais séparé du premier par une couche d'argile. On trouva là beaucoup de vases brisés, quelques-uns d'entiers, plusieurs moules de diverses formes, & nombre de pains ronds d'argile préparée pour la roue du Potier. Ces tourteaux ont une marque à l'une de leurs surfaces; c'était celle de l'ouvrier : & comme l'attelier sans doute avait plusieurs entrepreneurs, les marques aussi sont différentes.

L'argile qu'on employait a un grain si fin, elle est si légere, & s'égréne si facilement sous l'ongle, qu'on diroit du tripoli. La pâte des vases est d'un très-beau rouge; & ressemble à celle de certains vases étrusques que j'ai vus dans les cabinets. Je crois vous avoir déja dit qu'il en subsiste quelques-uns d'entiers; mais ce que je ne vous ai pas dit, c'est que ces vases ont une forme élégante; c'est qu'ils sont ornés de reliefs charmans; c'est que malgré leur vétusté ils offrent encore un vernis brillant qui étonne par sa fraîcheur (1). Ah! si ces mor-

---

(1) L'Académie de Clermont en a un, dans son armoire, dont les reliefs représentent une bacchanale. J'en ai vu, chez M. Mossier, un autre qui offre une priapée. Ce Savant a aussi plusieurs pieces intéressantes de la Manufacture; un moule, des tourteaux, des lampes sépulcrales, &c.

ceaux précieux avaient été trouvés dans quelque mafure de Grèce ou d'Italie!..... Mais on les a découverts en Auvergne; peuvent-ils avoir quelque prix aux yeux d'un Antiquaire?

Clermont a plufieurs de ces fontaines qu'on nomme minérales, & qu'à parler plus exactement, on devrait appeler médicinales, à caufe des qualités falutaires qui les font ordonner par les Médécins pour la guérifon de certaines maladies. Leurs eaux font martiales ou ferrugineufes; ce qui annonce du fer tenu en diffolution; & ce qui prouve que dans leur cours fouterrein ayant coulé fur une mine de fer ou fur des laves ferrugineufes, elles les ont rongées & diffoutes. Mais elles font à la fois gazeufes; c'eft-à-dire, que chargées de fer elles font imprégnées en même-tems de ce gaz, qui connu du vulgaire fous le nom de méphitique, porte chez les Chymiftes celui d'air fixe, d'air fixé, d'acide aërien, d'acide crayeux, &c. Le gaz dont il s'agit formant un des élémens des terres calcaires, il s'enfuit que non-feulement les eaux ont coulé fur quelques

quelques substances ferrugineuses, mais aussi sur ces terres ; & qu'en dissolvant celles-ci, comme elles ont dissous les autres, elles se sont chargées du gaz qui entrait dans leur composition.

Les fontaines minérales de Clermont ne sont point dans la ville proprement dite, mais à la base de son monticule.

L'une coule au sud-ouest, & se trouve par-delà une vaste & maussade place, nommée Jaude; place qu'on vante beaucoup dans le pays, quoiqu'elle n'ait ni pavé, ni simétrie, ni bâtimens. L'autre va sortir au nord-ouest, dans un fauxbourg qui porte le nom de Saint Allyre, & qui, beaucoup plus bas que la ville, occupe le fond de la vallée par laquelle le monticule de Clermont est séparé des montagnes voisines. Cette derniere source se divise en plusieurs branches ; & elles percent en différens endroits du fauxbourg.

Ils est consolant pour les Clermontois d'avoir auprès d'eux un remède salutaire, qu'ailleurs les malades sont obligés souvent d'aller chercher au loin. En effet les Médecins de la ville ordonnent souvent ces eaux ; & moi-même,

G

pendant le séjour que j'y ai fait, je les ai prises pour ma santé, aussi exactement que me l'ont permis mes courses & mes voyages. Cependant, comme tout est mode à Clermont ainsi qu'ailleurs, pendant long-tems la fontaine de Saint Allyre a eu la vogue; & c'était là qu'allaient boire les malades, ou ceux qui se prétendaient malades. A présent c'est à celle de Jaude qu'on court. A la vérité il s'est établi auprès de la fontaine une guinguette où les jeunes gens des deux sexes, après avoir bu ou s'être présentés pour boire, vont déjeuner & danser; & l'on conçoit sans peine combien ce voisinage doit ajouter à la salubrité des eaux.

En ce moment il en est deux autres, à une petite demi-lieue de la ville, dans un lieu nommé Saint Mart, auxquelles la Faculté de Médecine semble vouloir donner quelque vogue. Déja elle en raconte des prodiges, & s'occupe du projet d'y former un établissement & des bains. Si ces bains avaient réellement une efficacité reconnue, s'ils aquéraient une certaine renommée, je ne serais pas surpris qu'ils fissent oublier ceux des Monts-Dor, & que les malades qu'on envoie des divers cantons du Royaume dans ces affreuses montagnes où tout attriste & rebute, ne préférassent le séjour d'une Capitale qui leur offrirait tous les plaisirs. Mais tout en ce monde n'est que hasard ; & vous savez, mon cher abbé, que pour y jouer un personnage, il ne suffit pas toujours d'avoir du mérite ; il faut encore avec cela des circonstances heureuses & des prôneurs illustres. Quant aux Clermontois, si l'on s'avise d'etablir à Saint Mart quelque jolie salle de bal ou d'assemblée, je ne doute pas que leurs malades ne s'y portent en foule, & que les guérisons qui s'y feront ne donnent à l'etablissement de la Faculté une célébrité prompte & brillante.

M. Mossier a entrepris l'analise chymique des eaux de toute l'Auvergne ; & déjà son travail est fort avancé. Pendant mon séjour à Clermont, le jour de la Saint Louis, à la séance publique de l'Académie, il a donné un mémoire sur celles de Jaude & de Saint Allyre. Comme le résultat de ses opérations ne peut être intéressant que dans les lieux où l'on est à portée d'en profiter, je ne vous en parlerai point ; &

vous dirai seulement que la température moyenne de la première source est à 18 dégrés de chaleur; & celle de la seconde à 20. Quant à celles de Saint Mart, l'une à 27 dégrés ; & l'autre 28.

Le Chymiste n'a vu dans ces eaux que les principes qu'elles tiennent en dissolution, & le Médecin que les maladies qu'elles peuvent guérir. Le Naturaliste au contraire n'y considère que les substances qu'elles font naître; & c'est sous cet aspect que je vais vous en parler. S'il est moins utile que les deux autres, peut-être est-il plus sûr. Il est au moins à la portée d'un plus grand nombre de lecteurs, & parle bien autrement à leur imagination.

Quand vous puisez dans un verre l'eau gazeuse, & que vous la regardez au jour, vous lui trouvez une limpidité parfaite. Les substances qu'elle tient dissoutes y sont divisées en parcelles si ténues qu'elles deviennent invisibles : cependant elles y existent, & bientôt se montrent sous la forme qui leur est propre. En effet à peine commence-t-elle à couler dans son canal, que le fer s'y précipite. Là ce fer se combine avec l'air *vital* ou *déphlogistiqué* ; il l'abforbe, fe calcine, & prend aux yeux la forme & la couleur de rouille. Or on fait que la rouille n'eft que du fer brûlé, une chaux ferrugineufe.

Quant à la terre calcaire qui eft en diffolution dans ces eaux, elles la dépofent fur leur route, à mefure que leur gaz s'évapore; & ces dépôts s'accumulant infenfiblement par couches horifontales & fuperpofées, forment, avec les années, des maffes immenfes & très-dures. Si au lieu de couler fur un fol uni, l'eau, par la nature du terrein, tombe perpendiculairement, alors le fédiment change de forme; il s'attache à la naiffance du jet, file & s'allonge, comme ces bougies de glace qu'en hiver on voit naître & pendre aux gouttières ; & les bavures qu'il produit font ce qu'en Hiftoire-Naturelle on nomme *Stalactites*. Enfin fi l'eau, foit dans fa chûte, foit dans fon cours, rencontre quelque corps étranger, l'attraction de celui-ci retient & fixe la fubftance pierreufe qui eft en diffolution ; elle l'enveloppe en entier, & perfonne n'ignore que ce produit eft ce qu'on nomme *incruftation*.

Les différentes sources gazeuses qui se voient dans le fauxbourg de Saint Allyre offrent toutes également ces effets divers; parce qu'ils appartiennent également à toutes les eaux de ce genre. Dans l'enclos de l'Abbaye de Sainte Claire, il y en a une qui coulant à pleins bords & se répandant sur la surface du jardin, l'encroutait & l'incrustait en pierre. On a été obligé de lui creuser, pour son écoulement, un canal profond, qui la conduit au dehors. Celle de l'enclos de La Garde aboutit par quelques gargouilles dans les rues de Saint Arthème & de La Moraie. Là, tombant & coulant le long des murs, elle y a formé une sorte de bornes factices, plus ou moins grosses, & dont l'une, entre autres, a six pieds & demi de hauteur, sur un ou deux de saillie. La rue, nommée *des eaux*, n'a presque pour pavé que ces sedimens devenus pierre. Une des sources du fauxbourg y coulait autrefois ; & c'est d'elle sans doute que la rue a pris son nom.

De toutes ces fontaines gazeuses, la plus connue, ou au moins la plus célèbre, est celle qu'on voit dans un jardin potager qui appartient à

MM. les Bénédictins; & c'est même là un des premiers objets de curiosité que les Clermontois s'empressent d'annoncer & de faire connaître aux étrangers qui arrivent dans leur ville. Celle-ci est citée comme un phénomène, dans le *Mundus subterraneus* de Kircker, dans le *Suplément du Dictionnaire Encyclopédique*, dans le *Dictionnaire Géographique* de la Martiniere, dans la plûpart des livres élémentaires de Géographie, & autres ouvrages de ce genre. Mais en les lisant, on voit que presque tous parlent de ce qu'ils n'ont ni vu ni compris. Voici le fait. Tout merveilleux qu'il est en apparence pour des yeux vulgaires, il n'est pour ceux qui, comme les vôtres, connaissent les propriétés des eaux gazeuses, qu'une opération simple de la Nature.

Le jardin, séparé de la rue par un mur, est clos, à son autre extrémité, par un ruisseau d'eau courante; & depuis le mur il s'abaisse en pente jusqu'au ruisseau. C'est vers la partie la plus élevée du terrein que sort la source; elle se décharge dans le courant, & en est éloignée de plus de 45 toises. D'après ce que je vous ai dit fur la quantité de terre calcaire que ces eaux tiennent en diſſolution, vous concevez ſans peine que celles-ci, dans le long eſpace qu'elles parcourent, ont dépoſé une partie de leurs ſédimens, & qu'en incruſtant ainſi leur canal & y ſuperpoſant ſans ceſſe de nouvelles couches calcaires, elles ont dû l'exhauſſer toujours, juſqu'à ce que devenu de niveau il ait arrêté enfin leur écoulement.

En effet c'eſt ce qui eſt arrivé. Le canal, creuſé en gouttiere à ſa ſurface ſupérieure, montre encore par où elle coulait ; mais aujourd'hui c'eſt un maſſif de pierre, d'un ſeul bloc, long de 240 pieds ; & qui conſervant toujours ſon niveau malgré la pente du terrain, paraît à l'une de ſes extrémités ſortir de terre, tandis qu'à l'autre il a 16 pieds de hauteur, ſur une épaiſſeur qui croiſſant graduellement finit par avoir douze pieds. Quoique dans cette longueur il ait enveloppé quelques laves & autres matières étrangères, partout cependant il eſt calcaire ; partout il eſt homogene ; & malgré ce qu'en a dit un des hommes les plus reſpecables de l'Académie des Sciences, ce n'eſt point un mur ordinaire. Aujourd'hui il ne tient plus à la source, parce que celle-ci, s'étant fermée à elle-même sa sortie, a été obligée de s'en ouvrir, un peu plus haut, une autre, par laquelle elle coule. Ce changement d'ouverture n'a rien d'étonnant en Physique & en Histoire-Naturelle. Sur les lieux on le voit en quelque sorte démontré; & d'ailleurs il m'a été certifié par M. le Prieur des Bénédictins qui, la première fois que je vis la fontaine, me fit l'amitié de m'y conduire lui-même.

C'est un phénomene bien étrange sans doute que celui de ces eaux si limpides, qui avec des atomes invisibles ont élevé & poussé en avant un massif de 240 pieds. Le mur eût été bien plus considérable encore, si pour défendre une prairie située par de-là le ruisseau, l'on n'eût arrêté leur travail : car elles tendaient à gagner la prairie, & se sont construit, sur le courant, une arche grossière, mais un vrai pont, qui aujourd'hui subsiste encore, & qui joint l'enclos avec le rivage opposé.

La formation de ce pont, bâti à vide sur une eau coulante, & chevauchant d'une rive à l'autre, vous paraîtra sans doute difficile à concevoir; & moi-même, lors qu'à mon arrivée dans Clermont l'on m'en parla, je refusai d'y croire, je vous l'avoue. Transporté sur les lieux, elle m'étonna. Je l'étudiai; à une seconde visite enfin, je crus la comprendre, & n'y vis alors que ce que j'avais vû dans la formation du massif; c'est-à-dire le même fait, explicable par le même principe. J'ignore si je parviendrai à vous rendre mon explication claire & plausible; je vais au moins l'entreprendre.

Supposons, pour un instant, que le canal pierreux soit arrivé, par ses accroissemens successifs, jusqu'au bord du ruisseau; & que là son eau tombe par une faible nape dans celles-ci. Il est évident qu'alors cette eau, apportant sans cesse de la nouvelle terre calcaire, continuera de former, en avant, de nouvelles bavures pierreuses. Les stalactites, après avoir pris naissance vers le haut où s'attachera leur base, descendront insensiblement vers le ruisseau, & tendront à faire sur la terre une masse solide. Mais le ruisseau, qui coule toujours, les arrêtera à sa hauteur; il dissoudra, il emportera les sédimens, à mesure qu'ils arriveront; &, s'il est permis d'employer ici une expression populaire, il les empêchera de prendre pied. D'après cette opération, l'on voit que l'incrustation avançant toujours par le haut, quoi qu'à vide, finira, si elle n'a pas une grande portée qui la fasse rompre, par gagner la prairie, & par y former une culée où elle s'appuiera. Mais en même tems, comme le courant l'a toujours minée en dessous, ce dessous restera creux; & il offrira une sorte d'arche grossière.

A présent que je vous ai décrit la fontaine & donné une explication du méchanisme de ses produits, écoutez ce qu'en dit un des Ecrivains qui en ont parlé; c'est le célèbre Kirchker. Je ne citerai que lui; mais je doute qu'en quelques lignes il soit possible d'accumuler plus d'absurdités & plus de fables.

Après avoir annoncé la fontaine comme un prodige étonnant, *mirum in aquis prodigium..... admirandum fontis prodigium*, il ajoute : ᴠ Elle
ᴠ sort d'un rocher; & à sa sortie, produit par sa
ᴠ vertu, des roches, des pierres très-blanches, &
ᴠ même des ponts pour le passage des habitans;

» voici par quelle opération. On pratique sur son
» cours une voûte en planches ; & dans l'espace
» de vingt-quatre heures, chose étonnante !
» l'eau, quoique très-limpide, quoique cou-
» lant toujours, se change en pierre d'une ma-
» nière sensible ; & on trouve un pont cons-
» truit. Comme cette eau ne différe de celle
» des autres ruisseaux ni par le goût ni par
» la couleur, les animaux, trompés, viennent
» y boire ; mais à l'instant ils meurent ; & si
» on leur ouvre l'estomac, on y trouve, au lieu
» d'eau, une masse de pierre. Quand les gens
» du voisinage veulent montrer à quelques cu-
» rieux l'effet des pétrifications de ce liquide,
» ils en remplissent un verre ; & à l'instant on
» voit le verre se casser, & l'eau, changée en
» pierre, offrir la forme du vase, comme si elle
» y avait été jettée en moule. Le même effet
» arrive, quelque soit le vase dont on se sert ;
» toujours elle s'y coagule & s'y condense, sous
» les yeux de ceux qui la regardent. Aussi se
» trouve-t-il des personnes habiles qui profitant
» de cette propriété, emplissent du liquide un
» moule de statue ; il ne leur faut plus après cela

» que caſſer le moule, ils trouvent une ſtatue
» toute formée ». *Mundus ſubterraneus*. L. 5.
ſect. 3. c. 1. n°. 2.

Le pont dont je viens de parler s'appelle à
Clermont, *le pont-de-pierre* : dénomination im-
propre, qui n'offre nullement l'idée de ce qu'elle
devrait annoncer ; qui n'a jamais pu être que
l'expreſſion du peuple ; & à laquelle les gens
inſtruits devraient ſubſtituer celle de *pont-mineral*.

Quoiqu'il ait été briſé en partie, il avait encore, quand je l'ai meſuré, douze pieds de
large ; & ſon ſol (30 oût) était élevé de 15
pieds au-deſſus du niveau de la rivière.

Quant au nouveau canal qu'on a creuſé à la
fontaine, ſans ceſſe elle tend à l'exhauſſer,
comme elle a précédemment exhauſſé l'autre.
Il y a même long-tems qu'elle l'eût changé
en un mur ſolide, ſi l'on n'avait conſtamment
arrêté ſes progrès. Tous les quinze jours, le
Jardinier caſſe & enlève la pierre qui s'y forme;
& l'une des clauſes auxquelles ſon bail l'aſtreint,
eſt celle de l'entretenir toujours libre & coulant.

Il n'en eſt point ainſi de l'extrémité du canal;
c'eſt-à-dire du lieu où l'eau tombe dans le ruiſ

feau. Là, comme on détruit moins souvent ce qu'elle y accumule, & que pendant quelque tems elle peut travailler sans être interrompue, son travail est plus apparent. Déja elle y a commencé un nouveau pont; & la saillie que ce pont forme en se projettant vers l'autre rive, est même assez avancée pour couvrir une partie du ruisseau. On ne peut bien voir ces constructions de l'eau gazeuse, qu'en se plaçant sur le rivage opposé, du côté de la prairie; mais aussi quand on est là, on voit, de la manière la plus évidente, comment elle opere; & l'œil le moins exercé ne peut s'y méprendre.

Les habitans de Clermont, qui connaissent les propriétés de la fontaine, y portent différentes substances qu'ils y laissent incruster; & qu'ensuite ils conservent & montrent chez eux comme des objets de curiosité. C'est au Jardinier qu'on s'adresse pour les obtenir. Celui-ci a construit, vers la chûte de l'eau, une cabane fermée. Il suspend sous le jet les matières qu'on lui confie; & comme l'eau y coule le jour & la nuit, ainsi que me le fesait remarquer naïvement quelqu'un, en peu de tems elles y sont entièrement enveloppées du fédiment calcaire. J'y ai vu, lorsque j'y suis retourné pour la dernière fois, un canard, une hyrondelle, un œuf, une couleuvre, des poires, des raisins, & une laitue en graine. Les incrustations d'animaux réussissent mal ; parce que l'animal se corrompt en même-tems qu'il s'incruste. Les plus agréables, ainsi que les plus sûres, font celles de raisins, pris un peu avant leur maturité. Le fédiment, en se moulant sur le fruit, lui laisse sa forme ; & au lieu des grains d'un végétal, il offre aux yeux une grappe de pierre.

Un peu au-dessus de l'enclos dont je viens de vous parler, est la fontaine minérale de St. Allyre, dont je vous ai parlé aussi, & qui se jettant, comme la première, dans le ruisseau, y a formé, comme elle, un pont calcaire naturel, sur lequel les voitures peuvent passer. Celui-ci, moins connu que le premier, mais tout aussi curieux, est immédiatement au-dessous du moulin. Plus haut, & par-delà le moulin, on en trouve un troisième, plus élevé, mieux arqué encore que les deux autres, mais dont l'arche s'est brisée en partie depuis un an.

Ainsi, dans un espace de quarante à cinquante pas, les sources de ce canton se sont construit, grain à grain, ou plutôt atôme par atôme, trois ponts naturels. Sans cesse on les voit travailler à s'en former de nouveaux; & si de tems en tems on ne travaillait à détruire leur ouvrage, peut-être avant peu parviendraient-elles à encaisser le ruisseau sous une voûte de plusieurs centaines de toises.

Quelque soit la masse des trois ponts minéraux dont je viens de vous faire l'histoire, je les crois néanmoins assez récens; & ce qui me le fait soupçonner, c'est qu'autrefois il y avait sur le ruisseau un pont ordinaire; & qu'assurément on se fût bien gardé de bâtir celui-ci, si les autres avaient existé. Au quatorzième siècle les habitans du fauxbourg présentèrent aux Religieux & Abbé de S. Allyre une requête, pour demander le rétablissement d'une ancienne Confrairie du Saint, laquelle avait eu lieu autrefois; mais qui depuis quelque tems avait été totalement négligée. Le motif qu'ils alléguaient pour leur dévotion nouvelle était que tous les matins le Diable jettait dans l'eau la première personne qui passait sur le le pont. La requête existe encore, & elle est au Chartrier de l'Abbaye. Sans doute la Confrairie fut rétablie; car depuis longtems on n'entend plus dire à Clermont que le Diable s'y amuse tous les matins à noyer quelqu'un. Mais au moins cet ancien témoignage de sa malice prouve, & je le répète, qu'au quatorzième siècle les ponts minéraux n'existaient pas. S'il en avait subsisté seulement un, les habitans n'eussent-ils pas abandonné l'autre, pour passer sur celui-ci?

Le sol de l'Abbaye étant plus bas encore que celui des trois sources, ou plutôt des trois rameaux dont je viens de vous parler, il est probable qu'autrefois les eaux y ont coulé; & ces eaux, soit dans leur cours, soit dans leur stagnation, y auront incrusté sans doute les plantes qui s'y seront rencontrées. Il y a quelques années que les Religieux, en fesant creuser pour quelques fondemens, trouvèrent plusieurs couches de ces incrustations. Le P. Sous-Prieur a eu la bonté de m'en donner des morceaux, que j'ai laissés à l'Abbaye de St.-André. Ils sont très-légers, très-fragiles, & contiennent si peu de terre, que les roseaux y sont presque à nu.

Mais ce qui les rend vraiment précieux, c'est que la plante incruftée eft une *queue-de-cheval*, de la grande efpèce; & que la *grande-queue-de-cheval*, à ce que m'a certifié M. Moffier, n'exifte plus aujourd'hui dans la Baffe-Auvergne.

Un fait pareil, tout étrange qu'il paraît, n'aura rien d'étonnant pour les Naturaliftes. Ils favent qu'en mille endroits de la France on trouve des coquillages, des poiffons & des plantes, pétrifiés, dont les analogues vivans n'exiftent plus aujourd'hui dans nos climats, & y font totalement inconnus. Mais par quelle étrange révolution la Nature a-t-elle donc ceffé d'y produire ce qu'autrefois elle y fefait naître en abondance? Pourquoi produifait-elle alors certaines fubftances, tandis qu'aujourd'hui elle y en produit d'autres? Voilà ce que les Naturaliftes ne favent pas, & ce que probablement ils ne fauront jamais.

L'Auvergne au refte poffede une quantité prefque innombrable de ces fources martiales & gazeufes. Dans certains cantons il n'eft pas poffible de faire une lieue fans en rencontrer plufieurs; & prefque par-tout elles annoncent leurs qualités & leur nature par l'épaisseur ou l'étendue des sédimens calcaires qu'elles ont déposés dans leur cours. A Sénecterre, si l'on suit pendant quelque tems le ruisseau qui est au-dessous du Village, de toutes parts on en voit à la droite & à la gauche du vallon. A la vérité, au moment où j'y descendis, les eaux n'y coulaient plus ; soit qu'elles aient disparu entièrement ; soit que par l'accroissement de leurs dépôts, elles se soient fermé à elle-même leur sortie ; soit plutôt qu'elles tarissent dans la saison des chaleurs, & ne coulent que dans celle des frimats & des pluies : mais par-tout leurs incrustations étaient apparentes ; sur chacun des deux côteaux opposés, le granit ou la lave en sont couverts dans de longs espaces ; & en quelques endroits on dirait des rochers nés sur d'autres rochers.

Sans doute, avec les années, il s'en formera d'autres encore ; & ce qui me le fait croire, c'est la quantité de gaz qui par-tout cherche à s'échapper. J'ai vu, dans les crevasses de certaines roches, des creux qui contenaient un peu d'eau stagnante. Le gaz perçait en grosses bulles, à travers le liquide ; ces bulles venaient, avec explosion, crever à sa surface; & elles se succédaient avec tant de rapidité, elles étaient si abondantes, que l'eau, à l'extérieur, en était perlée; comme elle l'est ordinairement par la chûte des pluies électriques dans un jour d'orage. C'est assurément une remarque bien minutieuse en apparence que celle d'une eau qui bouillonne; & néanmoins ce bouillonnement tient à l'un des faits les plus importans de l'Histoire-Naturelle d'Auvergne. Il prouve que les mers ont couvert cette Province; puisqu'il est le produit d'une substance calcaire en dissolution, & que les substances calcaires sont elles-mêmes l'ouvrage des mers & un monument incontestable de leur séjour.

Les habitans de Sénecterre n'ont d'autre eau à boire que celle de leurs sources gazeuses; & ces sortes d'eaux, salutaires comme remèdes, ont encore l'avantage de n'être nullement malfesantes comme boisson; quoique le gaz dont elles sont imprégnées donne la mort, quand il est libre, quand il est contenu dans un lieu clos, & qu'on en respire une certaine quantité.

Plusieurs caves des fauxbourgs & environs de Clermont se trouvant placées sur les courans des sources minérales, elles sont sujettes aux effets de cette vapeur funeste. On la nomme en langage vulgaire *étouffis*; parce qu'en entrant dans les lieux où elle est contenue, on sent tout-à-coup une oppression, une difficulté de respirer, qui bientôt vous étouffe, si vous ne prévenez la mort par une prompte fuite.

Le plus célèbre de ces étouffis est celui d'une maison-de-campagne, située près de la ville, & nommée Mont-Joli; lieu vraiment digne de son nom par sa vue charmante & par les beautés variées qu'y a placées la Nature. Dans un endroit isolé de l'enclos, on a pratiqué l'une de ces caves peu profondes, qu'ailleurs on appelle celliers, & qui en Auvergne, destinées à faire le vin & à contenir les cuves de vendanges, portent le nom de cuvage. C'est-là qu'est l'étouffis.

J'avais dîné avec une compagnie nombreuse; on en parla, & l'on m'en fit des descriptions effrayantes. Assurément je n'ai point la folle ambition de braver un danger réel. Je connais tous ceux du méphitisme; & celui-ci, comme tant d'autres, pouvait exister. Mais les récits qu'on m'en fesait me parurent si exagérés; ils étaient, dans quelques-unes de leurs circonstances, si contraires aux principes de la saine Physique, qu'à dire le vrai je ne pus m'empêcher de laisser échapper quelque doute. On voulut me convaincre; & l'on me proposa de me conduire, à l'instant, au lieu de l'expérience,

J'acceptai. Nous partîmes en troupe; & en effet nous fûmes à peine arrivés que le Jardinier & une femme, que je crois la sienne, nous répétèrent les propos que j'avais entendus. Ils ne parlaient de leur cuvage qu'avec une sorte d'effroi. A les entendre, les lumières n'y pouvaient brûler; la paille enflammée s'y éteignait, & l'on y sentait une oppression étouffante. Près de celle-là, disaient-ils, il y en avait une autre qui s'était trouvée si dangereuse qu'on avait été obligé de la combler. Je vis en effet la cave condamnée; & ce qui était fait surtout pour m'en imposer, c'est que ces bonnes-gens parlaient avec le ton de la conviction, & que leur terreur était réelle. Je demandai de la paille & du feu; je fis emplir d'eau une bouteille; & nous marchâmes à l'étouffis.

C'était vraiment une chose plaisante que d'entendre en ce moment les propos divers de notre troupe, & de voir chacun courir avec empreſſement, comme pour jouir plutôt de l'épreuve curieuſe qui nous attendait. La porte s'ouvrit enfin ; & le premier objet qui s'offrit à moi fut une tonne, placée ſur un chantier. Cette vue me raſſûra. Puis qu'on ſe ſert de cette cave, me dis-je à moi-même ; puis qu'on y met du vin & qu'on va l'y chercher, elle n'eſt donc pas mortelle. En conſéquence je demandai une lumière, & je deſcendis ; mais avec précaution ; portant en avant ma lampe, & regardant attentivement ſi ſa flamme pâliſſait. J'avançai ainſi juſqu'au milieu de la cave. Quelques perſonnes de notre compagnie reſtèrent en dehors, & n'oſèrent ſe haſarder. Pluſieurs deſcendirent ſur les marches ; avançant plus ou moins, ſelon qu'ils avaient plus ou moins de courage. Un jeune homme me ſuivit. Audacieux & téméraire, comme on l'eſt à cet âge, il affecta de braver le danger. Mon frère m'accompagna auſſi, à ſon ordinaire ; mais pour lui c'était un motif différent qui l'animait. En quelque endroit que je fusse allé, j'étais bien sûr, d'avance, de le voir auprès de moi.

Nous n'eumes pas resté dans l'étouffis deux minutes, que le jeune homme se plaignit de sentir une oppression qui l'empêchait de respirer. Moi-même, soit réalité, soit imagination, (car quel homme dans un pareil moment peut répondre des premières impressions de sa tête ?) je crus sentir le même étouffement ; & par prudence je remontai, pour respirer à l'air libre.

Ceci semblait annoncer un gaz méphitique. Les personnes qui m'en avaient assuré l'existence triomphaient déja ; mais je voulais en être convaincu de la manière la plus incontestable. Dans ce dessein je pris la bouteille ; & redescendant le plus précipitamment qu'il me fut possible, mais m'abstenant de respirer, pour ne pas risquer mes jours si le fluide était mortel, j'allai la vider dans le coin le plus reculé du cuvage, & l'y laissai. Quelques instans après je retournai, avec les mêmes précautions, pour la reprendre ; & après l'avoir bien bouchée, je l'emportai. Par ce moyen j'étais assûré d'avoir l'air véritable de l'étouffis. De retour à l'Abbaye, je pouvais le soumettre aux épreuves chymiques que m'avaient enseignées les divers Professeurs dont j'avais suivi les leçons.

Ma lumière ne s'était pas éteinte, il est vrai; mais aussi je ne l'avais pas portée à l'extrémité du cuvage; & il s'agissait de savoir si là le feu s'éteindrait. Je fis allumer un brandon de paille. L'un de nous s'en empara, & voulut le placer. Je lui recommandai au moins de respirer, comme moi, avant de descendre; de s'en abstenir dans la cave, & d'y rester le moins possible. A peine le brandon fut-il placé qu'il s'éteignit. Alors mes conducteurs de crier victoire; c'était là du méphitisme, je ne pouvais plus en douter; & la Jardinière de nous répéter que constamment l'effet était le même.

Moi j'avais remarqué qu'on avait jetté la paille très-précipitamment; qu'elle s'était appliquée & collée, pour ainsi dire, si exactement contre le mur, qu'elle n'avait pu brûler; & je voulus refaire moi-même l'expérience. J'allumai un brandon nouveau; j'allai le placer très-légérement; ayant soin qu'il ne fût pas trop pressé, & qu'il pût brûler en dessous. En effet il brûla tout entier, & avec une flamme très-claire. Un autre, porté à l'autre bout de la cave, brûla de même. Tranquillisé par-là sur le danger, je me promenai par-tout le cuvage; j'y respirai sans crainte & sans peine. Alors j'appellai mes compagnons, qui comme moi y descendirent ; & aucun ne se plaignit d'étouffis. De retour à l'Abbaye, j'essayai, sur une teinture de tournesol, l'air contenu dans mon flaccon ; mais il ne l'altera nullement ; quoique l'instant d'après, deux gouttes de vinaigre blanc aient suffi pour la rougir.

Mon expérience avait été faite à la mi-Juillet, c'est-à-dire dans un tems où la grande chaleur doit donner plus d'activité encore à la vapeur pestilentielle. Quoiqu'une saison plus froide dût être moins favorable à une nouvelle épreuve, je résolus cependant de la tenter ; & je retournai à la cave, le 16 octobre vers les cinq heures du soir. Mais la paille brûla, comme la premiere fois ; & la lampe ne s'éteignit point davantage.

Malgré tout ce que vous venez de lire contre l'étouffis de Mont-Joli, je n'en suis pas moins convaincu de son existence. M. Mossier me l'a certifiée depuis; & lui-même il s'en est assuré d'une maniere incontestable, en la soumettant à plusieurs expériences chymiques. Au reste si l'assertion d'un homme comme M. Mossier avait besoin d'une autorité qui la fortifiât, je citerais le témoignage unanime des habitans de Clermont, celui des concierges de Mont-Joli; &, ce qui prouve encore plus que tout cela, l'étonnement de ceux-ci, quand ils me virent faire brûler de la paille & me promener tranquillement & long-tems dans leur cuvage. Non jamais je n'ai vû surprise pareille. La femme sur-tout était stupéfiée. Elle ouvrait de grands yeux, & ne pouvait assez me regarder. Je suis convaincu que tout ceci dans son esprit n'a point passé pour un fait naturel, & qu'intérieurement elle me regardait comme un sorcier, qui par quelque opération secrette de magie empêchait un effet qu'elle avait vu arriver constamment.

J'aurai ailleurs occasion de vous parler encore des eaux gazeuses & des propriétés du gaz qu'elles laissent échapper. Tout ce que je conclus ici de mon expérience à Mont-Joli, c'eſt que l'étouffis n'y a pas toujours la même activité, & que dans certains momens ou certaines faiſons, il eſt nul, ou au moins très-faible. Le jardinier en convint lui-même à mon ſecond voyage. Au reſte je ne doute nullement qu'il n'en ſoit ainſi de la fameuſe *Grotte-du-chien*, & des autres cavernes, caves, ou ſouterreins de ce genre ; & ſi mon expérience peut avoir quelque utilité, ce ne peut être qu'en inſpirant aux Phyſiciens l'envie d'en faire ailleurs de pareilles.

J'ai cependant vu une cave à vrai méphitiſme, un véritable étouffis ; & celui-ci ſe trouve un peu plus loin que Mont-Joli, ſur le chemin de Royat, vis-à-vis le moulin des Freres de la Charité. Pour vous faire entendre ce que j'ai à dire de celui-ci, je ſuis obligé de vous décrire ici le local, & d'anticiper malgré moi ſur ce que je vous dirai ailleurs des anciens volcans d'Auvergne.

Qu'il vous ſuffiſe en ce moment de ſavoir que non loin de la cave eſt une montagne, nommée Grave-neire, qui autrefois volcaniſée, a lancé vers différens points de l'horifon différentes coulées de lave. L'une d'elles eft defcendue vers le vallon de Royat; & elle y a formé une caverne dans laquelle eft une fontaine magnifique, dont je vous parlerai bientôt. Un rameau de cette coulée, cotoyant le ruiffeau de Fontanat qui fe rend à la ville, s'eft avancé, en fuivant comme lui la pente du vallon, jufques dans le fauxbourg de Chamaliere, par-delà Mont-Joli. Aujourd'hui un chemin eft pratiqué entre ce courant & le ruiffeau, & il conduit à Royat. Mais, comme le ruiffeau eft couvert de moulins dans prefque toute fa longueur, & que les habitans n'ont pu fe pratiquer des caves dans un terrein fi bas, ils en ont cherchées par-delà le chemin. Là, heureufement pour eux, la lave, en coulant fur la terre, y avait formé, d'efpace en efpace, des cavités & des cavernes. Ceux qui étaient à portée de ces antres volcaniques s'en font emparés; ils les ont fermés en devant par un mur, & fe font fait ainfi des caves. Telle eft celle de Mont-Joli; telle eft la cave dont j'ai à vous parler.

Ce fut le 16 Octobre que j'y descendis; le jour même que j'avais choisi pour répéter l'expérience de Mont-Joli. A peine eus-je fait demander au Meunier de voir son étouffis, que sept ou huit personnes accoururent du moulin. Nous étions cinq; notre troupe avait excité leur curiosité, & ils venaient voir ce que nous voulions faire. Un d'eux, chargé d'une cruche, ouvrit la porte. Alors nous vîmes la cave, qui avait, comme celle de Mont-Joli, cinq à six marches; & qui, comme elle, contenait du vin. L'homme à la cruche descendit rapidement; il alla mettre son pot sous un tonneau, ouvrit le robinet, & revint, en courant, respirer au dehors. Cet homme avait profité de notre visite pour tirer le vin qui devait servir au souper de la maison. Quand, au bruit que fesait la liqueur en tombant, il crut sa cruche pleine, il redescendit, avec la même rapidité, pour la reprendre; & eut grand soin ensuite de se placer hors de la cave pour nous considérer.

Tout cela se fit gaiment; sans que le drôle parût, le moins du monde, effrayé: mais tant de précautions, jointes avec tant d'assurance, me donnerent beaucoup à penser, je l'avoue. Ce n'étaient point là, comme à Mont-Joli, des terreurs paniques & des propos de trembleur. Cet homme allait dans la cave sans crainte, mais il n'avait garde d'y rester ; & je me disais à moi-même que puisqu'il fuyait, il savait sans doute par expérience qu'il fallait fuir.

En effet, mes compagnons & moi ayant interrogé les personnes qui étaient là, elles nous dirent que dans les tems froids, leur cave n'avait point d'étouffis ; mais qu'en été, & surtout dans les tems d'orage, il n'était pas possible d'y entrer. Elles ajouterent que trois fois le Meunier avait manqué d'y mourir ; qu'il y était resté sans connaissance, & que si, lorsqu'on s'apperçut qu'il ne revenait pas, on ne s'était empressé de courir à la cave pour l'en tirer il y aurait péri.

Ici, j'en conviens à ma honte, je fis une réflexion qui me donna l'envie d'essayer à mes dépens l'effet du méphitisme. Rassuré par ces trois résurrections du Meunier, j'en conclus que puisqu'il n'était pas mort, l'étouffis, tout dangereux qu'il pouvait être, n'était donc pas mortel ; & que si par hasard j'en étais frappé, j'aurais au moins, après avoir reçu quelques secours, le plaisir de décrire & de raconter ce que j'aurais éprouvé au moment de mon asphyxie. Cette extravagance vous fera dresser les cheveux, mon cher Abbé. Vous allez me regarder comme un fou ; & vous aurez raison : je l'étais dans ce moment là.

Sans prévenir, sur mes desseins, mon frere, qui sûrement m'eût arrêté, je descendis les cinq marches ; & respirai avec force, mais lentement, pour démêler à la fois & l'odeur du méphitisme, s'il en avait une, & la sensation qu'il allait faire sur moi, si j'avais à en être affecté. A la vérité, je sentis un peu d'oppression; mais aguerri par mon expérience de Mont-Joli, j'attribuai cet effet à mon imagination, & avançai de quatre pas. Ne respirant pas là plus difficilement que sur les marches, je demandai de la lumiere. Un des Garçons Meûniers m'apporta une lampe ; mais à peine fut-il arrivé à la dernière marche, qu'elle s'éteignit. En vain mes compagnons &

moi nous la prîmes tour-à-tour, & avec toutes les précautions possibles pour la conserver; jamais nous ne pûmes y parvenir. Rallumée par six fois différentes, elle s'éteignit six fois, & ne put jamais être portée un pas au-delà des marches.

Mon frère était venu près de moi, à son ordinaire; & nos autres compagnons l'avaient suivi. Mais bientôt ils se plaignirent tous de sentir une odeur de souffre, qui les saisissait à la gorge & les étouffait; & ils se retirèrent à la hâte. Mais, quoique je respirasse avec un peu de peine où j'étais, je ne souffrais cependant point; & ce qui m'étonna davantage, c'est que je n'y sentais point cette odeur sulphureuse dont ils se plaignaient tous. Mon frère me fit remarquer que le gaz méphitique étant plus lourd que l'air atmosphérique, & par conséquent occupant la région inférieure de la cave, il se pouvait que moi, qui suis d'une taille plus grande que la taille ordinaire, j'eusse la tête au-dessus du nuage pesant de la vapeur; ou que, vers la porte, cette vapeur fût assez mélangée d'air atmosphérique pour devenir respirable. Cette raison était très-vraisemblable ; & ce qui me prouva qu'elle était vraie, c'est que m'étant avancé témerairement dans le fonds d'un des coins de la cave, où apparemment le gaz était plus abondant, & dans lequel je me trouvai plongé en entier ; à l'instant même je me trouvai saisi, aux yeux, au nez & à la gorge, d'un picottement très-sensible & douloureux. L'effet fut aussi prompt que celui de l'éclair. Un mouvement involontaire & machinal me fit reculer de quelques pas. Il semblait que la nature, plus sage que moi, m'avertissait du danger, & me forçait de m'y soustraire. J'ai lu, dans plusieurs ouvrages, que les asphyxiés de vapeurs méphitiques, qu'on a eu le bonheur de rappeller à la vie, ont parlé d'un délire charmant & de sensations délicieuses qu'ils avaient éprouvés au moment de leur chûte. Très-certainement les différens gaz doivent, selon leur nature, opérer des effets différens. Pour moi, j'éprouvai à la tête un étourdissement subit, tel que celui d'un coup qu'on m'eût appliqué sur le crâne ; mais j'ignore ce qui eût suivi l'étourdissement ; & à vous dire le vrai, je suis très-content aujourd'hui de ne l'avoir point fu. La fenfation la plus diſtincte que j'aie éprouvée eſt celle du picottement aux oreilles, aux yeux & aux narines ; mais celle-ci n'était point agréable, il s'en faut de beaucoup. Dans le larinx ce picottement était très-douloureux. La vapeur, pour me ſervir d'une expreſſion vulgaire, mais très-intelligible, me prenait à la gorge; & je ne peux mieux la comparer qu'à l'effet du ſouffre qu'on a reſpiré : auſſi mes compagnons crurent-ils tous ſentir une odeur ſulphureuſe.

Le Meûnier a fait porter des terres dans ſa cave, pour en exhauſſer le ſol, & par-là diminuer l'étouffis. En effet, on pouvait croire que le gaz qui perçait à travers une certaine couche, ne pénétrerait peut-être pas à travers une couche plus épaiſſe. Je ne doute nullement que l'effet n'ait diminué un peu; mais certainement il n'eſt pas détruit, & ne peut l'être. Tant que le terrein de la cave ſera plus bas que le terrein extérieur, le gaz y affluera néceſſairement, parce que trouvant-là une moindre réſiſtance à vaincre, ce ſera-là qu'il ſe portera.

A côté de cette cave, ſur le même alignement

& dans la même masse basaltique, est une autre cave qui, comme la première, a un étouffis, mais beaucoup plus considérable encore. La clé de celle-ci n'appartenant point au Meûnier, je ne pus la voir. A Mont-joli, la cave qu'on a été obligé de combler est, de même, à côté de celle qu'on a conservée; & cette ressemblance d'un double effet dans deux lieux qui sont assez éloignés, est une chose très-remarquable. Je crois cependant que l'étouffis dans un de ces endroits est beaucoup plus considérable que dans l'autre; & tout ce que j'en ai dit jusqu'à présent semble le prouver.

1°. La paille a brûlé en entier dans la cave de Mont-Joli, la lampe ne s'y est point éteinte; & au contraire il n'a point été possible de faire brûler une lampe, même à l'entrée de la cave du moulin.

2°. Dix personnes & moi avons respiré librement dans tous les recoins de la cave de Mont-Joli. Quatre personnes ont perdu la respiration, même à l'entrée de l'autre cave; & moi-même, parvenu à un certain endroit, j'ai été forcé de fuir comme eux.

3°. Le vin se conserve à Mont-Joli, comme dans une cave ordinaire ; à la cave du moulin, il ne peut guères se garder que six mois.

Ces différences tiendraient-elles à une qualité spéciale du gaz ? Tiendraient-elles à son abondance plus ou moins grande, ou à quelques modifications étrangères ? C'est aux Chymistes qu'il appartient de résoudre ces questions.

En attendant que quelqu'un s'en occupe, je vous dirai, moi, qu'à juger de ce gaz par ses effets, il me semble être d'une nature particulière & moins malfesant que les autres fluides aëriformes, connus sous le nom de méphitiques. Si j'en crois les rapports que j'ai lus sur certains asphyxiés, tués par des vapeurs de ce genre, le sang sortait par les oreilles & par le nez des morts ; leur corps était pourpre & bleu, & il n'offrait que des symptômes effrayans.

Ici rien de semblable. Les accidens n'y ont pas même été mortels. Il y a six ans qu'à Mont-Joli, pendant le tems des foins, trois Faneurs qu'on y faisait travailler complottèrent d'aller dérober du vin dans la cave, par une ouverture supérieure qui alors y existait. L'un d'eux, étant descendu, tomba sans connaissance. Son camarade voulut aller à son secours, & il tomba comme lui. Le troisième n'osa descendre; mais pour sauver ses compagnons, il alla s'accuser au Jardinier, & lui demanda la clé du cuvage. On vint ouvrir la porte, on alla chercher des crocs, & l'on retira les deux malheureux. Tout ceci, vous vous doutez bien, exigea du tems. Cependant ils ne moururent pas. Le même accident arriva plusieurs fois dans la cave qui aujourd'hui est détruite. Plusieurs fois les Domestiques, en allant chercher du vin pour leur maître, y restèrent asphyxiés; & c'est ce qui engagea enfin le propriétaire à la combler. Ne les voyant pas revenir, on était allé alors à leur secours; & malgré le tems que ceci exigeait, aucun d'eux cependant n'a péri.

Il en a été de même à la cave du moulin; quoique le méphitisme de celle-ci soit, selon moi, bien constaté. Lorsque le Meûnier y perdit connaissance pour la premiere fois, on ne s'avisa de venir le chercher que quand, après l'avoir bien attendu, on vit qu'il ne revenait pas. Dans des lieux vraiment méphitiques, cet espace de tems aurait suffi pour tuer successivement cent personnes ; là il n'opéra pas plus qu'un seul instant. On retira le Meûnier ; on le mit sur l'herbe, & sans autre secours, il revint à lui. Trois fois le même accident lui est arrivé ; & trois fois, à ce que m'ont assuré ses enfans & ses garçons, il leur a suffi, pour le rappeller à la vie, de l'exposer à l'air libre. Assurément c'est-là en être quitte à bon compte ; & vous avouerez que s'il est des gaz d'une nature atroce, il en est aussi qui sont bénins.

Malgré tous ces accidens répétés, je n'en suis pas moins convaincu qu'il serait possible de les faire cesser, & de rendre exemptes de tout danger ces caves, qui jusqu'à présent ne l'ont pas été. Comme elles sont creusées sur un terrein en pente, peut-être suffirait-il d'y pratiquer, vers les parties les plus basses, deux soupiraux opposés, c'est-à-dire deux tuyaux de terre cuite, qui par-dessous terre aboutissent au dehors, serviraient ou de passage à l'air extérieur, ou de décharge à la vapeur pesante du gaz. Des gens plus éclairés que moi trouveront des moyens meilleurs ; mais certainement il doit en exister ; & l'Auteur de la Nature est trop bon pour avoir placé auprès de nous des poisons, sans nous en donner le remède.

Quoique le courant de lave qui a formé les cavernes & caves dont je viens de parler, ait, dans sa longueur depuis Royat jusqu'auprès de Clermont, formé aussi plusieurs d'autres antres pareils, qu'on a également convertis en caves ; cependant les gens du lieu m'ont assuré qu'il n'y a que ces deux-là qui aient un étouffis. Si le gaz de celles-ci était le même que celui des eaux qui tiennent en dissolution de la terre calcaire, on pourrait croire alors qu'elles ne le devraient qu'à quelque source de ce genre, à qui elles serviraient de couvercle, ou qui coulerait sous les terres voisines. Montjoli n'étant pas éloigné des fontaines minérales de Clermont, il n'est pas hors de vraisemblance qu'un de leurs rameaux puisse descendre de ce côté-là. Quant à la cave du moulin, elle n'est qu'à quelques pas de la fontaine de Saint-Mart, & peut devoir à ces eaux son méphitisme.

Le gaz, quoique plus lourd que l'air atmosphérique, étant néanmoins beaucoup plus léger que l'eau, & par conséquent tendant toujours à se dégager de celle qui le contient, il est évident que si une source gazeuse coule à découvert dans un lieu fermé, la vapeur qu'elle laissera sans cesse échapper peut former là, par son abondance, un étouffis mortel. C'est ce que j'ai vu à Barbacaud, dans une mine de plomb dont je vous parlerai ailleurs. La mine est traversée par un courant d'eau gazeuse, qui descend, en cascade, d'une galerie supérieure. Il est reçu dans la galerie d'en bas, & sort de celle-ci par un canal souterrein qu'on lui a pratiqué, & sous lequel on l'entend bruire fortement & bouillonner.

De toutes les eaux acidules que j'ai goûtées dans mes courses, & il n'en est aucune que je n'aie voulu goûter, celle de Barbacaut m'a paru la plus piquante : ce qui annonce qu'elle contient, ou un gaz beaucoup plus acide que le leur, ou au moins beaucoup plus de gaz acide.

Si l'on n'avait employé, pour le chasser de la mine, un moyen connu déjà depuis long-tems par ses avantages, le travail y serait absolument impraticable. Ce moyen est un puits, percé perpendiculairement à travers la montagne, & qui par une de ses bouches aboutissant en-dehors de cette montagne, aboutit par l'autre au fonds de la galerie. Comme la galerie est horisontale, & la cheminée perpendiculaire, vous concevez que l'air atmosphérique trouve là un canal libre par lequel il peut passer aisément de l'une dans l'autre; & que dans son cours, emportant avec lui & dissolvant la vapeur méphitique, il balaie ainsi la mine, & la rend accessible.

Malgré le succès que semble assurer cet artifice ingénieux, néanmoins il ne réussit pas à beaucoup près toujours; & pendant plus de la moitié de l'année non-seulement on est obligé de suspendre les travaux, mais il est même impossible de pénétrer dans la mine. Le tems le plus favorable est celui qui est ou très-froid ou très-chaud. Alors l'air des galeries & l'air extérieur devenant d'une densité différente, & l'équilibre par conséquent se trouvant ainsi rompu entre eux, le courant s'établit très-bien; & les ouvriers peuvent travailler impunément, parce que le gaz est détruit à mesure qu'il se forme. C'est ce que nous eûmes le bonheur d'éprouver, le jour que nous visitâmes la mine. Le courant y était si fort qu'il en était incommode, & que plusieurs fois il éteignit la lampe que je portais. L'atmosphère au contraire vient-elle à prendre la température des galeries, à l'instant tout change ; plus de ventilateur, plus de courant; l'air du canal reste en stagnation, & la vapeur mortelle se répandant par toute la capacité de la mine, on ne peut plus y entrer sans risquer sa vie.

Les Mineurs connaissent toute la grandeur du danger qu'ils courent dans ce lieu redoutable. Aussi, le matin, quand ils s'y rendent pour leur travail, ont-ils soin de n'y pénétrer qu'avec précaution. Comme ils savent, par expérience, qu'il faut de l'air pur pour la combustion des lumières, & que le gaz les éteint, ils portent en avant leur lampe ; &, pour peu qu'ils la voient pâlir, se retirent promptement.

Nous n'avions rien à craindre en entrant dans la mine, parce que le courant d'air, en ce moment, y était très-bien établi. Ainsi, parfaitement tranquille sur le péril qu'elle pouvait offrir, j'eus le tems d'y faire mes observations. Je bus, avec plaisir, de l'eau gazeuse, à la cascade même qu'y forme la source en traversant les galeries : car, par le plus étrange de tous les prodiges, cette exhalaison invisible qui, portée par la respiration dans nos poumons nous donne la mort, est pour nous au contraire salutaire & tonique, si elle est portée par une boisson dans l'estomach.

L'eau, comme je vous l'ai dit ci-dessus, me parut piquante, très-acidule, &, selon l'expression des Médecins, fortement vineuse; quoique rien assurément ne ressemble moins au vin qu'une pareille liqueur. Quant au gaz qu'elle charrie, je voulus l'éprouver aussi, & m'assurer au moins si ce poison terrible, dont on ne me parlait qu'avec frayeur, existait réellement. La chose était aisée; il ne fallait pour cela que creuser le canal par lequel s'échappait l'eau. Je le fis donc ouvrir par le Mineur qui nous conduisait; mais à peine y eut-on donné quelques coups de pic, qu'à l'instant nous entendîmes le gaz fortir, en fifflant, à travers les terres devenues trop peu épaisses pour le contenir. Le Mineur se refusant à faire une plus grande ouverture, à cause du danger que nous pouvions tous courir, j'approchai ma lampe du trou par où perçait la vapeur; & à l'instant même je la vis s'éteindre. En vain je la rallumai plusieurs fois, en vain mes compagnons y plongèrent plusieurs fois les leurs ; aucune ne put tenir, & toujours elles furent étouffées presque subitement.

Cependant comme le gaz, par sa pesanteur, occupe constamment la partie la plus basse du sol où il se répand, & qu'il ne devient mortel qu'au moment où, par sa surabondance, il s'élève jusqu'à la hauteur où nous respirons, je remarquai que quand les lampes étaient à six pouces au-dessus du trou elles brûlaient très-bien, & qu'elles ne s'éteignaient que quand nous les descendions plus bas.

Il n'y a pas long-tems qu'un des Mineurs périt, étouffé par le gaz. MM. les Directeurs eux-mêmes m'ont parlé de son malheur; & l'un de ses compagnons m'en a compté les détails.

Ils étaient dans la mine, quand tout-à-coup, par un changement de tems, les lumières vinrent à blanchir, & quelques-unes même à s'éteindre. Alors tous de se sauver précipitamment, chacun courant à tâtons par sa galerie, & cherchant à s'échapper. Le malheureux fuyait comme eux ; poursuivi, comme eux, par le fluide empoisonné. Dans sa course il trouve une porte entr'ouverte, & la pousse involontairement. Elle se ferme ; & à l'instant même il tombe, sans pouvoir se relever pour l'ouvrir. Heureux au moins dans son triste sort, s'il eût pu périr à l'instant ; mais il vécut assez pour sentir toutes les horreurs de la mort. Pendant quelque tems on l'entendit se débattre, & d'une voix mourante appeller du secours. Hélas ! ce secours n'était pas possible. Plusieurs fois ses camarades, bravant la mort pour le sauver, pénétrèrent jusqu'à la porte ; mais son corps, posé en travers, empêchait de l'ouvrir ; & eux-mêmes, à chaque instant près d'étouffer, se voyaient obligés de fuir de nouveau. Ils ne purent entrer qu'en brisant la porte à coups de hache. Cette opération fut elle-même très-longue ; tant parce qu'il leur fallait aller de tems en tems respirer au dehors , que parce que sans cesse leurs lampes s'éteignaient. Enfin, après six heures de tems, on entra. Il était mort. Ils le trouvèrent bleu , violet, offrant tous les symptômes effrayans des personnes asphyxiées; & eux-mêmes se sentirent incommodés pendant quelque tems.

J'ai vu l'endroit où expira le malheureux. " Voici où il tomba, me disait son camarade. " Ses pieds étaient ici , sa tête était là ". Quoique depuis ce jour fatal la porte eût été enlevée , il me semblait néanmoins le voir encore. Je l'appercevais se débattre & se soulever en vain sous le poids de la vapeur qui l'avait terrassé. J'entendais ses cris étouffés, ses soupirs plaintifs ; & mes cheveux se dressaient sur ma tête. En vain notre guide voulait nous montrer quelques autres boyaux des galeries ; dès ce moment il ne me fut plus possible de rien observer ; je ne voyais que le Mineur mourant ; je n'entendais plus que lui ; & il me fallut sortir, pour fuir ce spectacle d'horreur.

Peut-être néanmoins y aurait-il un moyen

d'éviter ce malheur, & d'entretenir dans la mine en dépit des variations de l'atmosphère, le courant d'air nécessaire à la vie des Mineurs; ce serait d'établir à la bouche extérieure du puits un feu allumé. La chaleur, en y dilatant l'air, forcerait celui des galeries de monter; l'air atmosphérique affluerait par l'ouverture latérale; & dès ce moment le courant ne serait plus interrompu. Ce moyen est connu; il est même ordinairement employé dans des cas semblables; & j'ai pris la liberté de demander à MM. les Directeurs s'ils ne l'avaient pas essayé. Ils m'ont répondu que c'était leur intention; & d'après l'avantage réel qu'ils doivent en retirer par un travail qui n'éprouverait plus d'interruption, je ne doute nullement qu'ils ne l'adoptent.

Quoique Clermont pût sans crainte, comme Sénecterre, & comme plusieurs autres lieux de l'Auvergne, user de ses eaux gazeuses, pour sa boisson ordinaire; il s'en est cependant donné d'autres, très-abondantes & très-belles, qui amenées d'assez loin à la ville, viennent y former des fontaines publiques, l'une de ses magnificence ficences. Il est vrai qu'un étranger accoutumé aux vraies beautés de l'art, peut reprocher à ces fontaines leur forme lourde & massive, leurs ornemens gothiques, les auges grossières qui leur servent de bassin, enfin la couleur noire & rebutante des pierres-laves dont elles sont construites. Mais à ces défauts, qui peuvent aisément disparaître, substituez une architecture ornée & de bon goût; employez avec art quelques marbres variés, & sur-tout plusieurs des superbes granits qu'offre la Province; donnez enfin à ces belles eaux, des bassins dignes de les recevoir, des coupes, des coquilles d'une forme élégante; & ce sera vraiment alors que Clermont pourra se glorifier, aux yeux des étrangers, d'un établissement, qui aujourd'hui n'a d'autre mérite que celui d'être utile.

Malheureusement ce ne sera là, pendant de longues années, qu'un beau rêve. Dans la sorte de détresse où est l'Administration municipale; riche à peine de 20,000 écus qu'absorbent les charges nombreuses dont elle est grévée, peut-on espérer d'elle un projet qui ne peut être enfanté que par l'orgueil de l'opulence. D'ailleurs de pareils ouvrages demandent à être tracés par la main du goût ; & jusqu'à présent le Dieu du goût paraît encore avoir voyagé rarement en Auvergne. Il y a un an que le Corps Municipal voulut orner de deux fontaines l'entrée de l'une de ses promenades. Ce fut un Plâtrier qui en donna le dessin, & ce dessin fut trouvé parfait ; mais à peine fut-il exécuté qu'on en eut honte ; les fontaines ne furent point achevées ; & probablement elles ne le seront de long-tems.

Je vous ai dit ci-dessus qu'aux tems de la domination romaine la ville avait des eaux, qui lui étaient amenées de Fontanat par un aqueduc, d'environ deux lieues. Je vous ai décrit cet aqueduc, dont une petite partie subsiste encore ; & j'ai ajouté qu'ayant été détruit par un des fils de Clovis, les Clermontois, pour leur usage, firent venir, d'un village voisin, nommé Royat, d'autres eaux qui aujourd'hui encore forment leurs fontaines. D'abord les conduites ne furent qu'en bois, & elles subsistèrent ainsi pendant neuf cens ans ; ce qui ne semble pas annoncer, pour la ville, une grande opulence. Enfin, au seizième siècle, on employa des canaux en terre ; puis on les fit en plomb; puis en fer. Au siècle dernier, pour donner aux eaux un chemin plus droit & une pente plus rapide, on imagina de percer la montagne de Royat au-dessous de la source, dans une longueur de soixante toises; & alors on fit, en pierres de taille, une partie des conduites.

Royat est renommé à Clermont pour ses fruits & ses sources; mais peu de lieux en France ont une position aussi triste. Malgré cette situation cependant, ou plutôt à cause de cette situation même, il mérite d'être connu. Les montagnes qui l'entourent offrent au Naturaliste des objets curieux, que je vous détaillerai ailleurs; le Voyageur est sûr d'y trouver des sites propres à l'intéresser; &, à ce double titre, je m'arrête ici un instant pour vous en parler.

Ce village, si j'en crois la tradition du pays, n'a point toujours occupé la gorge affreuse qui porte son nom. Autrefois il était sur une montagne voisine, appellée Châté. La montagne elle-même avait été nommée ainsi d'un château que s'y était bâti un Duc d'Aquitaine; & au reste il ne serait pas surprenant que des vassaux fussent venus établir leur demeure dans un lieu qui enrichi par le séjour du Maître, était à-la-fois protégé par sa puissance. Les mœllons nombreux & enduits de mortier, qu'on y trouve encore aujourd'hui, les mœllons-laves qui sont mêlés aux autres, quoique la montagne soit granitique, prouvent qu'elle eut autrefois des habitations ; mais des grains brûlés, qu'on trouve aussi en quantité considérable & à différens étages vers le penchant de la montagne (*), sembleraient prouver en même-tems que ces habitations furent détruites par le feu. Quoique noirs & carbonisés, ces grains n'ont que très-peu perdu de leur grosseur, & ils ont conservé parfaitement leur forme. On y distingue quelques légumes, & surtout beaucoup de sègle & de froment. Tout cela est descendu de la montagne ; les eaux pluviales l'ont apporté & déposé là avec les terres & les autres matières qu'elles ont entraînées dans leur cours. Avec le tems ce tuf s'était considérablement exhaussé. Aujourd'hui, par des dégradations successives, il est devenu perpendiculaire, & forme

---

(*) Vis-à-vis le moulin du nommé Pierre. Les garçons du moulin y conduisent les Voyageurs.

plusieurs étages, placés comme par gradins les uns au-dessus des autres. C'est dans ce tuf qu'on voit le grain; il est épars, & comme pêtri dans une pâte; mais il s'y trouve mêlé avec d'autres substances. M. Mossier y a vu une tête de chien, dont la gueule était toute remplie de ce grain brûlé. Moi j'y ai trouvé une dent de cheval, un tibia de poulet, une défense de verrat, & surtout beaucoup de charbon.

Sans ce charbon, dont on rencontre quelquefois des morceaux si considérables qu'ils ne peuvent avoir appartenu qu'à des poutres brûlées, j'eusse été porté à soupçonner que si le blé de Châté est noir, c'est par une autre cause qu'un incendie. Au moins on en trouve ailleurs de pareil (*); & dans un endroit où l'on peut assurer qu'il n'y a jamais eu d'habitations. Celui-ci a, comme l'autre, une apparence de carbonisation; comme lui il se réduit sous les doigts en poussière;

(*) Sur un tertre de couleur brune, à gauche, en montant, par le sentier des vignes, à la montagne des Côtes, près de Clermont.

& puisqu'il s'est ainsi altéré en séjournant dans la terre, celui de Châté n'a-t-il pas pu à la longue s'y décolorer & s'y décomposer de même ?

Quoiqu'un fait pareil mérite de fixer un instant l'attention du Naturaliste, cependant Châté, à ce seul titre, n'aurait pas peut-être de quoi piquer la curiosité d'un Voyageur, si la cause qu'on prête, dans le pays & dans Clermont même, à ses grains carbonisés n'en fesait un monument antique, & d'un genre absolument nouveau. On prétend que César, lorsqu'il assiégeait Gergovia, avait placé là les vivres de son armée ; & qu'obligé de fuir, après avoir levé le siège, il fit brûler les magasins, pour les rendre inutiles à ses ennemis. Aussi le lieu porte-t-il la dénomination imposante de *Greniers de César*.

Il était difficile, je l'avoue, de donner à du blé brûlé une antiquité plus respectable, & une origine plus brillante. Ce nom de César, joint à un fait tout ordinaire, y répand tout-à-coup je ne sais quel intérêt puissant dont on ne peut se défendre. Si Gergovia exista réellement sur la montagne qui aujourd'hui encore en porte le nom si Châté fut véritablement le lieu des magasins de

César, Clermont possède les deux monumens, qui, pendant quelque tems, constaterent la honte du vainqueur des Gaules. De son monticule il les voit tous deux à-la-fois ; & nulle ville en France n'a de pareils titres à offrir pour sa gloire.

Malheureusement la double prétention des Clermontois est telle, que l'une détruit l'autre. Châté est au nord-ouest du Mont de Gergoviat. Or César n'ayant pu assiéger la ville que par le midi de la montagne, puisque ce n'est que par-là qu'on peut trouver un ruisseau capable d'avoir fourni de l'eau à son armée, & tel que celui dont il dit qu'il s'empara, César, non-seulement aurait eu ses magasins à deux grandes lieues de son camp, mais encore il eût fait la sottise de les placer au-delà de l'armée ennemie.

Quoi qu'il en soit de cette fable populaire, je l'excuse. Chaque Province a les siennes ; &, comme par-tout ces traditions prétendues flattent l'orgueil national, par-tout elles s'y accréditent. Je remarque même que moins un pays a de titres réels à une gloire récente, & plus il s'en fait à une gloire antique. Mon ami, laissons aux hommes des chimères qui les consolent. Elles sont dans la contrée, le sujet le plus intéressant des conversations; elles y forment l'érudition des prétendus Savans, & contribuent, plus que toute autre chose, à faire germer dans tous les cœurs cet amour de la patrie, qui chez les peuples modernes, n'est plus guères qu'une estime aveugle, une préférence irraisonnée pour le pays qui les a vus naître.

Ce n'est point par des fables que Châté doit être cité dans l'histoire des antiquités d'Auvergne; c'est par un monument réel, qui aujourd'hui encore atteste l'industrie de ses anciens habitans, ou la puissance de son ancien maître. La montagne est aride, & n'a point d'eaux; mais, par une entreprise vraiment admirable, ils étaient venus à bout d'amener jusqu'assez près de sa cîme une branche des sources de Fontanat. Il est vrai que, dans ce travail, l'art avait été secondé par la Nature. Non-seulement Châté se trouve beaucoup plus bas que Fontanat; mais ils sont séparés, en grande partie, par une longue montagne granitique, dont la croupe, toujours inclinée comme le terrein, favorisait la conduite & la chûte des eaux. A force de patience, de dépense & de travail, on avait creusé dans le granit un très-long canal. Je l'ai suivi dans toute sa longueur. C'est une rigole quarrée, large d'environ un pied, & qui, en beaucoup de parties, est encore entière. On l'a toujours à sa droite, quand de Châté l'on monte à Fontanat; & elle commence à l'endroit où l'ancien aqueduc dont je vous ai parlé, se perd dans la prairie. Là les eaux se partageaient en deux branches. L'une, continuant de couler par l'aqueduc & côtoyant la croupe nord de la montagne de Villarts, allait se rendre à Clermont; l'autre, coulant le long de la côte sud, c'est-à-dire sur le revers opposé de la montagne, venait, par la rigole granitique, arroser Châté. Cependant, comme l'aqueduc fut détruit par un des fils de Clovis, & que Châté n'eut un château que postérieurement, & sous les Ducs d'Aquitaine, on peut, je crois, assurer que les deux canaux n'ont jamais subsisté ensemble; que l'un était déja détruit & fermé, quand on a creusé l'autre; & que le Seigneur ou les habitans de Châté n'ont pris & détourné chez eux les eaux de l'aqueduc que parce qu'elles ne coulaient plus dans celui-ci depuis long-tems. Par la suite les guerres ayant détruit & le village & sa forteresse, les habitans abandonnerent un séjour où ils étaient exposés à des vents affreux ; & ils vinrent s'établir, au pied d'une montagne opposée. Là ils trouverent des eaux vives, qui rendirent inutiles celles du canal. Ce canal se dégrada ; il devint inutile à son tour ; & les eaux qu'avait détournées leur main, dès ce moment abandonnées à la disposition de la Nature, ne servirent plus, ainsi que celles de l'aqueduc, qu'à convertir en prairies l'aride terrein de Villarts.

Le nouveau village se nomme Royat ; &, comme je vous l'ai déjà dit, il était difficile de lui choisir un emplacement plus horrible. Situé dans une gorge entre des montagnes, bâti sur un ancien courant de lave, qui par-tout est hérissé de gibbosités énormes, en le voyant, on ne peut s'empêcher de plaindre ceux qui se sont condamnés à l'habiter. C'est sur-tout vers la partie basse du village, celle qui est le long du ruisseau, qu'on éprouve ce triste sentiment. Là les maisons, dominées des deux côtés par des masses de lave, coupées à pic, sont comme dans un précipice. Pour y voir le ciel, il faut lever la tête, & porter les yeux au Zénith.

Au milieu de toutes ces horreurs, vous rencontrez cependant, & presque à chaque pas, des sites très-pitoresques, des aspects vraiment singuliers. D'ailleurs les sources nombreuses qui jaillissent ou coulent de toutes parts, ont fait naître, sur ces antiques masses de laves, plusieurs vergers & quelques prairies, dont les nuances riantes réjouissent l'œil, répandues sur ce tableau effrayant. La fraîcheur & la solitude de ces retraites charmantes, le vaste ombrage qu'offrent les châtaigniers & les noyers qu'elles nourrissent, y forment, dans la belle saison, un asile délicieux. On y va de la ville par une promenade fort agréable. Souvent les Clermontois viennent y faire des parties; & sans s'embarrasser ni des volcans ni de leurs laves, ils font régner sur les tapis verds dont aujourd'hui ces laves sont couvertes, le plaisir, la joie & l'amour.

La gorge de Royat n'a pas toujours été ce qu'elle est aujourd'hui. Jadis elle fut un vallon; mais un volcan s'étant allumé dans le voisinage, une coulée de cette sorte de lave, très dure, très-compacte & homogène, qu'on nomme basalte, se porta vers le vallon; & le comblant en partie, le resserra dans une nouvelle enceinte, beaucoup plus étroite. C'est sur ce lit volcanique, qu'est bâti le village, comme je vous l'ai dit. C'est sur la partie basse & inclinée de ce lit, que coule le ruisseau de Fontanat, dont je vous ai aussi parlé; mais ce qui est presque inconcevable, & ce qu'on ne peut croire que quand on l'a vu, c'est que l'eau a creusé le basalte dans toute sa longueur; c'est qu'en quelques endroits elle l'a creusé sur une largeur & une hauteur très-considérables, & que dans la gorge elle a formé une sorte de gorge nouvelle. En voyant son travail, il est impossible de s'y tromper. Des deux côtés du ruisseau, l'œil reconnaît la même masse, avec ses mêmes formes, sa même hauteur, ses mêmes accidens; & l'imagination peut sans peine la rejoindre & la raccorder.

Plus loin, hors du village, & en remontant vers Fontanat, cette action de l'eau est bien plus sensible encore. Là elle a trouvé une montagne de granit qu'elle a creusée; & soit en la minant, soit en la fesant ébouler par masses, son long travail en a fait deux montagnes correspondantes, qui aujourd'hui sont séparées par un large vallon

Vous qui connoiffez l'exceffive folidité du granit, vous qui favez que le bafalte eft une des matières les plus dures de l'univers, & que pareil au verre, dont il approche par fa fufion, il éclate fous nos inftrumens, fans pouvoir être entamé par eux; vous concevez difficilement comment de pareilles fubftances ont pu être minées auffi profondément par un filet d'eau. Mais, mon ami, ce filet d'eau a une pente très-rapide; mais dans fon cours efcarpé, il détache & entraîne des graviers & des fragmens divers qui, comme des limes errantes, frottent & ufent tout ce qui s'oppofe à leur marche. Eh! quel homme fur la terre eft capable de calculer ce que pendant des centaines de fiècles peut le plus faible travail, non jamais interrompu?

L'efpèce de gorge que le ruiffeau a creufée dans le bafalte paraît, en quelques endroits, taillée à pic; parce que cette fubftance ayant, par fa nature, des fentes perpendiculaires de retrait, qu'elle contracta lors de fon refroidiffement, les eaux fe font infinuées dans ces fentes, & qu'en fe gelant l'hiver, elles ont fait éclater la maffe par le haut, tandis qu'en coulant elles la minaient par le bas,

En suivant la gorge basaltique, vous voyez, de toutes parts, découler & dégoutter des eaux qui descendent des hauteurs voisines ; mais à votre gauche, vers le midi, sont des sources nombreuses & très-abondantes, qui arrivant à travers la montagne viennent sourdre & jaillir sous le basalte qui la couvre. Ce sont les eaux de ces sources, qui aujourd'hui encore donnent à la ville ses fontaines. Toujours également limpides, exemptes de toutes ces saletés qu'amenent dans nos rivières les eaux pluviales, elles provoquent & semblent exciter la soif par leur transparence parfaite. Toujours abondantes, non-seulement elles fournissent aux fontaines un écoulement perpétuel ; mais encore se répandent dans les maisons par des canaux particuliers, qui, ainsi qu'à Paris concédés & vendus, font, ainsi qu'à Paris, une des propriétés du Corps Municipal.

Cependant, comme, depuis Royat jusqu'à Clermont, elles coulent toujours dans des conduites & des canaux fermés, elles n'ont point cette rapidité, ce goût particulier & indéfinissable qu'à une rivière qui coule à l'air libre sur un gravier pur. Pour qu'une eau soit légère, digestive & salubre, il faut qu'elle ait abforbé une certaine quantité d'air atmofphérique, & peut-être même un peu de la matière de la lumière. Celles de Clermont doivent reffembler aux eaux diftillées, qui parfaitement limpides, mais privées d'air, font lourdes à l'eftomach, & d'une digeftion difficile. Pour moi dont le palais, depuis de longues années, eft fait à l'eau de la Seine, l'une des meilleures peut-être qui exiftent dans l'univers, j'avoue qu'elles m'ont paru fades & infipides, & que pendant quelques jours, il m'en a coûté pour m'y accoutumer.

Quoique les fources de Royat fourniffent abondamment à la confommation de Clermont ; quoiqu'elles perdent par les différens baffins de décharge qu'on a pratiqués fur leur route, un fuperflu & un trop-plein qui ferait le bonheur de bien d'autres villes ; cependant on n'a pas eu befoin, pour cette confommation, de toutes les fources. Il en eft plufieurs qu'on a délaiffées, & qui aujourd'hui fervent à l'ufage du village. Celles-ci viennent, par fept jets, jaillir dans une grande & belle grotte volcanique qu'elles fe font creufée. C'eft là un des objets que doit vifiter le Voyageur qui vient à Clermont; il en verra peu d'auſſi curieux; peut-être même, n'en eſt-il aucun qui réuniſſe un pareil enſemble, des détails auſſi pittoreſques, des acceſſoires auſſi contraſtés & auſſi frappans.

Je vous ai parlé à l'inſtant de cette coulée de lave, qui était venu ſe répandre dans l'ancien vallon de Royat. Je vous ai dit, que traverſée dans ſa largeur par le ruiſſeau de Fontanat, & creuſée par lui très-profondément, elle s'élevait à pic des deux côtés du ruiſſeau, & formait comme deux murs très-élevés, qui étaient fort éloignés l'un de l'autre, & entre leſquels il coulait comme dans une gorge. Figurez-vous, pour l'un de ces murs, une maſſe de baſalte, haute d'une quarantaine de pieds, fendillée, en divers ſens, d'une manière très-bizarre, taillée plus bizarrement encore, & couronnée par des arbuſtes très-verds, au-deſſus deſquels s'élève à pic une maiſon. C'eſt ſous cette étrange bâtiſſe qu'eſt la grotte avec ſes fontaines.

Le terrein ſur lequel coula jadis le baſalte, était primitivement un tuf formé par les eaux. Un volcan s'étant enflammé près de-là, il lança d'abord & fit pleuvoir ſur ce terrein, des cendres, des pouzzolane, des pouzzolanes, des scories, & d'autres matières légères & incohérentes. Le hasard en fit des tas assez considérables; & il en amassa un particulièrement à l'endroit où est aujourd'hui la caverne. Par la suite un courant de lave basaltique vint là. Fluide & fondue, celle-ci se moula sur le monceau de scories; elle s'y éleva peu-à-peu par les couches nouvelles qu'y envoyait l'embrâsement du volcan, & forma des assises, qui en se refroidissant, contractèrent, par la retraite qu'occasionna sa condensation, les fentes qu'aujourd'hui nous y voyons encore; mais elle conserva, dans son lit inférieur, la forme de calotte ou de voûte, que lui avaient donnée les scories.

Les sources dont j'ai à vous parler, coulent sous cette voûte, & elles y ont leur issue. Jadis, & lorsque le lit de basalte était en son entier, elles ne pouvaient l'avoir, parce qu'elles ne pouvaient percer une masse aussi énorme. Obligées de suivre sa pente, elles allèrent probablement jaillir plus bas, au-dessous de son assise. Mais quand le ruisseau de Fontanat eut miné la coulée basaltique jusqu'auprès de la voûte, alors l'eau des sources trouvant de ce côté peu de résistance, elles s'y frayèrent un

L

chemin, filtrerent à travers les scories, les entraînerent peu-à-peu ; & secondées peut-être du travail des habitans du village, déblayerent la grotte.

Cette théorie simple explique clairement, si je ne me trompe, comment a pu se former cette incroyable caverne ; & comment elle se trouve là, avec ses fontaines, au milieu de ces masses volcaniques, si impénétrables, & sous ce plafonds épais de trente pieds. Mon explication, au reste, n'est point un sistême imaginaire. Pour juger combien elle est vraie, il ne faut que suivre le courant de lave, en le remontant depuis le lieu nommé Saint-Mart, jusqu'à la grotte. En vingt endroits, particulièrement au-dessus du moulin de Pierre, & le long du canal de ce moulin, vous voyez des monceaux de scories, pareils à celui dont je vous ai parlé, & recouverts d'immenses couches de basalte, superposées. D'ailleurs la grotte elle-même offre la preuve palpable de ce que j'ai dit ; & il est impossible de s'y méprendre. Au fonds, on voit le tuf primitif, sur lequel sont venues s'appuyer les matières volcaniques. Quant aux scories, quoiqu'elles aient été emportées par l'eau, il en est cependant resté une couche, laquelle tient encore au basalte qui forme l'intérieur de la voûte; & on les y reconnaît très-distinctement, malgré les mousses dont elles sont presqu'entièrement couvertes.

Indépendamment du mérite particulier que donne à la grotte la matière dont elle est formée, elle a encore une grandeur, qui par-tout ailleurs la rendrait précieuse. Large de vingt-six pieds, profonde de vingt-quatre, elle en a dix & demi au point le plus élevé de son ceintre. Une pareille ouverture suffirait pour lui donner une clarté brillante ; mais, comme elle se trouve dans une ravine ; comme d'ailleurs elle est exposée au nord ; & que par conséquent le soleil n'y peut pénétrer qu'en été & pendant quelques instans, elle offre, quand on la voit d'une certaine distance, cette obscurité douce que les Anciens regardaient comme sacrée, & dont se servaient, selon eux, les Nayades pudiques pour voiler leurs appas nus, dans ces retraites charmantes auxquelles elles présidaient. Ici le voile de l'ombre ne sert qu'à tromper les yeux sur le véritable fonds de la grotte ; mais, en lui prêtant l'illusion d'une profondeur qu'elle n'a pas, il ajoute encore à la beauté réelle qu'elle a.

Les sources occupent le contour intérieur de la grotte. Elles sont au nombre de sept, dont la moindre a la grosseur du bras ; ou plutôt il n'y en a qu'une seule, mais si abondante que pour son issue il lui faut sept bouches différentes. Il en est qui n'ont qu'un jet faible ; il en est qui jaillissent avec force, & font cascade ; tandis que d'autres, arrêtées dans leur chûte par la convexité du roc, s'arrondissent comme lui, & se répandent en nappe.

Ce coup-d'œil, varié par lui-même, le devient encore plus par un accident qui tient à la nature du lieu. Le tuf sur lequel débouchent les jets étant incliné vers Clermont, comme la pente de la montagne, tous les jets sont inclinés comme lui. Votre œil les voit successivement baisser de hauteur, ansi que les tuyaux de nos jeux-d'orgue ; & ce phénomène singulier, que le Physicien ne s'attendait pas à trouver dans un si petit espace, lui fournit à-la-fois & une observation curieuse & un spectacle agréable.

Il n'est pas jusqu'aux parois de la caverne qui

n'intéreffent par le beau verd des lychens, des mouffes & des capilaires qu'elles nourriffent. La voûte elle-même amufe l'œil, foit par l'irrégularité de fa coupe, foit par les couleurs variées des fubftances qui la tapiffent, foit enfin par les tubérofités, les fentes & tous les accidens multipliés qu'elle offre. A fa partie antérieure, ce font quelques fragmens de bafalte qui, détachés de leur maffe, quoique fufpendus encore, femblent menacer votre tête. Vous avancez dans la grotte, pour éviter cette apparence de danger ; là, vers les deux extrémités, la voûte fe relève ; & creufant en quelque forte dans le rocher, forme deux efpèces de coupoles, plus hautes que l'ouverture elle-même. L'une des deux, incruftée de fcories volcaniques, reffemble à ces grottes artificielles que l'art élève dans nos jardins. Mais ce que l'art ne peut offrir, & ce que donne ici la Nature, c'eft la fraîcheur de ces fcories, qui, toujours humectées par l'eau qu'elles laiffent dégoutter, & colorées en rouge-violet par la diffolution du fer qu'elles contiennent, font entourées de capilaires très-verds: c'eft une veine de fcories très-noires, qui, traverfant la couche violette, vient, comme elle, fe marier & fe perdre dans la teinte des capilaires ; c'eft enfin cette ftillation abondante d'une eau très-limpide, qui, en certains endroits, tombant par gouttes, dans d'autres par filets continus, femble offrir cent colonnes de criftal au milieu d'une pluie d'argent.

La grotte de Royat eft un des premiers objets que j'aie vus à mon arrivée en Auvergne ; jugez quelle impreffion dut me faire la variété & l'enfemble d'un fpectacle fi nouveau pour moi. J'y fuis depuis retourné plufieurs fois ; & à chaque fois elle m'a paru plus belle encore ; à chaque fois je croyais y découvrir des objets que d'abord je n'avais point apperçus.

Au tems des grandes chaleurs, c'eft une volupté bien douce d'aller là rêver tranquillement au frais. Je l'ai fait, un jour, en voulant effayer un Deffinateur dont on m'avait vanté les talens ; & j'y paffai une matinée toute entière. Tandis que mon homme travaillait, moi je m'affis vis-à-vis la grotte, à côté du ruiffeau de Fontanat, près de la pierre qui lui fert de pont, & entre deux moulins qu'il fait tourner. Mon fiège était une groffe lave. Devant & derrière moi, je voyais ces hauts murs de basalte que les eaux & le tems ont taillés à pic. L'espace qui les sépare est couvert d'arbres vigoureux & très-verds ; & plus bas est un amas de maisons.

Placé au centre de ce théâtre de beautés & d'horreurs, de quelque côté que mes yeux se portassent, je n'appercevais que des objets intéressans. Je voyais la Nature couvrir d'arbres & de verdure, des lieux qu'autrefois elle avait incendiés ; je voyais des eaux jaillir sous ce qui avait été un fleuve de feu. Imaginez après cela quel devait être mon étourdissement ! Bientôt ma tête s'échauffa. Dans certains momens, les idées venaient m'accabler ; mais elles étaient incohérentes, & se succédaient avec la rapidité d'un éclair. Dans d'autres j'étais absorbé ; je ne pouvais plus penser, & je n'avais que des sensations ; c'était vraiment un état d'ivresse. Enfin que vous dirai-je ; j'éprouvai là une impression très-profonde, une émotion délicieuse ; mais ce qui se passait en moi était si désordonné, si confus, qu'il me serait impossible de vous en rendre compte.

Hélas ! me disais-je en partant, si cette belle fontaine avec sa grotte & tout ce qui l'entoure, avait existé dans la patrie des Anacréon, des Tibulle & des Horace, avec quel enthousiasme ils l'eussent célébrée ! Son nom aujourd'hui serait immortel ; & nous, en lisant leurs descriptions enchanteresses, nous partagerions leurs transports. Dans ce lieu où nous autres nous ne voyons qu'une source & de la lave, leur riante mythologie eût vu une Nymphe jeune & belle, qui poursuivie par l'affreux Pluton, ne lui aurait fait éprouver que des rigueurs. Pour se venger, le Dieu irrité aurait entr'ouvert les enfers, & l'eût ensevelie sous un de ses fleuves enflammés. Long-tems la Nymphe infortunée aurait gémi dans sa prison. Mais le jeune Dieu de Fontanat avait été sensible à ses attraits, ainsi qu'à ses malheurs. Sous la forme d'un torrent, il était venu briser les voûtes inferrales de son cachot. Devenue libre, la Nymphe avait cédé à tant d'ardeur ; & aujourd'hui unie à son amant, ils vont ensemble porter le tribut de leurs eaux au vieil Océan leur pere.

En effet, la fontaine de Royat se mêle, au sortir de la grotte, avec celle de Fontanat. Ces deux ruisseaux réunis se rendent à Clermont ; & ils sont si considérables, ou plutôt leur chûte est si rapide que dans leur route, c'est-à-dire dans un espace d'environ une lieue, ils font tourner plus de cent vingt meules différentes : avantage inappréciable dans un pays où il n'est pas possible d'avoir des moulins à vent. Arrivés près de Clermont, ils se divisent en deux branches; tournent autour de son monticule, l'un au midi, l'autre au nord; puis se réunissant de nouveau au nord-est de la ville, dans la Limagne, vont se jetter dans l'Allier.

Clermont n'a point d'autres rivières; l'Auvergne elle-même n'en a guères que de ce genre; quoiqu'il y en ait un grand nombre qui prennent leur source dans ses montagnes : mais ces rivières ne font que des torrens, & la Province a si peu d'étendue qu'avant d'avoir aquis une certaine force, elles ont déjà passé dans des Provinces voisines. Celles qui ont leurs cours à l'ouest ou au sud, sont, presque à l'instant même, & par le site des montagnes d'où elles sortent, perdues pour l'Auvergne. Elle n'a de vraiment avantageuses que celles qui, comme la Sioule, l'Alagnon, &c., coulant au nord, l'arrosent & la fertilisent pendant quelque tems.

Dans ce nombre je mets l'Allier; quoiqu'il

soit étranger à l'Auvergne : mais il la traverse toute entière par la partie orientale ; & comme d'ailleurs il est navigable, au moins pendant plusieurs mois de l'année, il forme seul une partie de sa richesse & de son commerce.

On a proposé, il n'y a pas long-tems, de faire passer l'Allier sous les murs de Clermont ; & l'exécution de ce projet est d'autant plus facile que le canal n'aurait à traverser que les plaines de la Limagne. Mais, comme avant d'adopter & d'ordonner de pareilles entreprises, l'Administration examine toujours si l'avantage qui doit en résulter, dédommage des dépenses qu'elles entraînent ; je doute fort que jamais celle-ci ait lieu, & que l'on consente à perdre, dans un canton aussi précieux que la Limagne, un terrein immense, pour rapprocher un peu plus de l'Allier Clermont & deux ou trois petites villes, comme lui sans manufactures & sans commerce.

Après avoir vu les fontaines de Royat & de Fontanat, un Voyageur doit connaître encore, dans les environs de Clermont, celles de Saint-Vincent. Ces fontaines ne se ressemblent que par la limpidité de leurs eaux ; & toutes trois diffèrent par leur forme. Fontanat fort au milieu d'un village, sur un terrein uni qui lui fait bassin ; &, au sortir de ce bassin, il va se précipiter dans des gorges. Royat, enfermé dans une grotte basaltique, débouche, comme l'ancien Nil, par sept ouvertures différentes. Saint-Vincent en a neuf ; & ces neuf sources, placées, presque toutes assez loin l'une de l'autre, vers le haut d'une colline à cîme plate, occupent en grande partie la longueur du côteau. Ce côteau fut autrefois volcanisé, ainsi que celui de Royat. Comme à Royat un courant de basalte vint s'y répandre ; mais ici l'effet fut différent. Quand la masse fluide eut couvert le plateau, & qu'en continuant de couler, elle fut arrivée à l'escarpement de la chûte, là elle tomba en nappe, & se réfroidissant dans cet état, y forma, le long du monticule, une sorte de terrasse basaltique.

Ces montagnes à plateau sont fort communes en Auvergne. Clermont en a même plusieurs dans ses environs ; telles que *Chanturgue, les Côtes, Gergoviat, &c.* Mais ce qui est plus étonnant, c'est que ces sortes de montagnes offrent presque toutes, sur la coupe de leur cîme, le même phénomène ; savoir de hautes masses basaltiques, tantôt irrégulières, tantôt prismatiques, mais presque toujours perpendiculaires.

Le basalte, à Saint-Vincent, n'ayant couvert, selon les apparences, que la superficie du monticule, les eaux peuvent avoir un lit & couler sous cette calotte ; mais, pour sortir, il leur a fallu percer à travers le rebord perpendiculaire du couvercle : & en effet c'est par ses différentes fentes qu'elles ont leur issue. Comme les neuf sources débouchent toutes à une même hauteur, à-peu-près, il est probable encore que toutes sont formées par une seule, qui ne trouvant point d'ouverture assez grande pour l'écoulement entier de ses eaux, est obligé de côtoyer la terrasse basaltique dans sa longueur, & jaillit par toutes les fentes de retraite qu'elle y rencontre. Aussi ai-je remarqué que plus la fissure est grande, & plus le jet est considérable.

Cette différence d'ouverture & de hauteur dans les fentes, fait la beauté, ainsi que la variété des neuf sources. Il en est qui ne sont que des fontaines ordinaires, quoique composées de plusieurs jets ; & elles n'ont rien de remarquable que leur abondance : mais la plupart offrent un caractère particulier qui les distingue, & qui paraît plus piquant encore, comparé à la simplicité des premières. Ainsi, par exemple, la troisième forme un bassin long de vingt-deux pieds sur dix de large; la cinquième, une cascade magnifique; & la sixième, une nappe en filets, large de vingt pieds. La dernière a son canal enfoui sous des éclats de lave, tombés & détachés de la masse; & ils lui forment une sorte d'aqueduc couvert, qui cache son cours. Au-dessous de la seconde, s'est détaché également un gros bloc; mais celui-ci, trop considérable pour lui fermer son canal, est devenu un pont sous lequel elle coule. On voit encore très-distinctement dans la masse basaltique, l'endroit d'où s'est détaché le bloc. Sans doute il avait quelque fissure perpendiculaire, dans laquelle se sont infiltrées les eaux pluviales. Ces eaux s'étant gelées l'hiver, la force expansive de la glace l'aura fait éclater; & c'est ainsi que s'explique tout naturellement la formation de la ravine basaltique de Royat.

En lisant la description de ces fontaines, qui sourdent sous des bancs de lave, vous vous ferez sans doute à vous-même une objection ; mon cher

Abbé ; & je m'y attens. Moi, qui vous écris ceci, je me la suis faite cent fois. Cent fois j'y ai cherché une réponse, & n'ai pu encore en trouver une qui m'ait satisfait. Si la fontaine existait avant les laves, comment ces laves, arrivées-là brûlantes, ne l'ont-elles pas anéantie ou détournée, soit par leur chaleur, soit par leur poids? Si l'eau n'y a coulé que postérieurement, par quelle inconcevable attraction est-elle donc venue ramper & jaillir sous ces lits de pierres & de métaux fondus, qui ne paraissent avoir avec elle ni affinité ni analogie ? Mon ami, donnez-moi la raison de tout cela. Moi, ce que je puis vous assurer, & ce que vous verrez comme moi, si vous venez en Auvergne, c'est qu'en cent endroits différens, on trouve des sources qui naissent sous des courans volcaniques ; & que, sans faire plus d'une lieue dans les environs de Clermont, vous en trouverez quatre, très-marquantes ; Royat, Saint-Vincent, Loradoux & Fonmore.

Toutes ces eaux, ainsi que celles qui leur ressemblent, ont, comme je vous l'ai déjà dit, le défaut d'être fades au goût ; & probablement même elles sont lourdes à l'estomac. Mais, comme les matières gypseuses sont très-rares en Auvergne; elles ne sont ni séléniteuses ni *crues*. Les légumes y cuisent très-bien; le savon s'y dissout parfaitement. J'ai souvent fait moi-même cette dernière expérience; & j'en ai d'ailleurs été témoin, plus d'une fois, à Royat : car plusieurs des femmes de ce village fesant le métier de blanchir du linge, cette superbe grotte dont je vous ai entretenu avec tant de plaisir, cette grotte où les Grecs & les Romains auraient élevé une statue en marbre, où ils seraient venus chaque jour faire des libations; eh-bien, ce n'est à Royat qu'un bassin de Lessiveuses!

Est-ce aux eaux qu'on doit attribuer ces goîtres qui sont si communs dans ce village? Un Poëte ancien eût répondu, sans hésiter, que c'était une vengeance de la Nymphe, qui, pour punir la profanation de sa fontaine, fesait naître une grosseur sur le cou de ses habitans. Dans le pays, on vous dira que c'est une suite du travail des femmes. En effet, un des principaux revenus de Royat étant les denrées, les légumes & les fruits qu'elles vont vendre à la ville, & qu'elles portent sur la tête, dans des paniers; l'effort qu'exige ces fardeaux, gonfle chez elles les muscles du cou ; il distend les vaisseaux, & occasionne ainsi, dit-on, un état de tuméfaction, qui, à force d'être fréquent, devient enfin permanent & habituel. Mais les goîtres n'appartiennent point aux muscles ; c'est le gonflement d'une glande, ou la distention du tissu cellulaire. D'ailleurs, par-tout pays, les villageoises portent des fardeaux sur la tête, & elles n'ont point de goîtres. Enfin, les hommes, à Royat, n'en portent point ; & cependant ils ont des goîtres aussi, quoique moins communément que les femmes.

Je suis allé à dessein, & plusieurs fois, me promener, les jours de marché, sur les grandes routes qui aboutissent à Clermont. J'ai observé avec attention tous les paysans & paysannes qui allaient à la ville ; &, sur tous les chemins également, j'ai toujours vu quantité de goîtres. Il paraît que cette sorte de difformité est fort commune dans les environs. On la rencontre assez fréquemment chez le peuple de Clermont ; &, ce qui vous surprendra davantage, on la voit même chez des personnes qui ne sont point peuple. Cependant j'ai observé, en même tems, & par-tout, qu'elle est
beaucoup

beaucoup plus rare que les hommes que chez les femmes : ce qui femblerait annoncer que la force de la conftitution y réfifte davantage. J'ai cru remarquer auffi qu'elle n'exifte autour de Clermont que dans une certaine latitude ; & qu'à mefure qu'on avance & qu'on s'élève dans les montagnes, elle difparaît entièrement, ou devient infiniment rare.

Quelle eft donc la caufe de cette diverfité, me direz-vous? Je l'ignore. L'opinion commune attribue les goîtres à la crudité des eaux de fources; & cependant Fontanat, qui n'a que des eaux de fource, n'a point un feul goître.

Un ouvrage que j'ai lu autrefois, en accufait la température froide de ces eaux : affertion qui, fi elle était vraie, condamnerait à être goîtreux tous ceux des gens opulens, qui, pendant une partie de l'année, boivent à la glace. Mais l'Auteur oubliait que quand le payfan boit fon eau, il l'a déja depuis quelque tems chez lui ; & que, par conféquent, elle a dû y prendre la température du lieu.

Selon certains Phyficiens, & felon les Ecrivains qui ont publié des Voyages de Suiffe & des Alpes,

M

les goîtres sont le produit de ces eaux de neige, auxquelles sont réduits, dans certains tems, les habitans des vallées : mais les Auvergnats ont de la répugnance pour l'eau des ruisseaux, ils n'usent que de celles de leurs sources, & par conséquent ils ne boivent pas de neiges fondues. D'ailleurs, sur les montagnes de Suisse, il y a des villages dont les habitans ne boivent, pendant l'hiver, que des eaux de neige ; & cependant ils n'ont point de goîtres, comme les habitans des vallées.

Enfin, je connais un Naturaliste célèbre qui pense que l'excroissance dont nous parlons est dûe aux qualités mal-saines de l'air stagnant que respirent les villages qui sont situés dans des vallons. Mais si la stagnation de l'air la produisait dans la gorge profonde où est bâti Royat, pourquoi donc Aubière & plusieurs autres villages de la Limagne, où l'air a une circulation libre, en sont-ils également affectés ? Pourquoi, au contraire, les villages de la montagne en sont-ils exempts; quoique cependant ils soient de même presque tous bâtis dans des gorges ou des vallées, à cause de la violence des vents ; & quoique leurs habitans passent six mois de l'année avec leurs bestiaux, comme je vous le dirai ailleurs ? Pourquoi ces mêmes bestiaux, qui, pendant tout ce long espace de tems, ne quittent l'air stagnant de leurs étables que pour aller, aux fontaines, boire des eaux très-froides, ne deviennent-ils pas goîtreux ? Pourquoi voit-on beaucoup de goîtres à Clermont, qui est sur un tertre parfaitement isolé, & qui, dans ses environs, n'a au loin ni forêts, ni marais, ni étangs ? Enfin pourquoi, car les pourquoi ne finiraient pas, en rencontre-t-on beaucoup à Lân, ville bâtie sur une montagne, plus haute encore que celle de la capitale d'Auvergne, & où l'air est très-vif ?

Pour moi, je pense qu'il n'y a de goîtres qu'où l'on boit des eaux de sources ou de puits ; & ce fait me paraît démontré, au moins pour l'Auvergne. Mais je pense en même-tems, & ce second fait me semble aussi prouvé que le premier, que les eaux seules ne suffisent pas ; & qu'avec cette cause il en faut encore une, ou peut-être même plusieurs autres, qui, jusqu'à présent, nous ont été inconnues, & que probablement nous ne connaîtrons jamais.

Lorsque l'océan couvrait la Limagne, il forma

son terrein de substances calcaires, mêlées avec les détrimens des montagnes granitiques ou volcaniques du voisinage. Mais, en rongeant quelques montagnes qui subsistaient déjà, il en formait ou en enveloppait d'autres avec les dépôts calcaires que ses eaux charriaient. Après sa retraite, les montagnes, tant anciennes que nouvelles, restèrent exposées à l'action de l'air & des pluies. Le granit, la lave, la marne, dont elles étaient formées ou couvertes, se décomposèrent; & tout cela, dissous par les eaux pluviales, fut entraîné par elles dans le bassin de la Limagne, & continua d'exhausser son terrein, sur-tout vers le *Marais*. On appelle *Marais*, la partie de Limagne qui est à l'orient de Clermont; & on lui a donné ce nom, parce qu'étant plus basse, elle a été, pendant long-tems, couverte d'eaux stagnantes & marécageuses. Il n'y a guères plus d'un siècle qu'on y voyait encore, près de Sarliève, un très-grand lac, qui aujourd'hui forme, en terres labourables, une opulente propriété.

La grande fertilité de la Limagne est dûe non-seulement à la nature de son sol, mais particulièrement à ce terrein nouveau qu'y apportent &

déposent sans cesse les pluies. Aussi ne s'y sert-on, pour labourer, que de charrues sans roues. La terre y est si féconde qu'il suffit de l'égratigner. Quant à ces dépôts qu'annuellement charrient les eaux pluviales, vous pouvez juger de leur quantité par le fait suivant. Il y a peu de tems que MM. Bélaigue fesant travailler dans un de leurs domaines à Malintrat, on trouva, en creusant, un ancien chemin qui était enfoui sous deux pieds de terre végétale. Malintrat est au nord-est de Clermont, & à plus de deux lieues des montagnes. Or si, à cette distance, les sédimens portés par les pluies ont pu, dans l'espace de quelques siècles, élever le terrein de deux pieds ; quelle épaisseur & quel accroissement ne lui auront-elles pas donné dans tous les lieux qui sont plus rapprochés de leur chûte.

Presque par-tout où l'océan, pendant son séjour, avait déposé des couches horizontales de substances calcaires, il avait déposé en même-tems un bitume qui les a tellement imprégnées qu'à la vue elles en sont grises, & qu'à l'odorat elles puent, si, en les approchant du nez, on en frotte deux morceaux l'un contre l'autre.

Il a également rendu bitumineux la plupart des monticules qui d'espace en espace se trouvent répandus dans *le Marais* de la Limagne. Mais là le bitume s'est minéralisé ; là il a une nature & une couleur différentes de celui des pierres schisteuses de la plaine ; en un mot, c'est cette poix noire, connue des Naturalistes sous le nom de poix minérale ou de pissasphalte ; & ce pissasphalte y est même si abondant que de toutes parts, il coule par les fentes des pierres.

MM. les Bénédictins de Clermont ayant une grande partie de leurs revenus en vignobles, & cependant ne pouvant avoir de caves dans leur Abbaye, parce que le terrein y est trop bas, ils voulurent en faire une dans un canton de leur enclos, beaucoup plus élevé, & qu'ils ont nommé Calvaire. Là était un rocher qu'ils firent creuser ; & en effet ils ont actuellement une grande & superbe cave. Mais malheureusement le rocher était bitumineux ; en peu de tems tout le vin s'y gâta ; & cette belle cave, devenue inutile par son odeur de poix, ne peut plus être qu'un objet de curiosité par les longues mêches de pissasphalte qui filent de sa voûte.

Le plus célèbre, ou plutôt le seul connu de tous ces monticules à poix minérale, est celui qu'on voit à une petite lieue de Clermont, & qui, à raison de sa nature, a été nommé *Puy de la poix*; en patois, *Puy de la pege*. Quand vous arrivez à Clermont, c'est là une des curiosités qu'on vous exhorte de visiter ; &, après le fameux *pont de pierre*, dont je vous ai parlé, c'est celle que vous vantent le plus les habitans. Au reste, ce mot *puy* est une expression de nos Provinces méridionales, qui correspond au mot *pic* de nos autres Provinces. Il signifie là une montagne de forme conique ; & s'applique également à toutes les hauteurs quelconques, soit grandes, soit petites ; pourvu qu'elles se terminent par une sorte de pointe. Ainsi, le puy de Dome & le puy de la poix ont la même dénomination ; quoique cependant l'un ait huit cens vingt toises d'élévation au-dessus du niveau de la mer, & que l'autre n'ait pas vingt pieds de hauteur.

Ce prétendu pic, qu'ailleurs on nommerait à peine une butte, & que je comparerais presque à ces montagnes ridicules qu'avec un travail de quelques jours on élève dans les *jardins anglais* de nos fauxbourgs de Paris, est divisée en deux parties. La plus septentrionale des deux se trouve, en ce moment, presque entièrement détruite ; parce qu'elle était formée par un rocher, & que les habitans du voisinage ont cassé le rocher pour en avoir les pierres. Ces pierres sont très-dures, très-compactes, & font feu avec le briquet ; mais leur grain est si serré qu'elles prennent mal le mortier, & que dans les bâtimens on ne peut les employer qu'en les mêlant avec d'autres. Quant à leur couleur, c'est le gris-noir qu'ont certaines ardoises ; mais il est truité de petites taches blanches, qui font un effet assez agréable.

La première fois que j'allai voir le puy, on y avait cassé beaucoup de pierres ; & elles étaient rangées par tas de plusieurs toises de longueur. Exposées à toute l'ardeur du soleil, la chaleur avait fait exsuder le pissasphalte dont elles sont intérieurement imprégnées, & qui forme une partie de leur substance. Plusieurs en avaient, sur leur superficie, une épaisseur de plus de six lignes ; aussi, à cent pas de la carrière, sentait-on l'odeur de la poix ; aussi les bâtimens que l'on construit avec ces sortes de moellons sont-ils, pendant quelque tems, infects & inhabitables. J'ai vu une de ces pierres, de laquelle fufait un très-gros morceau de poix, mou & ductile, & long d'un demi-pied. Comme elle fefait partie du bloc de la carrière, je la caffai avec mon marteau ; & la fis porter à l'Abbaye de Saint-André. En moins de vingt-quatre heures, la chaleur fit durcir le piffafphalte; & aujourd'hui il eft auffi ferme que la pierre même.

Quand vous êtes au bord de la carrière, fi vous vous tournez vers une maifon bourgeoife qui eft là tout près, & que vous parliez un peu haut, vous entendez un écho qui répète très-diftincte-ment jufqu'à quatre fyllabes. C'eft le hafard qui me fit appercevoir de ce phénomene, en appellant mon frere ; & c'eft la feule remarque de ce genre dont je vous parlerai, parce que c'eft la feule de ce genre que j'aie faite dans tous mes voyages. L'Auvergne offre à un obfervateur tant de chofes neuves & intéreffantes, qu'en vérité ce ferait une honte de s'y occuper d'amufemens d'enfans.

La feconde partie du puy, ou plutôt le puy véritable, le monticule conique, n'eft qu'un tuf, jadis formé par les eaux, & qui aujourd'hui peut être regardé comme pierre, quoiqu'il n'ait pourtant pas, à beaucoup près, la dureté de l'autre carrière. De tout côté la poix en suinte ; elle a noirci toute sa surface, & lui donne, à quelque distance, un coup-d'œil de lave & de volcan.

Vers la base du monticule, à l'aspect du sud, est un phénomene, qui, bien peu important en apparence, mérite cependant quelque attention. Ce n'est qu'un trou rond, profond de trois ou quatre pouces, & large du double ; mais ce trou est à-la-fois un véritable puits, rempli d'eau, & une fontaine coulante de pissasphalte. Quelques soient les chaleurs, l'eau n'y diminue point de volume. Ce fait m'a été certifié par les gens d'une ferme voisine, que j'ai interrogés. Plusieurs personnes qui avaient vu le trou à des époques & dans des saisons différentes, m'ont assuré l'avoir vu toujours plein ; & moi-même qui y suis allé trois fois, & dans trois différens mois, je l'ai vu tel aussi. Quoique l'eau ait la couleur verte & dégoûtante des eaux corrompues, cependant, comme je soupçonnais qu'elle n'était colorée ainsi que par la poix, j'ai voulu la goûter ; & ne lui ai trouvé en effet que l'odeur & le goût de poix. Les Anglais avaient mis à la mode, il y a quelque tems, l'eau de goudron ; & ce prétendu remède avait même pris faveur chez nos Anglomanes Parisiens. Eh-bien, notre eau verte n'est qu'une eau de goudron minérale.

Le pissasphalte remplit le fonds du trou. Si vous y enfoncez votre canne, vous ne la retirez qu'enduite d'une longue meche de poix fluide, qui file & s'alonge sous votre bras. Mais dans les grandes chaleurs, la poix y afflue avec plus d'abondance ; elle se répand même un peu au-dehors ; & ce qui en est sorti en différentes années a formé au-dessous du trou un glacis noir, de quelques pieds d'étendue, dans lequel se trouvent agglutinées les poussières, les pailles & les autres matières qu'y porte le vent.

Quoique je vous parle ici de poix coulante, n'allez pas croire cependant qu'il s'agit d'un jet continuel, d'un écoulement sans interruption & sans fin. Non assurément ; rien ne ressemble moins à une fontaine ; & les Auteurs où vous aurez lu ce fait raconté ainsi, vous ont induit en erreur. Le phénomène le plus bizarre en apparence est celui de ce petit amas d'eau qui, né sur un terrein aride & brûlé, n'y tarit jamais. Cependant ce qui le rend moins miraculeux, c'est que c'est une fontaine véritable, qui, dans certains tems, & surtout après les grandes pluies, se répand au dehors comme les fontaines ordinaires. L'eau y afflue du rocher par quelques fentes. Probablement la poix y vient par les mêmes fissures; peu-à-peu ses filamens & ses gouttes se réunissent, & elle finit par se répandre, comme elle, sur ses rebords, à moins que les fermiers du voisinage ne viennent la ramasser. Ces gens s'en servent pour marquer leurs moutons. C'est le seul usage auquel ils l'employent; & c'est ainsi qu'ils empêchent le trou de se combler (*).

Il y a quatre ans qu'une Compagnie eut, sur cette substance, un projet. Elle envoya même,

―――――――――――

(*) Ils ont essayé d'en graisser l'essieu de leurs voitures; mais elle est trop sèche, & ils y ont renoncé. Cependant à Pont-du-Château où il y a aussi de la poix minérale, comme je le dirai dans l'instant, un paysan a imaginé d'y mêler une certaine quantité de graisse; & il en fait ainsi un oing, qu'il vend.

dans ce deſſein, quelqu'un de ſes aſſociés à Clermont, pour demander au Corps Municipal de la ville, la permiſſion d'exploiter le puy en entier. Il exiſte en Alſace une ſource de piſſaſphalte. En 1740, ſi je ne me trompe, on avait fait entrer celui-ci dans la compoſition d'un nouveau ciment, qu'on prétendait indeſtructible dans l'eau; & ce ciment avait été employé pour quelques baſſins des jardins de Verſailles, & pour celui du *Jardin du Roi*, à Paris. Peut-être la Compagnie avait-elle un projet de cette eſpèce. Quoi qu'il en ſoit de ſon entrepriſe, les Magiſtrats municipaux délibérerent ſur ſa demande, & opinerent à la lui octroyer. Mais quand on alla porter la réponſe au député, on le trouva parti; & depuis on n'en a plus entendu parler.

A peu de diſtance du *puy de la poix*, mais plus près de Clermont, eſt un autre monticule, formé également par un roc de tuf, & nommé *le puy Crouele*. Quoique celui-ci ſoit beaucoup plus haut & beaucoup plus conſidérable, cependant il eſt moins abondant en poix minérale; mais il contient, en quelques endroits, de l'agate & de la calcédoine. A Pont-du-Château, joli bourg situé sur l'Allier, à Gergoviat, au-dessous du domaine de ce nom, & sur un nouveau chemin qu'on a fait là, on trouve une roche marneuse, bitumineuse, pareille à celle des carrières du puy de la poix, & qui, comme celle-ci, s'enflamme au feu. Ainsi ce Gergoviat qui, chez les Clermontois, est célèbre pour avoir été le lieu vrai ou faux de leur ancienne ville, a plus d'un titre pour devenir fameux chez les Naturalistes. Volcanisé à sa superficie, calcaire dans toute sa masse, orné d'immenses vignobles dans son contour, enfin offrant à l'une de ses extrémités une carrière pissasphaltique; il leur rappellera cette Chimère des Grecs, que les Poëtes représentaient avec des pieds de chèvre, avec un corps de lion, & une tête de dragon vomissant des flammes; parce qu'à sa base étaient des pâturages, à sa cîme un volcan, &, entre les deux, des forêts remplies d'animaux féroces.

Pont-du-Château mérite les regards du Voyageur par sa situation élevée sur l'Allier, par son beau pont aussi plat que celui de Neuilly, par sa pélière pour prendre les saumons qui remontent ou qui descendent la rivière, & sur-tout par la vue superbe qu'il offre. Mais sa pierre à poix a une propriété particulière qui la distingue des deux autres ; c'est d'offrir souvent, à sa superficie, des calcédoines & du cristal. Ces accidens brillans ne se rencontrent que dans les fentes de la roche. Là le suintement, occasionné par la chaleur, porte des couches successives de poix minérale, sur les deux parois opposées de la pierre ; mais en même tems qu'il les en incruste, les eaux, par une action particulière, y déposent aussi les élémens des deux substances précieuses dont je viens de parler. La calcédoine y prend son blanc-de-lait, son poli gras, & s'y arrondit en gouttes ou en mamelons applatis. Le cristal y devient transparent ; &, sous la forme pyramidale qui lui est propre, il se grouppe en rose. Ainsi, quand les ouvriers ont rencontré par hasard une de ces sortes de pierres, vous voyez à sa surface un lit plus ou moins épais de pissasphalte ; puis, dans ce lit, la calcédoine incrustée en chaton, & le cristal épanoui en rayons divergens. Peut-être n'y a-t-il en Europe que ce seul endroit où ces deux matières aient une pareille gangue ; & en effet on a de la peine à croire que la Nature ait pu former dans le même espace, & réunir ensemble le cristal & la poix. Le cristal & la calcédoine s'y trouvant fréquemment aussi l'un à côté de l'autre, on serait porté à croire qu'elle emploie, pour les former tous deux, les mêmes élémens; & que leur cristallisation, ainsi que leur opacité ou transparence, ne diffèrent que par un suc plus ou moins pur, plus ou moins homogène. En un mot tout étonne dans ce produit. Au reste, j'emporterai avec moi des échantillons du puy de la poix, de Gergoviat & de Pont-du-Château ; & je vous montrerai tout ce que je vous annonce ici.

Cependant je dois vous prévenir auparavant que ces calcédoines sont grossières ; & que ce cristal, quoiqu'ayant tous les caractères apparens, & la cristallisation du cristal véritable, en diffère néanmoins essentiellement : car tandis que celui-ci est inaltérable aux feux les plus violens de nos fourneaux, l'autre, exposé sous une moufle, a perdu sa transparence, & bientôt est tombé en efflorescence comme certains sels. C'est-là une expérience qu'à faite M. Mossier; & lui-même me l'a racontée.

Ailleurs un lieu rempli de pissasphalte est regardé

gardé comme un prodige. Dans le *Dictionnaire Encyclopédique* on vante beaucoup l'endroit d'Alsace dont je vous ai parlé plus haut, & je ne sais quel autre des environs de Neuchâtel, qui ont cette propriété. Dans les monticules de la Limagne, c'est une chose que l'on rencontre à chaque pas. Non-seulement on en trouve au Calvaire de l'Abbaye de Saint-Allyre, au puy de la poix, au puy Crouele, à Gergoviat, à Pont-du-Château; mais encore à Lande, à Pélon, à Gandaille, à Machaul, &c.; en un mot dans une étendue de quatre lieues en longueur, sur trois de large.

Quelle cause étrange a pu tant multiplier dans ce coin de terre les roches & les puys bitumineux? Où la Nature a-t-elle puisé cette incommensurable quantité de poix qu'elle a fait entrer dans leur formation, & celle qui, depuis tant de siècles, fournit sans cesse à leur transudation ou à leur écoulement? Ce n'est point seulement une partie des monticules qui en est imprégnée; c'est leur masse entière, depuis sa base jusqu'au sommet. J'ai vu à Crouele du pissasphalte non-seulement vers la cîme du puy, mais encore à l'extrémité de la pierre la plus élevée de cette cîme. L'homme du peuple ne voit dans tout cela que de la poix ; & sa vue bornée ne va pas plus loin. L'homme accoutumé à observer & réfléchir, se demande à lui-même pourquoi cette poix est-là ; pourquoi elle coule, & ce qu'elle peut y produire ? Qui peut l'y avoir amenée ? Y était-elle primitivement ? Le soleil l'y fait-il monter par l'action de sa chaleur ; comme, par sa chaleur, il élève la sève depuis le sein de la terre jusqu'au sommet des arbres ? Y a-t-il sous ces puys, comme le croient quelques Physiciens, un feu caché, qui, en sublimant leur bitume, le porte liquéfié à toutes les fentes & ouvertures de leur calotte.

Certainement, si les puys étaient creux dans leur intérieur, s'ils recelaient des charbons minéraux & d'autres bitumes solides qui fussent consumés par un feu tranquille, il ne serait pas étonnant que l'action de ce feu portât, au chapiteau du monticule, les parties les plus légères de l'huile bitumineuse ; & que cette huile, après s'y être condensée, après avoir coulé au-dehors par quelque fente, y devînt poix, en se condensant encore davantage par le contact de l'air extérieur, plus froid qu'elle. Ce sont des hypothèses très-commodes que ces alembics souterreins. Ils expliquent une infinité de phénomènes; mais, avant de les admettre, il faudrait, je crois, prouver leur existence.

La Compagnie qui avait fait demander au Corps Municipal de Clermont la permission d'exploiter le *puy de la poix*, avait, au moins si l'on en juge par sa demande & par quelques propos de son député, une idée peu différente. Elle imaginait que le pissasphalte qui exsudait du monticule venait d'un réservoir intérieur, qu'avaient formé sans doute & qu'entretenaient des feux souterreins. Ainsi, selon elle, il n'y avait qu'à enlever la calotte du puy; alors on aurait mis à découvert le réservoir; & l'on aurait pu y puiser le pissasphalte, comme on puise l'eau dans une source qu'on vient d'ouvrir.

Peut-être cette poix date-t-elle du tems où l'océan couvrait la Limagne, & où des volcans brûlaient dans le voisinage. Les volcans ont pu la vomir dans les eaux; & ces eaux, en la déposant sur les noyaux qui forment aujourd'hui les puys, l'y auront mêlée avec les différentes substances que le tems par la suite aura rendues pierres. Telle est l'opinion de M. Mossier; &

cette opinion tient à un fiſtême de Minéralogie d'Auvergne, qu'il doit publier un jour. Mais quelque ſoit la cauſe qui ait imprégné de piſſaſphalte les puys, il paraît au moins, d'après pluſieurs faits conſtatés, que la poix, loin d'y former une maſſe à part, eſt au contraire intimement combinée avec la roche, & qu'elle fait une partie de ſa ſubſtance.

En effet caſſez un morceau dans le vif de cette roche, la pierre vous paraîtra nette; vous lui verrez le grain & la couleur du baſalte; & à moins qu'elle n'ait quelque cavité, elle n'offrira nulle apparence de poix. Mais expoſez-la au ſoleil ou au feu, à l'inſtant la poix ſuintera en bouillonnant; & bientôt la ſurface en ſera couverte. C'eſt pour cela qu'en hiver on ne voit plus couler de poix ſur les puys; qu'en été elle commence à fuſer; & que plus les chaleurs ſont fortes, plus elle paraît abondante. Les moëllons eux-mêmes, quoiqu'iſolés & ſéparés de la roche, en rendront également; comme s'ils y tenaient encore. Je puis garantir ce fait; je l'ai vu, & vous en ai parlé plus haut.

Si la ſtillation du piſſaſphalte était l'effet d'une

sublimation occasionnée par un fourneau souterrein, il ne coulerait, ainsi que l'eau qui sort d'un rocher, que par les fentes extérieures du puy. Or il sort non-seulement par les fentes, mais encore par les pores insensibles de la pierre la plus lisse & la plus compacte. Au bout de quelque tems il se durcit; la surface en devient noire; mais la pierre ne rend plus rien, elle est épuisée. C'est ce qu'on voit particulièrement au puy Crouele, ainsi qu'à celui de la poix. En cent endroits la roche est noircie extérieurement par le pissasphalte; sur certaines pointes & dans plusieurs fentes, vous le retrouvez en globules ou en filets, durcis & solides; mais il n'en coule plus de nouveau. Voulez-vous en voir reparaître? Il ne faut qu'enlever une certaine épaisseur de cette pierre desséchée; & mettre à nu une pierre nouvelle & fraîche; bientôt l'action du soleil opérera sur celle-ci ce qu'elle avait opéré sur l'autre. A Pont-du-Château, les Carriers, en cassant la roche pour leur travail, trouvèrent une cavité assez considérable & entièrement remplie de pissasphalte qu'y avaient apporté différentes fentes. Si le bitume était venu là par l'action d'un feu souterrein, l'ouverture une fois faite il aurait continué de couler ; & cependant, quand on eut enlevé celui qui s'y trouvait, il n'en reparut plus. D'ailleurs, puisqu'on veut qu'il exiſte, ſous les puys à poix, de prétendus fourneaux qui les alimentent, pourquoi donc cette poix ne coule-t-elle que pendant l'été ? Car enfin le fourneau, à l'abri des impreſſions de l'atmoſphère dans ſon étui ſouterrein, doit, ainſi que tous les volcans, brûler indépendamment d'elle ; & cependant, dès que les froids arrivent, plus de poix.

Peut-être ai-je trop inſiſté ſur cette opinion ; mais, en montrant combien elle eſt peu fondée, j'ai voulu montrer auſſi combien ſont imaginaires les terreurs qu'ont cherché à inſpirer ceux qui la ſoutiennent. A les entendre, ces prétendus feux dont la chaleur aujourd'hui ne fait que conſumer lentement & ſublimer le bitume, peut un jour devenir aſſez forte pour l'enflammer, & pour changer tout-à-coup les puys en volcans. Je ne vous diſſimulerai pas qu'avant de venir en Auvergne, la lecture du Mémoire de Guettard m'avait inſpiré à moi-même ces frayeurs, & que quand, pour la première fois, je vis les puys bitumineux, je ne les conſidérai qu'avec un treſsaillement involontaire. Il me semblait voir des bûchers épars, qui n'attendaient que le moment de prendre feu pour incendier la Limagne. Bientôt les réflexions & les faits que je viens de vous exposer, m'eurent rassuré; & j'en conclus que si, par méchanceté ou par un autre motif quelconque, on enflammait un d'entre eux, il brûlerait par sa surface & se consumerait de couche en couche comme tous les autres corps; mais sans aucune volcanisation; à moins qu'il ne contînt quelque grande cavité intérieure dans laquelle le feu vînt à tomber.

On compte en Auvergne plus de 40 mines de charbon-de-terre, qui presque toutes appartiennent à la haute partie de la Province; mais comme je ne les ai point vues; comme il n'en existe pas à plusieurs lieues à la ronde des environs de Clermont, & que je n'en ai même connue aucune dans les cantons que j'ai parcourus; je ne puis vous en parler. Je vous dirai seulement qu'un des plus grands bienfaits qu'on puisse procurer à la Basse-Auvergne serait d'y en trouver quelques-unes. Par-tout le bois commence à manquer; par-tout il est très-cher; & si le charbon minéral n'y supplée, je ne sais comment fera la génération future.

Il y a quelques mois qu'une Compagnie a formé le projet d'extraire de la tourbe, pour la consommation de Clermont & de ses environs. Elle en a trouvée dans un canton du Marais de la Limagne; & le lieu qu'elle destinait à ses fouilles est à peu de distance du village d'Aubière : mais elle a éprouvé tant de difficultés dans l'achat du terrain, les possesseurs y ont mis un prix si exorbitant que l'entreprise est restée suspendue. Si elle a lieu, au moins ce sera une ressource pour le pauvre.

Anciennement presque toutes les montagnes, à plusieurs lieues de Clermont, étaient couvertes de bois. On en trouve encore la preuve dans les anciens titres des propriétaires qui aujourd'hui en sont les possesseurs. Mais la misère a forcé d'abattre ces bois; & la misère a empêché de les replanter. D'ailleurs envain l'entreprendrait-on actuellement; on ne pourrait plus y réussir. Un vieil abus, autorisé par l'usage, a converti en pacages ces montagnes nues & abandonnées. Si quelqu'un voulait les rendre à leur destination, bientôt il verrait ses semis & ses plants dévorés par les bestiaux ou il lui en coûterait, pour les défendre de leurs ravages, des dépenses bien au-dessus du produit réel qu'il pourrait en espérer un jour.

La coupe des bois sur les montagnes a causé là un autre mal, bien plus grand encore, & surtout bien autrement irréparable. Le tems, en décomposant peu-à-peu les laves & les autres substances dont elles sont formées ou couvertes, avait produit sur leur superficie un peu de terre végétale. D'abord des mousses, des bruyères, de mauvaises herbes y avaient pris naissance ; & leurs détrimens avaient augmenté l'épaisseur de l'*humus*. Peu-à-peu, & avec les siècles, tout était devenu pelouse. Le granit & la lave subsistaient réellement encore, comme auparavant ; mais on ne les voyait plus, ils étaient cachés sous cette enveloppe végétale.

Il est encore en Auvergne beaucoup de montagnes, en pelouse ; & c'était sur des montagnes de ce genre, qu'anciennement on avait semé des bois. Dans certains cantons quand on eut abbatu les arbres, on voulut labourer le terrein, & l'on y sema du blé. On eut une récolte, il est vrai ; mais qu'arriva-t-il ? Les terres, sans appui, sans confiftance fur un fol très-incliné où elles n'étaient plus retenues par les racines des plantes, furent bientôt la proie des eaux pluviales. Portées dans les vallons, elles allerent les engraiffer ou les encombrer ; mais la montagne refta nue & ftérile. Je connais vingt endroits que depuis très-peu de tems on a décharnés ainfi. Les payfans d'alentour me difaient l'année où ils les avaient vus labourer ; moi je n'y appercevais plus que de la lave & du granit. Ainfi fe conduit l'avide ignorance. Elle ouvre la poule aux œufs d'or, & la tue. Profit d'un jour, ruine pour jamais ; voilà fa devife.

Ce que je viens de vous dire des montagnes, mon cher Abbé, me conduit à vous parler de cette partie de l'Auvergne, la plus curieufe de toutes pour le Voyageur, &, pour l'Hiftorien, la plus abondante en faits.

Vous vous rappellez ce que je vous ai dit du climat de Clermont, de fes vents, de fes pluies & de fes orages. Eh-bien, ce climat, quoique plus froid que ne le comporte fa latitude, eft tempéré cependant. Mais à peine avez-vous fait une demi-lieue vers les montagnes, que tout change. C'eft un autre fol, un autre afpect, une autre température; vous vous croyez transporté magiquement dans une autre contrée.

Pour vous rendre ce changement très-sensible, je n'aurais qu'à vous conduire sur la plus belle route des montagnes; celle qui mene dans le Limousin, & qui passe au pied du puy de Dome. A peine sortez-vous de Clermont que vous commencez à monter; parce que là commence la base des hauteurs qui font l'enceinte du bassin de la ville. Cependant comme la pente est douce, vous montez en droite ligne, & vous vous trouvez par-tout environné de vignobles, d'arbres de différentes espèces, & sur-tout de noyers. Après un quart d'heure de marche, la pente devient plus rapide; parce que vous vous élevez sur les montagnes. Là vous voyez encore des noyers; mais les vignobles cessent, & vous n'en retrouvez plus un seul, à moins que vous ne vous rapprochiez de la Limagne & de ses côteaux. Enfin vous arrivez à la cîme des premières montagnes. Trop escarpée pour un chemin droit, cette cîme n'offre plus qu'une route en zig-zags; Clermont est devant vous, & pour ainsi dire à vos pieds; mais plus de noyers, vous entrez dans le climat froid.

La première fois que je fus à portée de faire cette obfervation, elle me frappa fingulièrement; & m'étonna même d'autant plus que comme nous étions en été, & que le foleil était fort chaud, je ne fentais point fur moi l'impreffion d'une température plus froide. Si les vignobles & les noyers avaient ceffé tout-à-coup & l'un après l'autre, ce ne pouvait être, felon moi, l'effet d'une élévation auffi peu confidérable que celle où je me trouvais. Je l'attribuais à une qualité de terrein plus mauvaife. Cependant, quand, en continuant ma route, je ne vis plus reparaître ni une vigne ni un noyer, alors il fallut bien reconnaître le fait, & fonger à en chercher la caufe.

De retour fur les lieux, & promenant au loin mes yeux autour de moi, je m'apperçus que vers le midi il y avait des vignobles à une hauteur de montagnes plus confidérable que celle où j'étais. J'en voyais fur Gergovia, qui eft beaucoup plus élevé encore. Il femblait qu'ils fuffent placés graduellement, & comme par étages; & que plus les étages s'avançaient au fud & s'éloignaient du lieu où je me trouvais, plus auffi ils étaient élevés. D'après cette remarque, je ne pouvais guères me tromper. La caufe d'une température plus froide était de mon côté; & cette cause était le voisinage du puy de Dome.

Ce nom de puy de Dome est connu de vous, mon cher Abbé. Consigné dans les fastes des Sciences, devenu immortel par l'expérience fameuse qui, la première, prouva que l'air était pesant, il mérite encore une célébrité chez le Botaniste par les plantes rares qu'il nourrit ; chez le Naturaliste par la singularité de la pierre dont est composée sa masse ; chez le Voyageur enfin par sa forme, son élévation & la vue magnifique qu'il offre.

Ceux qui en ont entendu parler le regardent comme un mont isolé, situé vers l'ouest à deux lieues de Clermont ; & moi-même, avant de l'avoir vu, je m'en étais formé cette idée. Je me trompais. Le puy de Dome fait partie d'une chaîne de montagnes qui courant du nord-ouest au sud-est, a quatre lieues de longueur sur une largeur tantôt plus, tantôt moins considérable. Elle est composée de plus de quarante puys différens, (vous vous rappellez ce que je vous ai dit ci-dessus des puys, & la signification qu'a ce terme en Auvergne;) mais ce qui rend ces puys intéressants, c'est que tous ayant été volcanifés, prefque tous ont un caractère particulier qui les diftingue. D'ailleurs la chaîne étant dans une plaine haute, & fe trouvant prefque ifolée, on peut les tourner affez facilement & les examiner par leurs faces diverfes.

Dome eft non-feulement placé vers le centre de la chaîne ; mais il eft encore beaucoup plus haut que les montagnes qui la compofent, & femble un géant au milieu de fes enfans. Ce qui contribue fur-tout à lui donner cet air de paternité, c'eft un monticule, nommé *le petit puy de Dome*, qui s'élevant à fes côtés & attaché à lui par fa bafe, paraît naître & fortir de fes flancs.

En 1739, Caffini comptait 4834 toifes de Clermont au grand Dome. Le chemin doit en avoir davantage à préfent ; parce que depuis ce tems on l'a refait, & que, pour l'adoucir, on y a pratiqué différentes finuofités qui n'exiftaient pas alors.

Du moment que vous quittez la ville, vous montez toujours, pour y arriver; jufqu'à un courrant de lave, fort confidérable, qu'il faut traverfer par fa largeur, & à l'extrémité duquel fe trouve une auberge, nommée *la Barraque*.

Là commence la plaine haute dans laquelle eft

situé le puy; & quoiqu'il ne se présente à vous que par le côté, il se déploie néammoins tout entier depuis sa cîme jusqu'à sa base. Impatient d'y monter, ou au moins d'être assez près pour en saisir les détails, vous pressez votre cheval. Il vous reste encore une petite demi-lieue à parcourir. Vous admirez le chemin, qui en cet endroit, uni comme une allée de jardin, est sablé en pouzzolane. Enfin la montagne se présente à vous en face; & vous voyez sa masse superbe s'élancer fièrement dans les nues, ayant à ses côtés le petit puy, au-dessus duquel elle plane & s'élève. On peut la considérer encore de divers autres points de l'horizon; mais nulle part elle n'a cette même majesté. C'est là son véritable point de vue, c'est là seulement qu'elle offre ce cône majestueux qui exact dans ses énormes proportions, va former, sur la pointe mousse de sa cîme, un plateau qu'ailleurs on regarderait comme une montagne très-étendue.

A cette beauté sublime il joint encore l'agrément d'une beauté riante; & malgré sa pente escarpée, il est couvert d'herbe dans toute sa superficie; excepté deux ou trois endroits où il laisse percer des protubérances de laves blanches qui semblent ne se montrer là que pour vous avertir qu'il a été volcanisé, & qu'il ne l'a pas été comme les autres montagnes. Vous ne sauriez croire, mon ami, combien ce jet magnifique est agréable sous sa robbe verte, & quel charme inconcevable lui donne cet ensemble de grandeur & de grâce. Les personnes qui ont parcouru les Pyrénées & les Alpes ont pu certainement voir des montagnes plus imposantes par leur élévation ou par leur volume; mais difficilement ils en auront rencontrée une mieux dessinée, mieux filée, & sur-tout mieux placée pour plaire.

Malgré son escarpement presque perpendiculaire, j'ai connu des jeunes gens qui tantôt en rampant sur les genoux, tantôt en s'accrochant avec les mains, l'ont gravie à pic; mais il n'y a que des jeunes gens capables d'une folie, dans laquelle on risque sa vie cent fois. On y monte par deux chemins différens; l'un au midi, nommé le chemin d'Alagnat, parce qu'au-delà de Dome il conduit à ce village; l'autre au nord, appellé la *Gravouse*, parce qu'il est couvert d'une pouzzolane noire que les Paysans désignent sous le nom de *grave* ou gravier. Quoique

Quoique l'une & l'autre route circulent obliquement sur la montagne, néanmoins elles sont si rudes & si fatiguantes que je conseillerais de n'y monter qu'à cheval. J'y suis monté ainsi par toutes les deux; & suis même monté jusqu'à la pointe la plus élevée de la cîme. Mais il faut pour cela des chevaux du pays. Avec des montures moins sûres & moins accoutumées aux sentiers scabreux des montagnes, vous pourriez courir des risques; & j'avoue qu'il y a des pas très-dangereux. Au reste, même à cheval, vous ne pouvez faire ce chemin en moins d'une heure.

Le seul moyen de voir le puy sous tous ses aspects, & d'en bien connaître tous les accidens, est de monter par le sentier du midi, & de descendre par la gravouse. Cette dernière route peut encore intéresser, même après avoir vu Dome. Par elle on voit le petit puy, qui, volcanisé comme le grand, mais d'une manière différente, offre un cratère superbe, justement renommé, & dont je vous parlerai ailleurs. Au reste par quelque route qu'il vous plaise de descendre, je n'ai pas besoin de vous dire que vous ne pouvez descendre qu'à pied.

A l'est & au sud, le puy est parfaitement isolé. Au nord & à l'ouest, il est adossé contre plusieurs autres montagnes plus petites, qui, appuyées elles-mêmes les unes contre les autres, lui servent en quelque sorte d'arc-boutant, & donnent, de ce côté, à ses pâturages une étendue qu'on est étonné de lui trouver, parce que quand on le voyait de la plaine elles étaient cachées par sa crête.

C'est lorsque vous êtes arrivé sur cette crête que se déploie devant vous un des plus beaux spectacles, & l'une des vues les plus riches du monde entier. Elevé de huit cens vingt toises au-dessus du niveau de la mer, de cinq cens soixante au-dessus du sol inférieur de Clermont, de quatre-vingt-quatre au-dessus du Petit-Dome, rien ne borne plus vos regards que dans un lointain immense; & comme les Dieux de l'Olimpe, vous croyez voir l'univers à vos pieds. Sous vos yeux sont les quarante puys avec leurs cratères antiques, leurs ravins, leurs courans de lave, & leurs lits de pouzzolane noire ou rouge. Plus loin, c'est la Limagne entière, avec ses villes, ses villages & ses monticules sans nombre. Par-tout des champs de toutes couleurs, des vignables, des habitations à toutes les distances possibles, des chemins à perte de vue, des chaînes de montagnes ; enfin que vous dirai-je ; le coup-d'œil de quatre ou cinq Provinces différentes, & un pays de cent trente lieues.

Accoutumé à ne mesurer de l'œil que des espaces limités, vous êtes effrayés de cet horizon sans bornes ; vos regards tremblans craignent de s'égarer dans cette incommensurable étendue ; ils cherchent au loin quelque objet où ils puissent se reposer, & croient presque voir l'immensité.

Pour vous délasser d'un spectacle fatiguant, qui finit par porter à la tête une sorte d'étourdissement & d'ivresse, vous vous promenez sur le puy ; vous le parcourez à différentes hauteurs, & cherchez à connaître sa nature. Tout vous y paraît nouveau. En beaucoup d'endroits on voit encore les tubérosités, les boursouflures & les jets qu'a formés sa lave ; mais il paraît n'avoir été chauffé qu'en dehors. Par un prodige inconcevable, le feu fut assez violent pour calciner sa masse entière ; mais par un autre prodige, plus incroyable encore, cette masse ne coula point, ou au moins sa lave s'est fort peu étendue. Si, en descendant par la gravoufe, vous rencontrez des pouzzolanes & des scories, elles y furent lancées par le volcan du petit puy. Si, le long de la route du midi, vous trouvez un courant de lave qui côtoie la base de Dome, ce courant descend des puys nommés Monchié & Salomon; & vous ne pouvez vous y tromper, puisqu'on le remonte jusqu'à son origine, & que d'ailleurs sa lave n'a nulle analogie avec celle de Dome. Je ne sais qu'un seul endroit où l'on reconnaisse une coulée de cette dernière; & encore m'eût-elle échappé, si M. Mossier, dans un voyage que je fis au puy avec lui, ne me l'avait fait remarquer. Elle descend sur la base du puy, traverse un terrein qui aujourd'hui est couvert de bois, & vient aboutir près du courant dont je viens de vous parler, en fesant avec lui un angle droit.

La roche qui formait Dome, avant sa déflagration, a été tellement altérée par le feu, quoique non fondue, qu'aujourd'hui sa nature primitive est absolument méconnaissable. Ce n'est ni une lave ni un basalte noirs, comme les autres produits de volcans. C'est une pierre d'un blanc-gris, d'un grain très-fin avec un coup-d'œil terreux, assez dure pour faire feu sous le briquet, & qui, fondue au creuset, donne, au lieu d'un verre noir comme les autres laves, un verre blanc, semé de points ferrugineux. M. de Saussure (*Voyage des Alpes*) raconte que quand il alla au puy avec M. Mossier, il en prit différens morceaux ; & que les ayant montrés depuis à différens Naturalistes, ni lui ni eux, quoiqu'ils l'aient bien examinée, n'ont cependant pu encore lui donner un nom *. Une pierre que ne connaît point M. de Saussure, doit paraître, en Histoire-Naturelle, une chose bien étrange. Pour nous autres personnages vulgaires & ignorans, elle a un autre mérite encore ; c'est de joindre souvent à sa cou-

---

* On avait construit une Chapelle sur la cime de Dome, & elle était bâtie avec les laves noires des puys voisins. Aujourd'hui la Chapelle est totalement détruite ; mais il existe encore de gros fragmens de ces laves ; & comme ils sont en partie recouverts de terre, on pourrait croire qu'ils appartiennent à la montagne, s'ils n'étaient enduits de mortier, & d'une nature différente.

leur gris-blanc, du rouge, du jaune, &c. & autres nuances vives & brillantes. J'ignore comment le feu a pu les colorer ainsi; mais les teintes sont bien fondues, bien décidées & tranchantes; & dans un cabinet, elles doivent produire un effet très-agréable. J'en porterai quelques échantillons à Paris, & vous mettrai à portée d'en juger par vous-même. Au reste, je vous préviens que dans la chaîne dont Dome fait partie, il y a plusieurs montagnes voisines de celle-ci, telles que le grand Sercoui, Charcoux, &c. qui ont une lave du même genre, & colorée comme la sienne. Celle du grand Sercoui est même plus brillante encore; & j'en ai des morceaux, mi-partis de blanc & de rose, de citron & de blanc, dont les teintes sont aussi belles que si elles étaient sorties des mains du Peintre le plus habile.

Ce Sercoui, tant par la nature de sa roche que par sa forme singulière, mériterait d'être étudié par un Naturaliste. Rond dans sa circonférence, bombé sur sa cîme, il ressemble parfaitement à un chauderon renversé. Du reste aucun vestige de cratère, aucune apparence de volcan. Il paraît être sorti de terre; poussé par des feux souterreins, comme tant d'autres îles ou montagnes qui sont le produit d'éruptions volcaniques. Peut-être même Dome, malgré son élévation, n'a-t-il pas une autre origine. Le rocher dont sont formés ces puys aurait été calciné dans le sein de la terre; & il se seroit élevé, en prenant, selon la filière par laquelle il aura passé, ici une forme pyramidale, là une forme arrondie. Encore une fois, on peut citer beaucoup d'exemples de projections pareilles. Or, si les volcans ont pu faire naître ailleurs des montagnes, ils l'ont pu également ici; & quelque difficile que soit à concevoir ce fait, il l'est cependant beaucoup moins encore que la violence & la durée de l'incendie qui a été nécessaire pour calciner dans leur entier ces masses énormes & isolées.

Un autre fait également digne d'observation, c'est que les puys dont il s'agit sont séparés les uns des autres par des puys qui ont été volcanisés d'une autre manière; c'est-à-dire, avec des éruptions de pouzzolane & des courans de lave. Ainsi, à l'occident de Dome, le puy de Monchié & celui de Salomon ont été des volcans ordinaires, & ils ont conservé des vestiges de bouches volcaniques ; tandis que Dome, qui les touche par sa base, a brûlé en place, ou n'a coulé que sur lui-même. Au pied de celui-ci, vers l'orient, est le Petit-Dome qui a été volcan comme Monchié, & qui, aujourd'hui encore, a un superbe cratère en entonnoir ; & par delà le Petit-Dome, sont Charcoux & le grand Sercoui, dont la roche a été calcinée comme celle du Grand-Dome.

Outre les caractères particuliers dont je viens de parler, la lave de ce dernier puy en a encore un autre qui la distingue des laves de la plupart des autres volcans ; c'est de contenir dans son intérieur, ou à sa surface, des paillettes de ce fer que les Naturalistes, à raison de ses lames unies & brillantes, ont appellé *spéculaire*. D'abord ils avaient donné à cette substance le nom de *sable attirable à l'aimant* ; & en effet l'aimant l'attire : mais ils ont reconnu que c'était du fer véritable; du fer qui ne diffère de l'autre que par sa forme, par son peu d'épaisseur & son poli ; & aujourd'hui ils ne le désignent plus guères que sous la dénomination que je viens de vous dire.

Il y en a une si grande abondance dans la lave du puy ; les eaux pluviales qui en découlent en apportent, dans la plaine, une telle quantité, que le chemin d'Alagnat, quand le foleil y donne, en devient luifant. Dans certains endroits où les eaux le dépofent & l'amaffent, on le voit former des veines noirâtres; & je fuis convaincu qu'avec de la patience & un barreau aimanté, un peu fort, on pourrait, dans un jour, en amaffer plus d'un tonneau. La pierre elle-même a des veines qui en font tellement chargées, qu'elle en eft abfolument noire. Le lieu où l'on en trouve le plus eft vers la cîme du puy, en montant par le fentier du fud. On ne peut s'y tromper. Depuis quelques années, tant de perfonnes font venues y travailler, qu'aujourd'hui la montagne en eft fillonnée profondément, & que deux cens tomberaux n'enleveraient pas les décombres qu'elles ont fait ébouler.

Le tems où Dome a brûlé eft d'une antiquité fi lointaine, pour nous autres fur-tout qui ne connaiffons nos Gaules que par des hiftoires d'un jour, qu'on ne peut même hafarder fur cela des conjectures. J'ai entendu raconter à Clermont une anecdote étrange, qui, trop invraifemblable pour être crue, fixerait au moins nos doutes, fi elle était vraie. Près de Dome eft un village, nommé

Lachamp, où le Chapitre de la Cathédrale a des domaines qu'il afferme. Au treizième siècle, dit-on, les Fermiers vinrent demander aux Chanoines d'être déchargés du prix de leur bail pour l'année ; alléguant que le puy ayant pris feu, leurs moissons avaient été incendiées. On ajoutait que leur requête existe encore actuellement, & qu'elle se trouve, selon les uns, dans les archives du Chapitre ; selon les autres, dans celles de la ville.

J'ai fait des démarches pour vérifier cette historiette ; j'ai questionné des Chanoines, des Echevins, des gens instruits dans les antiquités de leur pays. Tous m'en ont parlé comme d'une fable, qu'ils avaient à la vérité entendu conter ainsi que moi, & que quelque bel-esprit de Clermont avait imaginée pour faire le plaisant; mais nul d'entr'eux n'avait vu la prétendue requête, & nul d'entre eux n'y croyait. Les désastres sans fin qu'eût occasionnés le long incendie d'une montagne aussi considérable, n'auraient-ils pas répandu dans Clermont une désolation & une terreur dont aujourd'hui l'on trouverait, chez les Chroniqueurs du tems, des preuves sans fin ? D'ailleurs la chaîne qui forme tous ces puys a brûlé toute entière ; c'est un fait dont il est possible de se convaincre quand on a des yeux, & qu'on ne peut nier qu'en disant, comme un prétendu Philosophe du pays, qu'anciennement il y avait eu là des forges. Mais, soit que ces montagnes se soient toutes allumées successivement l'une par l'autre, soit qu'elles aient brûlé toutes-à-la-fois dans leur étendue de quatre lieues, l'on avouera que ces épouvantables foyers, avec leurs fleuves de lave, avec leurs tremblemens de terre & leurs pluies de rochers calcinés, ont dû faire au loin bien d'autres ravages qu'une moisson incendiée à Lachamp.

Pour moi, quelque ancienne que soit leur inflammation, je connais pourtant un fait qui leur est antérieur encore ; & ce fait je vous le donne comme certain : c'est qu'à la base de Dome, vers le sud, & probablement à celle des autres montagnes, il y avait des forêts. Quand son puy, ou quand les puys voisins prirent feu, ils lancerent, sur ces bois, des cendres & des pouzzolanes brûlantes qui les engloutirent & les charbonnerent. Avec les siécles la croûte volcanique est devenue terre ; mais les arbres, quoiqu'en charbon, se sont conservés entiers sous leur enveloppe ; &, l'année dernière, quand on fit le chemin d'Alagnat, il y eut des endroits où l'on fut obligé de creuser assez profondément pour les mettre à découvert. Ils étaient debout ; & avaient leurs branches étendues horizontalement, comme dans leur situation naturelle. Plusieurs personnes, & M. Mossier entre autres, m'ont assuré les avoir vus au moment des travaux. Pour moi, ayant passé sur le chemin après de longues pluies qui avaient creusé le fossé, j'ai trouvé, en plusieurs endroits, des branches charbonnées que l'eau avait mises à découvert. Les fibres longitudinales du bois y étaient encore très-bien marquées ; mais elles noircissaient, comme l'encre la plus forte ; & pour peu qu'on les frottât entre les doigts, elles se réduisaient en boue. J'ai eu la fantaisie d'en prendre un tronçon ; afin d'avoir en ma possession l'une des curiosités les plus antiques & les plus singulieres de France. A la vue, ce n'est qu'un charbon très-léger ; pareil à ceux que fournissent nos cheminées : mais il differe des autres charbons, en ce que, mis au feu, il brûle sans décrépiter, sans donner de chaleur, & qu'il se consume très-promptement ; de la même manière qu'une pouſſiere de braiſe.

Depuis l'extinction du puy, d'autres forêts ſont nées ſur la terre qui couvrait les anciennes. Aujourd'hui encore le même endroit de ſa baſe eſt couvert de bois taillis ; & peut-être ſont-ce ces forêts nouvelles qui, au tems de la domination des Romains dans l'Auvergne, lui firent donner ſon nom de *Dumum*; d'où l'on a fait en français celui de Dome.

Après avoir été dévoré par les flammes, il eſt maintenant battu par les vents, les pluies & les orages; ou plutôt il eſt l'arſenal où ſe forment les tempêtes & les pluies qui vont féconder ou ravager au loin la Baſſe-Auvergne ; & je pourrais lui donner à juſte titre l'épithete qu'Homère donnait au Maître des Dieux, celle d'*Aſſemble-nuages*.

Illic & nebulas, illic conſiſtere nubes
Juſſit, & humanas motura tonitrua mentes,
Et cum fulminibus facientes frigora ventos.
Ovid. Met.

Cette vertu qu'il a d'attirer & d'abſorber les nuées eſt devenu le baromètre des Clermontois. Voient-ils ſa cîme pure & nette ; ils ſont ſûrs d'un tems ſerein. Eſt-elle enveloppée de brouillards; ou, selon leur expression, Dome prend-il son chapeau; ils pronostiquent du mauvais tems; & jamais cet oracle ne les trompe.

Nous ne connaissons pas encore ce que c'est que cette vertu secrette qui fait qu'un corps en attire un autre, ou est attiré par lui; mais, comme nous en voyons par-tout les effets, & qu'elle paraît être une loi de la Nature, il a fallu la désigner par un nom quelconque; & on l'a nommée attraction. Dans le ciel, c'est cette attraction qui retenant les planètes dans leur orbite elliptique, les fait circuler autour du soleil; c'est elle qui réunissant ou opposant sur notre globe l'action du soleil & de la lune, souleve nos mers, & y produit, deux fois le jour, ce mouvement alternatif que nous appellons marée.

Notre terre, ainsi que les différentes parties qui la composent, a aussi son attraction; & dans les grandes masses, telles que les montagnes, on la voit agir sensiblement sur les nuages. Je l'ai vu particulierement au puy de Dome; & ce spectacle, la premiere fois que j'en fus témoin, me frappa même tellement, que sans cesse, soit à la ville, soit en voyage, j'avais les yeux sur ce puy.

Si l'atmosphere n'est chargée que de ces vapeurs déliées & invisibles qui n'empêchent point le ciel d'être beau, ou si les nuages sont trop élevés, son attraction ne peut agir sur eux. Alors sa cîme est pure & nette; & c'est ainsi qu'il devient le signe d'un beau tems. Si au contraire ils deviennent plus pesans & s'abaissent, alors la force attractive des quarante montagnes de la chaîne agît sur eux. Forcés de céder à cette masse puissante, ils s'en approchent; mais, dans leur descente, rencontrant Dome qui, plus élevé & plus considérable qu'elles, a une action antérieure & supérieure à la leur, ils se portent vers lui, & vont se réunir autour de sa cîme.

Cent fois j'ai vu l'effet que je vous annonce ici; &, ainsi que je vous l'ai dit ailleurs, il semblait une expérience particuliere, ordonnée pour mon plaisir. Des nuages étaient à une grande distance de Dome; tout-à-coup ils changeaient de direction pour s'approcher de lui; en avançant, ils augmentaient graduellement de vitesse, & venaient avec impétuosité s'y précipiter, les uns après les autres. Quelquefois ils lui formaient une couronne, qui, selon leur volume & l'état de l'atmosphere, avait plus ou moins de hauteur. Tantôt ils l'enveloppaient tout entier ; &, prenant sa forme, semblaient un cône de nuages qui s'élançait dans l'azur des cieux ; tantôt ils planaient au-dessus de lui, ils ne le touchaient que par leur surface inférieure, & paraissaient une montagne lumineuse, placée en équilibre sur la pointe d'une montagne verte. Souvent une nuée ne venait toucher le puy que par une de ses extrémités ; clair & brillant dans tout son contour, excepté à l'endroit où elle le joignait, il la tenait ainsi suspendue dans sa situation horizontale, jusqu'à ce qu'il l'eût peu-à-peu sucée & absorbée toute entiere. J'ai vu un effet plus singulier encore. La nuée, après être venue frapper le cône horizontalement, à l'instant même, & comme par une puissance magique, changeait de situation ; elle tombait perpendiculairement le long de la montagne, ainsi qu'un corps solide ; dans sa chûte elle y roulait en tourbillons, & s'éclaircissant à mesure qu'elle tombait, finissait par disparaître entiérement. Plusieurs fois il m'est arrivé de voir le ciel parfaitement pur dans toute sa circonférence, & la chaîne des puys totalement couverte de nuages. Ils s'étendaient sur elle

elle en forme de zone, & en suivant sa longueur. Ceux qu'attirait la cîme de Dome étaient plus hauts que les autres ; & la zone, avec cette hauteur, ressemblait à certains leviers de balance, qui, arqués dans leur milieu, sont portés sur un pivot.

Je serais trop long, si je vous détaillais tous les phénomenes dont j'ai été témoin en ce genre pendant les cinq mois de mon séjour en Auvergne. Il en est un pourtant que je veux vous raconter encore; parce que l'ayant vu sur la montagne même, je n'ai pu y craindre aucune illusion d'optique. D'ailleurs celui-ci m'a fait un double plaisir, en ce qu'après m'avoir montré la formation & la naissance des nuages à la superficie de la terre, & pour ainsi dire *ab ovo*; après m'avoir montré leur ascension dans l'athmosphere, il m'a fait voir encore leur chûte sur Dome.

J'étais parti, dans les premiers jours d'oût, avec mon frere, pour aller au puy ; & l'un des plaisirs que nous nous proposions dans ce voyage, était de voir, à la montagne même, l'effet des premiers rayons du soleil sur le vaste horizon qu'on y découvre. Un événement imprévu nous empêcha

P.

d'arriver à tems ; & nous n'étions encore qu'aux premieres montagnes, quand le soleil se leva. Alors ayant arrêté mon cheval, pour jouir au moins du spectacle que pouvait m'offrir la Limagne dans ce moment brillant, je fus étonné de lui voir l'apparence d'une mer sans rivages. Un brouillard épais & lourd l'enveloppait au loin, & lui donnait cette ressemblance d'océan. Tout en était couvert ; excepté quelques langues-de-terre, qui plus élevées ou plus seches, paraissaient s'avancer dans cette mer comme des promontoires. Il n'y avait au-dessus de la vapeur que quelques monticules, & sur-tout celui de Clermont ; mais tandis que leur tête était éclairée par un soleil éclatant, leur pied baignait dans l'air humide ; & l'on eût dit des îles au milieu des flots. L'aspect de la mer n'est point nouveau pour moi ; j'en ai joui cent fois sur les côtes de Bretagne & de Normandie ; & ici, quoiqu'à chaque instant je me disse à moi-même que ce que je voyais était une terre, à chaque instant cependant j'avais besoin de ma raison pour n'être pas trompé.

Nulle part encore je n'ai vu un mensonge qui ressemblât autant à la vérité. Au reste, ce spectacle n'eſt point rare en Auvergne; & j'ai appris, depuis, qu'on en jouit aſſez fréquemment; surtout au printems après les dégels, & en été après quelques pluies.

Tant que la vapeur conſerva ſa ſurface plane, elle fut ſtagnante & tranquille; mais bientôt, dilatée par la chaleur du ſoleil & devenue plus légere, elle commença à s'élever, & ſe pelotonna. Alors elle donna priſe aux vents; & cette mer qui, pendant quelque tems, avait paru ſi calme, devint tout-à-coup orageuſe. Les divers pelotons, roulant ſur eux-mêmes, s'élevant, s'abaiſſant, ſe pouſſant les uns les autres, imiterent très-bien le mouvement des vagues. Je m'amuſais de ce roulis; mais les prétendues vagues, au milieu de cette agitation, continuaient toujours de s'élever; bientôt elles devinrent des nuages; & alors toute l'illuſion ceſſa.

Je repris ma route. Néanmoins comme ces nuages étaient encore au-deſſous des hauteurs où nous nous trouvions, & que je pouvais les obſerver ſans peine, je ne les perdis point de vue. Ils montaient toujours; non en maſſe, mais par portions ſéparées; & conſervaient une belle couleur blanche. Arrivés à notre hauteur, ils s'amoncelerent, se réunirent, se groupperent; & alors ils prirent des teintes noires & foncées. Enfin ils s'éleverent beaucoup au-dessus de nos têtes; & en ce moment je cessai de les observer, parce que je crus qu'il n'y avait plus d'observations à faire.

Quand nous fumes au pied de Dome, nous vimes tout-à-coup sa crête s'envelopper de brouillards si épais que désespérant d'y rien voir, nous primes la résolution de tourner ailleurs. Une chose m'arrêta cependant. Le vent venait de s'élever; il soufflait sud-est, & portait les nuages vers nous. Je remarquai que ces nuages, au lieu de s'avancer parallélement & sur une seule & même ligne dans l'athmosphere, venaient tous, par des directions convergentes, se rendre à la montagne. On eût dit que le ciel, jaloux de se montrer dans toute sa pureté, cherchait à s'en délivrer en les poussant là. Tous s'y portaient également; & ils semblaient enfin s'y précipiter, comme un corps pesant qui, lancé de fort haut, tombe dans un abîme.

Je n'hésitai plus; nous montames par la Gravouse. Mais à peine fumes-nous sur le Petit-Dome que la scene parut s'approcher de nous. Les nuages ne s'abaissaient pas assez pour couvrir celui-ci; ils descendaient le long du Grand-Puy; & coulaient, par l'espèce de vallon qui les sépare tous deux, vers les parties inférieures de la montagne. Ce n'était qu'un brouillard grisâtre; mais il était assez épais pour nous cacher Dome. Quoiqu'il ne fût qu'à dix pas de nous, il n'arrivait pas jusqu'à nous cependant; &, malgré sa rapidité, paraissait contenu entre deux limites, comme une rivière qui coule entre ses deux rivages. La hauteur où nous nous trouvions était très-claire; le soleil y luisait même par intervalles.

Pour monter à Dome, il fallait s'enfoncer dans le courant de brume, & c'est ce que nous fimes. Alors nous nous trouvames dans une telle obscurité, qu'à dix pas autour de moi j'avais peine à distinguer les objets. En peu de tems je sentis mon habit humide. A la vérité nous avions pris sur cela notre parti. Je savais que ces brouillards mouillent très-fort; & en conséquence nous nous étions attendus, avant de monter, à être percés jusqu'à la peau. Notre belle résolution fut inutile.

A mesure que nous montames, la brume devint de plus en plus froide & de plus en plus claire; mais en même-tems elle devint seche; & quoique par-tout, sur notre route, l'herbe eût deja été mouillée par la rosée du matin, comme après une grande pluie, cependant nous arrivames au pic avec nos habits aussi secs que si nous avions marché dans la plaine. Il est vrai que le froid y était très-piquant; & que m'étant assis pour écrire mes observations, je fus obligé de me réchauffer la main, avant de pouvoir tenir la plume.

Nous étions-là au-dessus de la vapeur; & dans cette situation, ce n'était plus pour nous du brouillard, c'étaient des nuages. Après les avoir vus, sur le chemin, me cacher le ciel, je les voyais ici me cacher la terre. Tant que ma vue pouvait s'étendre, je n'appercevais devant moi qu'une mer de nuages. Jamais je n'avais vu cette belle décoration horizontale; l'effet en était nouveau pour moi; je ne pouvais même en concevoir l'idée. Accoutumés à voir les nuées dominer sur nos têtes, & ordonner seules de notre terre, ainsi que de notre ciel, nous ne les regardons qu'avec cette sorte de terreur ou de plaisir qu'on sent à la vue des maîtres de son sort. Ici tout changeait. Non-seulement je n'avais plus rien à redouter des orages qu'elles pouvaient porter dans leur sein; mais je les voyais à mes pieds; je les dominais à mon tour, & paraissais leur commander. La pyramide gigantesque qui en ce moment m'élevait au-dessus d'elles, m'inspirait je ne sais quelle fierté indéfinissable. Quoique je ne fusse là qu'un atôme, il me semblait néanmoins participer à sa grandeur & partager sa puissance; & ce sentiment, que j'étais tout surpris de trouver dans mon ame, & que je n'approfondissais qu'en rougissant, me donnait cependant un plaisir dont je ne pouvais me défendre.

Ce plaisir au moins était justifié par le spectacle qui s'offrait à moi. Le vent poussait avec rapidité les nuages vers la chaîne des montagnes où j'étais. L'attraction de Dome les amenait tous à mes pieds; & successivement ils venaient tous passer sous mes yeux. A l'extrémité de l'horizon, l'éloignement me les fesait paraître immobiles. Un peu moins loin, ils semblaient s'ébranler; d'autres, plus rapprochés encore, marchaient avec quelque rapidité; enfin leur vîtesse s'accélérant toujours jusqu'à la montagne, ils venaient, comme je vous l'ai déja dit, s'y précipiter impétueusement. Variés à l'infini dans leurs formes, arrondis, découpés, séparés par petits pelotons, réunis par grandes masses, tantôt tourbillonnant les uns sur les autres, tantôt s'entr'ouvrant & se déchirant dans une largeur immense, ils présentaient des accidens si multipliés & si rapides qu'à peine mon œil pouvait les saisir. Quelquefois ils venaient frapper la montagne en tel nombre, & sous un tel volume à-la-fois, qu'ils jaillissaient verticalement jusqu'à la crête du pic, & nous entourraient tout-à-coup d'un brouillard épais. Nous restions ainsi quelque tems sans pouvoir rien distinguer; mais bientôt le vent emportait au loin le voile obscur qui nous enveloppait; & déroulant, pour ainsi dire, le ciel tout entier devant nous, déployait de nouveau, à nos regards, l'immensité d'un azur sans taches.

Ce que vous éprouveriez au milieu des mers, si tout-à-coup on vous y plaçait sur un rocher contre lequel viendraient se briser les flots, voilà exactement ce que j'ai éprouvé sur Dome, assis au-dessus des nuages. Mon océan avait aussi son mouvement & ses vagues; mais il était suspendu dans les airs; & ce qui sur-tout ajoutait à sa magnificence, c'est que dans toute son étendue il était illuminé par un soleil brillant. Vous ne sauriez imaginer, mon ami, quel éclat répandait sur lui cette clarté éblouissante, quels reflets étincelans lui donnait la variété si mobile de ses ondulations; & sur-tout le coup-d'œil magique qu'il aquérait soudain, quand après nous avoir été caché quelques instans par un brouillard, il se remontrait à nous inondé de lumière. Selon que par leur position diverse les vagues qui le composaient s'offraient plus ou moins directement aux rayons solaires, elles présentaient des couleurs diverses. Ainsi, tandis que les unes, frappées directement par la lumière, éblouissaient de blancheur; d'autres, ombragées par celles-ci, avaient la noirceur d'une nuée d'orage, & semblaient des blocs de lave entourrés de montagnes de neige.

Les nuages étaient à-la-fois & trop considérables & poussés par un vent trop violent, pour être, dans leur passage, absorbés en entier par la montagne. Ils venoient la frapper par sa face antérieure ; mais poussés par d'autres, & forcés d'avancer, ils se partageaient en deux courans ; & après avoir circulé par ses côtés, ils allaient se rejoindre au nord-ouest, & former des nuées nouvelles. Dans leur passage ils ne suivaient point la direction horizontale avec laquelle ils étaient venus ; ils baissaient & descendaient obliquement, en cédant à la force qui les attirait sur Dome. Mais quand ils étaient à quelque distance de lui, je les voyais se relever, reprendre dans l'athmosphere la hauteur où les portait leur équilibre, & aller promener au loin sur les campagnes & sur les vallons leur ombre errante.

Au milieu de cet air froid & de ces brouillards glaçans, la montagne était couverte de bestiaux. Les villages voisins envoient là les leurs. Ils y restent depuis le printems jusqu'à l'automne ; c'est-à-dire depuis environ la mi-mai où les neiges commencent à se fondre, jusqu'en octobre où elles commencent à tomber ; & ils ne revoient plus l'étable que quand on y ramene les bœufs pour labourer, ou les vaches pour les traire.

Quoique le puy ne soit qu'un rocher calciné, cependant les pluies & les vapeurs dont il est imbibé sans cesse, lui donnent une fécondité rare ; & cette fécondité il la communique aux montagnes qui l'entourent. Toutes, à une ou deux près, sont couvettes, ainsi que lui, d'une herbe touffue ; & toutes servent de pacages. Malgré les bestiaux qu'il nourrit, il est quelques cantons de réserve, où son herbe fournit dans l'année plusieurs coupes en foin ; & le huit octobre, quand j'y fis mon dernier voyage, on la fauchait encore pour la derniere fois.

Outre cette verdure qui cache sa lave & qui le pare ; outre un grand nombre de violettes, d'œillets sauvages, de marguerites jaunes & blanches, & autres fleurs, dont les couleurs sont très-belles & très-vives ; il nourrit encore une infinité de plantes & de simples, renommés pour leurs vertus. La plupart de ces paquets qu'on débite en France sous le nom de *Vulnéraires de Suisse*, ne sont que des plantes des Monts-Dor ou du Puy-de-Dome, désséchées. Le Jardinier qui cultive le jardin botanique de Clermont, se forme, avec ce genre d'industrie bien estimable, un petit commerce. Dans les voyages qu'il fait annuellement sur ces deux montagnes pour y accompagner M. l'Abbé de Larbre, Directeur du jardin; il ramasse les simples dont on compose ces paquets; & moyennant une étiquette, il vous en fait, à l'instant même, du suisse. Entre nous, mon ami, s'il ne se trouvoit pas des sots, pour qui rien n'est bon que ce qui vient d'un pays étranger, cette tricherie, dans laquelle ils ne perdent rien, n'est-elle pas bien excusable? Et après tout, puisqu'il est des Français qui veulent des vulnéraires, ne vaut-il pas mieux encore qu'ils envoient leur argent en Auvergne, où il y en a si peu, qu'à Fribourg où à Bâle qui en reçoivent déjà tant de la France.

D'après la quantité de nuages qu'attire Donre & sa chaîne, vous pouvez juger de la quantité de pluie qu'il verse dans tout le pays qui l'entourre. Lui-même, par l'élévation & l'attraction particulière de sa masse, en reçoit quelquefois si démésurément que ce qui y tombe suffirait pour couvrir la Limagne entiere. Ce ne sont point des pluies ordinaires; ce sont des déluges. Eh bien, après ces déluges, survient-il un rayon de soleil; tout est sec. Le terrein d'alentour est si poreux, qu'à l'instant tout est absorbé,

La montagne elle-même, quoique fréquemment inondée par tous ces torrens, n'a pourtant presque aucun ravin. Une partie de l'eau qu'elle reçoit est bue par tous les herbages qu'elle nourrit; & sa roche brûlée, presque aussi poreuse que la ponce, s'imbibe du reste comme un filtre.

Il est étonnant qu'avec tant d'eau, Dome néanmoins n'ait pas, dans toute sa circonférence, ni même dans celle de sa base, une seule fontaine. La plus proche est celle qu'on voit à la ferme de Villeneuve; à mi-chemin environ du puy & de la *Barraque*. Il y en a une autre à la Barraque, & une troisieme, vers l'ouest, du côté d'Alagnat. Sans doute il va plus au loin en former d'autres; & je regarde comme certain, d'après la pente du terrein & l'inspection des lieux, que c'est à lui seul que sont dûes la *Font-de-l'arbre*, & celles de Fontanat & de Royat, qui toutes trois ensemble vont arroser Clermont. Ainsi, ce mont dont le voisinage est pour la ville si fâcheux & si redoutable, lui devient utile au moins par le ruisseau dont il compense tous les maux qu'il lui porte.

Ces courans, ces chocs & ces fontes subites de

nuées doivent nécessairement occasionner dans l'air, des commotions, d'où résultent des tempêtes & des ouragans affreux. Il en est de si violens que plus d'une fois, sur la route de Rochefort & sur celle de Pontgibaud, c'est-à-dire à droite & à gauche de la montagne, on a vu des charrettes très-chargées, renversées par eux. En hiver, lorsque Dome & les montagnes voisines sont couvertes de neiges, des tourbillons viennent enlever cette neige par monceaux énormes; ils la jettent au loin sur les terres voisines; & malheur aux Voyageurs ou aux Voituriers qui se trouveraient-là en ce moment. Chemins, fossés, ravins, tout est comblé à plusieurs pieds de hauteur. On n'ose plus passer sur ces routes, sans craindre de rester enfoui sous la neige; & le commerce reste interrompu, jusqu'à ce que quelque Roulier, plus hardi ou plus expérimenté, aille à ses risques frayer le chemin. Lorsque j'ai passé à Pontgibaud, l'Aubergiste chez qui je logeais m'a dit que l'hiver dernier, des Voituriers avaient été forcés de rester chez lui huit jours entiers; arrêtés ainsi par la chûte & le transport des neiges. Aussi, a-t-on pris des précautions pour les guider dans ces momens de péril. D'espace en espace, sur cette partie de la route qui est voisine du puy, on a construit des piles de pierres, qui par leur hauteur, toujours élevées au-dessus de la neige, servent à indiquer au Voyageur la vraie direction de sa route.

En été, ces grands vents procurent, dans la température de l'athmosphere, un changement subit que j'aurais eu peine à croire, si je n'en avais été vingt fois témoin. Après une grande chaleur, le vent vient tout-à-coup à souffler ; & l'air se refroidit tellement qu'on croit passer de l'été à l'hiver. Cette variation rapide arrive sur-tout le soir ; & il n'est pas rare alors de voir une différence de plus de moitié entre la graduation qu'avait le thermometre pendant le jour, & celle qu'il prend alors.

Si, dans certaines saisons & dans certaines circonstances, les nuages que Dome attire ne produisent que des vents & des pluies, dans d'autres ils donnent des grêles, des orages & des tonnerres. Il n'est pas rare en été de voir une nuée électrique se former autour du mont ; puis, après l'avoir frappé d'une infinité d'éclairs & de quelques coups de foudre, s'étendre, par la force expansive de son action même, & aller, à plusieurs lieues de là, porter l'épouvante & le ravage. C'est à lui que Clermont doit ses orages; comme c'est à lui qu'il doit ses pluies, ses vents & les variations de son climat. Si Blanzat, Sayat, Chateaugai, ces villages malheureux dont je vous ai parlé ci-dessus, voient presque annuellement leurs vignobles ravagés par la grêle, leur infortune constante ne peut être attribuée qu'au voisinage de Dome. Situés sur les confins de la Limagne, sous plusieurs chaînons de montagnes, & à l'extrémité de la chaîne du puy, peuvent-ils échapper aux orages que dirigent vers eux ces puissans conducteurs électriques? Par un coup de baguette magique, enlevez Dome & deux ou trois montagnes à roches pointues; & ces tristes cantons, ainsi que Clermont lui-même, n'auront plus rien à redouter; ou au moins ce danger d'orages ne sera pour eux que ce qu'il est pour le reste de la France.

Plusieurs personnes, dignes de foi, & que le hasard avait conduites en promenade sur le puy dans un moment où une nuée-à-tonnerre vint s'y former, m'ont assuré avoir vus sous leurs pieds les éclairs jaillir de nuage en nuage, & la foudre
éclater

éclater. Long-tems j'ai envié leur bonheur ; j'eusse donné tout au monde, j'eusse tout risqué pour pouvoir observer de près ce brillant météore, le plus inexplicable à-la-fois & le plus formidable de tous ceux que l'homme connaît. Dans tous les voyages que j'ai faits aux environs de Dome, j'ai constamment épié l'occasion de pouvoir en être témoin ; & toujours mes vœux ont été frustrés. Une fois, une seule fois, j'en eus l'espérance ; je me trouvais près de Côme, l'une des montagnes de la chaîne. Une nuée arrivait des Monts-Dor, avec un grand fracas de tonnerre & des éclairs redoublés ; & elle se portait sur Dome. Déja son extrémité antérieure nous avoit atteints, & la pluie commençait à tomber fortement. Je courus vers la montagne, ravi de joie ; mon cœur palpitait d'aise. Oui, l'amant qui voit venir vers lui la maîtresse la plus aimée n'est pas aussi heureux. Hélas ! mon bonheur ne dura qu'un instant. La pluie cessa tout-à-coup ; le nuage alla crever tranquillement sur un village voisin ; & ce plaisir que j'attendais avec tant d'impatience, ce plaisir dont mon imagination s'était fait depuis long-tems une peinture si enchanteresse, je le vis s'échapper;

Q

au moment même où je me croyais prêt à le saisir.

Il est rare pourtant que les villages situés entre les Monts-Dor & Dome éprouvent des orages. C'est ce que m'a certifié M. de Savigné, Curé de Vernet. Depuis 23 ans qu'il est dans cette paroisse, il ne l'a vue grêlée qu'une seule fois : & il en est à-peu-près de même, m'a-t-il dit, des autres villages qui se trouvent, comme le sien, placés vers le milieu des deux chaînes. La force attractive dont elles sont douées attire l'orage vers l'une ou vers l'autre; & il va crever autour d'elles, ou au moins par delà l'espace qui les sépare.

Quoique je vous aie entretenu de Dome assez longuement, mon cher Abbé, néanmoins je ne vous ai fait connaître probablement qu'une partie des phénomenes qu'on peut y observer, sans doute un œil plus exercé que le mien en découvrira d'autres, dont le détail m'a échappé ; & je n'en doute nullement. Combien de choses doit laisser à dire un étranger & un Voyageur, qui pressé de tout voir, ne peut donner à chaque objet que des momens. Cependant, malgré tout ce que j'omets sur ce puy célèbre, avouez qu'il est intéressant encore ; & que, même parmi les montagnes dont la hauteur & le volume sont beaucoup plus considérables, il en est peu qui offrent autant de phénomenes curieux.

D'après le nombre immense de montagnes qu'a l'Auvergne, on devrait y trouver une quantité considérable de mines ; & je suis convaincu qu'elle en contient beaucoup. Mais le défaut de chemins, de bois & de rivières, y rendent presque par-tout leur exploitation si pénible & si coûteuse que difficilement on peut se résoudre à en faire la recherche.

Il en est plusieurs d'antimoine, qui actuellement sont en plein rapport.

On a trouvé quelques mines de plomb dans les environs de Pontgibaud. Il y a une quarantaine d'années qu'on en exploitait une à Combres, & une à Monfermi ; mais elles étaient si pauvres qu'on a été obligé de les abandonner. En ce moment, il y en a une, ouverte à Roure, & une seconde à Barbacaut, paroisse de Chades. (Cette dernière est sujette à un méphitisme redoutable, dont je vous ai parlé ci-dessus ;) ces deux mines sont connues à Clermont sous le nom de mines de Pontgibaud ;

quoique chacune d'elles soit à une grande lieue de cette petite ville. Je les ai visitées toutes deux. Dans toutes deux le plomb y tient argent ; mais les travaux y sont fort peu avancés, ils ont même langui pendant quelque tems ; & quoiqu'on y ait amassé déja une certaine quantité de minerai, on n'a cependant point encore commencé à le fondre.

Ce minerai est contenu dans une roche très-dure, qu'il faut briser. Les instrumens ordinaires ne pouvant y mordre, on est obligé d'y faire, avec des chevilles de fer, un trou d'une certaine profondeur, qu'on remplit ensuite de poudre à canon, pour y mettre le feu. C'est ce que les Ouvriers appellent faire *jouer la mine* ; & par-là vous pouvez juger de la dureté de la roche. Eh bien, cette roche si excessivement dure, à peine a-t-elle été exposée quelque tems aux exhalaisons de la mine, à ses vapeurs humides, aux gaz qui s'en échappent, qu'elle se réduit extérieurement en une pâte, telle qu'en passant le doigt seulement sur ses parois on peut y tracer des sillons.

Ces parois ainsi ramollies sont en même-tems couvertes, dans toute leur hauteur, d'une légere couche blanchâtre & luisante, qui a un coup-d'œil métallique. Les Mineurs à qui je demandai l'explication de ce phénomene, me répondirent qu'il était l'effet de la fumée de leurs lampes & de celle que fesait la poudre-à-canon quand la mine avait joué. Moi qui ne pouvais concevoir comment des fumées, qui de leur nature sont grasses & noires, devenaient tout-à-coup blanches & luisantes en s'appliquant sur une roche humide ; je soupçonnai que cette fumée prétendue était du plomb sublimé, qui s'exhalant de la roche, ou filtrant avec les eaux, venait se fixer à sa surface extérieure. Ce n'était là qu'une conjecture vague ; & pour vous donner sur ces matieres autre chose que des conjectures, il me faudrait des connaissances que je n'ai pas. Je consultai donc sur la mienne MM. les Directeurs de la mine. Ils furent de l'avis de leurs ouvriers. Cependant je me rappelle d'avoir lu dans M. de Genssanne un fait qui paraît appuyer mon sentiment. Cet Auteur ayant trouvé, dans une mine de plomb abandonnée, la couche blanchâtre dont je viens de vous parler, & l'ayant vue reparaître après l'avoir effacée, il imagina de l'effacer encore, & d'appliquer à l'endroit gratté une écuelle creuse, qu'il luta bien exactement tout à l'entour. Si la substance luisante venait de la roche même, elle devait renaître sous l'écuelle, & malgré l'écuelle. Si elle n'était portée-là que par l'air de la galerie, c'était sur l'écuelle au contraire qu'elle devait se montrer. Or elle reparut sur la pierre; & cette expérience prouve, si je ne me trompe, que la matière métallique peut, par une cause que j'ignore, se réduire en vapeur; & par une autre cause redevenir métal, en se condensant de nouveau.

Quoiqu'il en soit de mon explication, les deux remarques que je viens de vous communiquer sur les mines de Pontgibaud sont vraisemblablement du nombre de celles que connaissent tous les Métallurgistes. Je n'ai garde de les présenter ici comme nouvelles; & ne veux point, ainsi que la plupart des Voyageurs, m'extasier devant tout ce que je rencontre, ni donner pour des découvertes tout ce que je vois. Mais, avant d'avoir vu là les deux faits dont je vous parle, je vous avoue naïvement que je n'en avais nulle connaissance. Peut-être les ignorez-vous comme moi; & c'est à ce titre que je vous les raconte.

Pendant mon séjour en Auvergne, un Allemand qui était venu aussi dans cette Province, & qui ne pouvant y passer que peu de jours, était curieux néanmoins de connaître les principales productions de ses montagnes, alla sur les bords de l'Allier examiner les substances qu'y dépose cette rivière : en effet, le plus grand nombre des ruisseaux d'Auvergne se jettant dans l'Allier, il était assuré de trouver-là tout ce qu'ils détachent & charrient des montagnes. Après avoir examiné les matières jettées sur les bords, il passa des sables ; & y trouva, en fragmens très-petits, des topases, des émeraudes, & d'autres pierres de ce genre. L'Auvergne en produit réellement beaucoup ; mais ces prétendues pierreries ne sont que des quartz colorés ; & quoique dignes d'être placées avec distinction dans le cabinet d'un Naturaliste, elles seraient dédaignées & rejettées avec mépris par un Lapidaire.

De toutes ces pierreries grossières, la plus belle, & en même-tems la plus commune en Auvergne, est l'améthiste. Près de Vernet, par-de-là Issoire, on en trouve qui, pour la beauté de leur couleur & de leur eau, peuvent le disputer aux améthistes d'orient, & qui ne leur sont inférieures que par la dureté. Des Espagnols venaient, tous les ans, en chercher là. Ils étaient cinq, & avaient chacun leur mule. Arrivés au Vernet, ils prenaient, dans le village, des Pionniers pour casser la roche ; eux-mêmes ensuite, avec leurs marteaux, séparaient, dans les éclats cassés, les morceaux qui contenaient des améthistes ; puis, après en avoir empli chacun deux sacs, ils repartaient avec leurs mules.

Il y aurait eu, dans ces dix sacs, de quoi fournir des chatons de bagues à toute l'Espagne. Cependant ces étrangers revenaient tous les ans ; ce qui me fait croire qu'ils avaient, pour leurs améthistes, quelque débouché particulier. Du reste leur conduite, pendant tout le tems de leur séjour, était irréprochable ; ils payaient très-exactement & très-bien ; & chaque année, on attendait leur retour avec impatience.

Cette exactitude à payer fit leur malheur. Elle annonçait qu'ils apportaient en Auvergne beaucoup d'argent ; & il y eut des malheureux que cet argent tenta. En effet, ils furent attaqués &

volés sur leur route ; & arriverent au Vernet sans un écu. A peine y fut-on leur arrivée, que les Paysans, qui travaillaient pour eux, accoururent, à l'ordinaire, pour offrir leurs services. Les Espagnols raconterent leur malheur. Non-seulement ils se trouvaient hors d'état d'employer des Ouvriers ; mais ils n'avaient pas même le moyen de retourner dans leur patrie. « Eh bien, Messieurs, » consolez-vous, répondirent les Paysans ; venez » à la montagne ; nous travaillerons pour vous » sans argent ; & vous aurez du moins de quoi » payer votre voyage. »

Que dites-vous de cette réponse, mon cher Abbé ? Comme elle est belle chez des gens qui n'avaient, pour vivre, que leur peine & leurs sueurs. Chacun d'eux en effet travailla, comme s'il eût été généreusement payé. L'Aubergiste offrit de nourrir gratuitement les étrangers & leurs mules pendant tout le tems du travail ; tout le monde se piqua envers eux de générosité ; on leur prêta même de l'argent pour leur route ; & ils partirent, avec un chargement complet d'améthistes. A la vérité, ces braves gens promirent de s'acquitter, dès qu'ils seraient en Espagne ; &

ils furent fidèles à leur parole. A peine arrivés dans leur patrie, leur premier soin fut de faire passer de l'argent en Auvergne ; & tous ceux auxquels ils devaient, furent payés très-scrupuleusement.

Ces sortes d'anecdotes touchantes, & qu'on a tant de plaisir à raconter, sont du nombre de celles qui font honneur au cœur humain. Elles prouvent que malgré les éternelles & insipides clabauderies de certaines gens contre les mœurs de notre siècle, il est encore ici-bas des vertus. Mais je ne sais à qui celle-ci doit faire le plus d'honneur, ou de ces Auvergnats si désintéressés, si généreux envers des étrangers dont à peine peut-être ils connaissaient le nom ; ou de ces honnêtes étrangers qui par leur conduite avaient su mériter tant de confiance & d'estime. Ces bons Espagnols sont encore revenus en Auvergne, les deux années suivantes ; mais en voilà quatre qu'on ne les a point revus ; & d'après ce que je viens de vous apprendre d'eux, on a plus d'un motif pour les y regretter.

Au reste, ce n'est point sur quelques pierreries d'une qualité inférieure qu'est fondée la richesse des montagnes d'Auvergne ; elles en ont une, bien plus réelle & bien autrement confidérable, dans leurs pâturages. Trop froides pour la vigne & même pour les arbres à fruit ; trop ſtériles & en même-tems trop eſcarpées, la plupart, pour devenir terres labourables, elles ſont humectées preſque habituellement d'une roſée abondante, qui en les couvrant d'herbes, nourrit d'immenſes quantités de beſtiaux. Quand on voyage dans ces montagnes, on eſt attriſté ſouvent par la ſolitude profonde qui y regne. A peine quelquefois, après deux ou trois heures de marche, appercevez-vous au loin un hameau, ou même une habitation ; vous vous croyez tranſporté dans des déſerts. Mais ces déſerts ont, par leur verdure, un aſpect riant ; & les nombreux troupeaux qu'on y rencontre preſque à chaque pas, leur donnent à-la-fois un air de vie & d'opulence qui enchante. Pour moi, la premiere fois que je vis l'Auvergne, je ne pus m'empêcher de la plaindre d'être un pays montueux. Le premier ſentiment qu'elle m'inſpira fut un ſentiment de compaſſion. Mais bientôt, je la félicitai de ces protubérances continuelles qui, en multipliant conſidérablement l'étendue de son terrein, accroissaient à-la-fois ses possessions & ses richesses. Croiriez-vous qu'il y a tel village qui, dans l'étendue de ses montagnes, nourrit plusieurs milliers de *têtes d'herbage*; & que Chambon, par exemple, Paroisse située vers l'est, au pied des Monts-Dor, en a 8000.

D'après ce tableau brillant, vous allez vous faire sans doute l'idée la plus avantageuse des cantons qui nourrissent ces bestiaux nombreux. Vous allez comparer le Paysan qui les habite à ces Patriarches anciens, dont l'opulence était si redoutable, quoiqu'ils ne fussent riches qu'en troupeaux. Détrompez-vous, mon ami. Jamais rapprochement ne fut plus erroné. Ces pacages, la moins dispendieuse de toutes les propriétés & le plus sûr de tous les revenus, appartiennent, dans presque toute l'Auvergne, à de Grands-Seigneurs ou à de riches propriétaires qui les afferment ou les louent. Le Fermier les fait valoir à son tour, en ramassant de tout côté, & prenant à bail des bestiaux qu'il y place; & si le Paysan qui demeure là auprès veut y faire pâturer son bœuf, il faut qu'il paie.

Deux sortes de gens prennent à bail un pacage

dans les montagnes. Les uns fe nomment Bâtiers ; & leur unique emploi eft d'élever de jeunes bêtes, & d'engraiffer de vieilles vaches pour les mettre en état d'être vendues au Boucher. Les autres, nommés Vachers, parce qu'ils ne prennent que des vaches-à-lait, fe livrent tout entiers à la confection des fromages ; & je vous ai déja dit qu'en Auvergne les fromages font une branche confidérable de commerce & de revenu.

Si j'écrivais à un autre que vous, mon cher Abbé, peut-être m'excuferais-je d'avance fur les détails dans lefquels je vais entrer ; peut-être même, au lieu de demander grace pour eux, me réfoudrais-je tout-d'un-coup à les fupprimer entièrement. Mais pour vous à qui rien n'eft vil & bas de ce qui tient à l'exiftence d'une Nation, vous exigerez de moi au contraire que je n'en omette aucun ; & je vous obéirai. Mon ami, l'Efpagne fut redevable de fa grandeur & de fa puiffance à l'or du Mexique & du Pérou ; mais la Hollande ne doit la fienne qu'à la pêche du hareng. Chaque peuple a fes mines & fa manière d'avoir de l'or. Celle de l'Auvergnat eft d'élever des beftiaux ; & fous ce point de vue, tout ce qui tient à une administration si importante devient important lui-même. Un Auteur grec ou latin se fût applaudi d'avoir à décrire tous ces détails champêtres, dont la peinture naïve a toujours tant d'attraits pour nous autres habitans des villes; sur-tout quand le talent de l'Ecrivain sait parer leur nudité, des grâces douces & simples qui leur sont propres.

Les bestiaux, ainsi que je vous l'ai dit plus haut en parlant du Puy-de-Dome, n'arrivent gueres aux montagnes que vers la mi-mai; parce que ce n'est gueres qu'à cette époque que les neiges sont entièrement fondues. Les neiges recommençant à tomber vers les premiers jours d'octobre, ils reviennent alors. Cependant, comme il est des cantons plus tempérés, & que dans certaines années, la belle saison peut, pour ceux-mêmes qui le sont moins, commencer plutôt & finir plus tard, les troupeaux peuvent aussi avoir six mois de pâturage; c'est-à-dire, depuis le commencement de mai jusqu'au commencement de novembre. Voilà sur quoi doit compter le Vacher qui prend à bail le pacage d'une montagne, & le Paysan qui envoie-là ses bestiaux. On paie au

Fermier, pour cet espace de tems, cent sous par chaque tête de veau; mais lui, de son côté, il paie depuis quinze jusqu'à dix-huit francs pour chaque vache qu'on lui envoie; & pendant les six mois d'herbage, tout le lait qu'elles donnent lui appartient. Ainsi, dès que la saison est adoucie, il part avec le nombre de valets qui lui est nécessaire, se bâtit, sur la montagne, un *buron*, & attend que les bestiaux arrivent.

Les animaux de ces contrées sauvages sont supérieurs en instinct à ceux de nos Provinces. Abandonnés, pendant une demi-année, aux seuls soins de la Nature, on dirait qu'ils reçoivent d'elle une sorte d'intelligence, qu'elle refuse aux nôtres. A peine le soleil a-t-il commencé à fondre la neige qui couvrait leurs pâturages, qu'on les voit s'agiter dans leurs étables. Ils semblent deviner qu'après une prison de six mois, le moment de la liberté est enfin arrivé pour eux. Ils sont inquiets, mugissent sans cesse, & tournent à chaque instant la tête vers leur herbage ancien, comme s'ils sentaient qu'un gazon frais & nouveau les y attend. L'étable s'ouvre-t-elle enfin; tous partent; tous s'avancent avec empreſſement, & par le ſentier le plus court. Quelqu'appétiſſante que ſoit pour eux l'herbe nouvelle qu'ils rencontrent dans leur route, ils ne s'y arrêtent point. Chaque bête connaît ſa montagne ; & chacune, de ſon côté, ne s'occupe que d'y arriver. Mais auſſi elles n'y ſont pas plutôt arrivées, qu'alors elles ſe réuniſſent enſemble ; comme pour ſe revoir & ſe reconnaître ; puis après avoir pris poſſeſſion de leur herbage, & témoigné leur joie par des mugiſſemens effroyables, elles ſe ſéparent pour pâturer.

Depuis ce moment, juſqu'à la chûte des premières neiges, le troupeau, quelque conſidérable qu'il ſoit, jouit de la liberté la plus entière ; & l'on ne s'occupe plus de lui que pour l'empêcher de s'écarter, & pour traire les vaches quand elles viennent au *buron*.

Les *burons* d'Auvérgne ſont ce qu'en Suiſſe on nomme *chalets* ; c'eſt-à-dire, une cabane où, celui qui a pris à loyer des pacages & une certaine quantité de vaches, convertit journellement en fromages le lait que ſes vaches lui fourniſſent. Vous vous rappellez d'avoir vu ſouvent dans l'Héloïſe de Rouſſeau, ce nom de chalets ; & aſſurément

assurément vous n'aurez pas oublié la description charmante qu'en fait ce Peintre inimitable, l'Ecrivain le plus vigoureux & le plus éloquent de notre siècle. Je suis, moi, fort éloigné assurément de me croire un Rousseau ; néanmoins, malgré toute la distance qui nous sépare, peut-être aussi me sentirais-je capable de vous tracer ici une peinture agréable des burons auvergnats. Cette cabane rustique, ces chiens, ces troupeaux, ces hommes simples, occupés sur leurs montagnes à presser leurs laitages ; tout cela est délicieux à décrire ; & il ne tiendrait qu'à moi d'y trouver les mœurs de ce prétendu siècle-d'or, qui, né dans le cerveau des Poëtes, est devenu la chimère de toutes les nations, & celle de presque toutes les religions. Assurément, je ne doute point que les hommes du siècle-d'or n'aient été logés & n'aient vécu comme nos Buronniers ; mais je puis vous assurer aussi qu'il n'est guères possible d'avoir, à la fois, & un séjour plus affreux, & une vie plus malheureuse.

Creusez en terre une cabane, divisée en trois parties ; faites-lui des murs en mottes de gason ; couvrez-la de même ; à l'entrée de cette barraque obscure & mal-saine, plantez deux poteaux, pour y suspendre une porte : & voilà un buron parfait ; voilà le séjour que doit habiter, pendant six mois, le Fromager ; sans autre compagnie que ses Valets, ses chiens & ses vaches. La première pièce de ce bel appartement lui sert à faire du feu, quand il en a besoin pour son métier ; dans la seconde, il met ses sceaux, ses instrumens, & le sel qui lui est nécessaire ; enfin la troisième est le magasin de ses fromages, le lieu où il travaille son lait, & la chambre où il couche avec son monde : car, quoique ces sortes de gens aient plusieurs chiens, & des chiens très-méchans, ils craignent tant d'être volés pendant la nuit, qu'ils n'osent dormir qu'au milieu de leurs marchandises. Les lits sont des caisses, garnies de paille, & placées deux par deux l'une sur l'autre contre le mur. Un cachot, où l'on n'aurait pour enceinte & pour toit que cette terre humide, où l'on ne respirerait que cette odeur fétide de fromage & de lait caillé, nous paraîtrait une chose inhumaine ; nous plaindrions le scélérat qui s'y trouverait condamné. Eh bien, ces repaires pestilentiels, il y a des hommes libres qui les construisent pour eux ; &

volontairement ils viennent les habiter. C'est dans un chalet que les deux amans de l'Héloïse se donnaient des rendez-vous. Mais, si les laiteries des Vachers Suisses ressemblent, comme je n'en doute nullement, aux burons de nos Vachers Auvergnats, j'avoue que pour se plaire là, il faut être bien éperduement amoureux.

Le terrein des montagnes est généralement si mauvais, que pour en faire un bon pacage, il est nécessaire de le fumer. Sans cette précaution, il ne donnerait que des herbes grossières; & surtout ce mauvais gramen à soies de cochon, nommé poil-de-bouc, *festuca duriuscula*. Chaque Buronnier a soin de fumer tour-à-tour les divers cantons de la montagne qu'il a prise à loyer; & rien n'est plus facile. S'il n'a qu'un petit troupeau, il ne s'agit que le faire parquer successivement, chaque soir, sur toutes les parties du pacage. Si son troupeau est trop considérable pour pouvoir être, la nuit, enfermé dans des claies, il établit son buron au centre de l'endroit qu'il veut engraisser; puis, dans le jour, ayant soin que ses bêtes ne s'en écartent pas trop; le soir, les rassemblant & les fesant coucher successivement de place en place, il finit bientôt, sans frais & sans peine, par couvrir du fumier de ses bestiaux le lieu qu'ils ont pâturé. Veut-il porter leur engrais ailleurs; il y construit un buron. Peu de jours lui suffisent pour former son établissement; & les animaux, accoutumés à vivre près de lui, viennent se cantonner autour de sa nouvelle cabane.

C'est pour rendre facile ces sortes de changemens que les burons sont construits si légèrement & à si peu de frais. J'en ai vus deux ou trois dont les murs étaient en moellons. Mais comme ceux-ci sont bâtis à demeure, il est aisé de sentir qu'ils sont moins favorables pour l'engrais du pacage, & qu'ils ne conviennent guères qu'à des montagnes qui, étant arrosées par des ruisseaux, n'ont pas besoin d'être fumées pour produire.

Quant aux burons abandonnés, on ne fait qu'enlever leur porte, & arracher les bois qui soutenaient leur toit de gason; mais on ne comble pas la fosse dans laquelle ils étaient creusés. Bientôt le vent & la pluie fesant ébouler la terre dont leurs murs sont construits, ils forment autour de la fosse un large bourrelet. Plusieurs montagnes font couvertes de ces buttes à entonnoir. La Védrine, renommée pour ses pacages, en a des milliers; & au reste elles ont leur utilité. Dans les grands vents, & dans un tems d'orage, les bestiaux vont s'y réfugier. Un trou suffit pour deux bêtes; & ordinairement elles s'arrangent par paires : à moins que quelqu'une d'entre elles, plus jalouse de ses aises, ne veuille être seule dans son abri. La montagne, dans ces momens, paraît déserte; mais, si on la traverse, il est vraiment plaisant de retrouver dans les entonnoirs tous ces animaux, qui, tapis là, ainsi qu'un lièvre dans son gîte, ne montrent que leurs cornes, & qui, à l'instant qu'ils vous apperçoivent, lèvent fièrement la tête, & se redressent avec un air menaçant; comme pour vous dire que si vous osez les attaquer, ils oseront se défendre.

Dans les beaux tems, vers le milieu du jour, & sur-tout si le vent est chaud, c'est un tableau tout différent. Après avoir pâturé, les animaux marchent en avant; & s'élevant jusques vers la cîme de leur pacage, ils restent là, debout, pendant plusieurs heures, pour respirer un air plus frais. J'ai vu ce spectacle sur l'une de ces montagnes plates.

& oblongues, qui font si communes en Auvergne. Le troupeau, composé de plus de mille bêtes, du genre de celles qu'on élève pour vendre, s'était avancé à l'extrémité de la plate-forme. Toutes avaient le nez au vent ; toutes ouvraient de larges nafeaux, comme pour respirer plus d'air ; & n'avaient d'autre mouvement que celui qu'imprimait à leur queue la piquure des mouches. Mais ces mille têtes cornues, placées les unes près des autres, dans la même direction, offraient un coup-d'œil si bizarre ; leur cou alongé en avant leur donnait un air si stupide, qu'en les voyant on ne pouvait s'empêcher de rire.

Ces bestiaux de montagnes sont petits, trapus, & ont une taille inférieure à celle des bœufs & des vaches qu'on voit dans d'autres Provinces. On dirait que la qualité du pâturage ou la nature de l'air y ont fait dégénérer l'espèce ; & ce qui le ferait croire, c'est que dans la Limagne, & sur-tout dans le Marais de Limagne, les animaux sont d'une taille & d'une beauté remarquables. Cependant, au milieu de ces bêtes médiocres, j'en ai vues quelquefois de très-belles, mêlées dans la troupe ; mais j'ignore si elles étaient nées là, ou si elles y avaient été amenées de la plaine. Au reste, si la nécessité où sont tous ces bestiaux des montagnes, de vivre, exposés à des nuits très-froides, à des rosées habituelles & très-abondantes, enfin à toutes les intempéries des saisons, nuit au développement de leur corps; au moins elle les endurcit, & leur donne une constitution plus robuste & plus forte. J'ai remarqué même que la Nature, pour les défendre mieux des injures de l'athmosphère, les couvre d'un poil plus long & plus touffu que les animaux de nos étables.

L'habitude qu'ils ont de vivre seuls & loin des soins de l'homme, leur donne aussi je ne sais quel air sauvage qui les distingue des nôtres. Cet air se retrouve jusques dans les troupeaux des burons, composés uniquement de vaches.

Quand vous avez un chien avec vous, elles le poursuivent avec hardiesse; & j'ai été témoin de ce fait. On prétend même que quelqu'un qui passerait au milieu d'elles avec un habit rouge, pourrait courir des risques. Si le fait est vrai, on ne peut guères l'expliquer qu'en disant que l'œil de ces animaux, accoutumé à la couleur douce du verd, est affecté douloureusement par la couleur dure & vive du rouge.

En général, leur regard est fier; & toute l'habitude de leur corps annonce du courage. Aussi, quoique les loups soient très-communs dans les montagnes, le Buronnier garde ses chiens autour de lui; il ne s'en sert que pour empêcher ses vaches de s'écarter, & les laisse abandonnées à elles-mêmes, la nuit comme le jour. Il est même très-rare qu'un loup vienne les attaquer; mais s'il en paraît un, elles ont alors un cri particulier, par lequel elles s'entravertissent du danger commun. La première qui voit ou qui sent l'ennemi, se met à crier. Au même instant toutes répètent le même cri; & toutes, au lieu de fuir, courent avec précipitation vers l'offenseur. Ordinairement il prend la fuite; mais s'il n'échappe pas assez promptement, il est mort. Par un instinct qui leur est propre, elles cherchent à l'entourer & à l'enfermer au milieu d'elles. Le cercle une fois formé, elles le retrécissent; en avançant sur l'animal, la tête baissée. Dans un instant justice est faite;

il reste sur l'herbe, percé de cent coups de cornes ; & la troupe victorieuse retourne tranquillement reprendre la place où elle était couchée avant le combat.

Quelquefois les loups emploient contre ces bestiaux la ruse dont ils se servent contre les moutons ; c'est de se réunir, pour leur chasse, plusieurs ensemble ; & tandis que l'un d'eux va par un côté se présenter aux Bergers & aux chiens pour se faire poursuivre par eux, de venir en force par un autre côté attaquer le troupeau. Quelqu'un, très-digne de foi, & propriétaire d'un certain nombre de vaches parquées, m'a conté un fait dont avait été témoin son Vacher.

Les animaux venaient d'être renfermés dans leur parc, & il était nuit ; quand, tout-à-coup, six loups s'approchèrent du troupeau pour l'attaquer. Mais cinq d'entre eux se tinrent à l'écart, en attendant le moment favorable ; & un seul s'avança vers le parc, comme s'il eût voulu le franchir. A cette vue, les vaches font leur cri d'alerte ; toutes se lèvent ; &, dans leur fureur, renversant le parc, elles courent à l'ennemi. Celui-ci feint de fuir ; elles le poursuivent ; mais toutes ne pouvaient pas courir également, & c'eſt ce qu'attendaient les cinq loups de garde. En effet, une jeune vache étant reſtée en arrière, ils ſe jettent ſur elle, & par leurs morſures cherchent à lui faire prendre une autre route, afin de l'éloigner du parc & de pouvoir l'étrangler en ſûreté. Au lieu de céder, elle fait un cri pour appeller à ſon ſecours ſes compagnes. A l'inſtant même celles-ci reviennent ſur leurs pas; elles attaquent les loups, les mettent en fuite; & plaçant au milieu d'elles leur camarade bleſſée, la ramènent dans le parc par la brèche qu'elles y avaient faite.

Le Buronnier, n'ayant des vaches que pour avoir des fromages, tient toujours les jeunes veaux renfermés dans des parcs; & il ne les laiſſe point approcher de leurs mères, de peur qu'en les tettant ils n'épuiſaſſent leur lait. Ces mères, que le poids du lait incommode, viennent d'elles-mêmes, deux fois le jour, au buron, pour ſe faire traire. Vous les voyez toutes, les unes après les autres, quitter le pâturage, s'avancer à pas lents, & en mugiſſant d'une manière lamentable; comme ſi elles regrettaient de livrer à un mercenaire une nourriture qui n'était dûe qu'à leurs petits. On n'aurait point même de lait d'elles, fi on ne les leur montrait un inftant. Malgré la douleur qu'il leur caufe, elles favent le retenir; & c'eft envain qu'on effayerait de les traire. Ainfi, dès qu'une vache approche du buron, un des garçons, ouvrant le parc des veaux, lâche celui qui lui appartient. Le jeune animal fe met à tetter fa mère, qui, pendant ce tems, le lèche pour le careffer; mais au bout de quelques inftans, on le retire du mamelon, on l'attache au pied de la vache, & on la trait. Il en eft ainfi de toutes les autres. Avant de les traire, on eft obligé de leur montrer pendant quelques momens leur petit. Ce moment de confolation femble leur fuffire; mais fans lui elles ne donneraient rien.

Ces vaches montagnardes, foit à raifon de la médiocrité de leur taille, foit par la qualité des herbages dont elles fe nourriffent, ont peu de lait. Dans certains cantons où j'ai fait des queftions à ce fujet, on m'a dit qu'elles n'en donnaient guères que deux à trois pintes par jour tandis qu'en Flandres & en Normandie ces animaux en donnent presque habituellement depuis six jusqu'à douze.

Pour faire le fromage, un Buronnier fait cailler son lait sans l'écrêmer. Ce caillé crêmeux s'appelle tome. On pêtrit la tome, on la sale, & on la met en forme sous une presse, afin de la faire égoutter. La forme ayant une grandeur déterminée, ce qu'elle contient de tome fait un fromage d'un poids connu. Ordinairement trois pèsent un quintal.

Quoique la liqueur qui sort de la tome, par l'effort de la presse, contienne encore du lait, & même de la crême non caillée, on l'appelle néanmoins petit-lait. Ce prétendu petit-lait se garde à part. En quelques endroits on y ajoute un peu de lait nouveau; on le laisse crêmer, & avec cette crême on fait du beurre. Mais comme ce qui reste dans le vase après qu'on en a ôté la crême, contient encore quelques parties caséeuses, on le fait cailler à son tour; & il en résulte un très-mauvais fromage, qui se nomme *gapérou*. Le fromage de tome étant réputé gras, on ne peut le manger en carême qu'avec la permission de l'Evêque diocésain; mais le gapérou étant fait sans crême, il est censé maigre; & en conséquence on le mange, même sans permission, les derniers jours de la Semaine-Sainte.

On ne vend guère, dans les marchés, d'autre beurre que celui qui vient des burons; & d'après ce que je viens de vous dire, vous pouvez juger de sa qualité. Le petit-lait, avec lequel on le fait, contracte dans la tome un certain goût d'aigreur, qu'il lui communique. Celui des environs de Clermont n'est guères meilleur, parce que les prés y étant arrosés, presque par-tout, par des eaux courantes, ils nourrissent des herbes grossières qui donnent au lait un mauvais goût. Je n'ai vu de bon beurre que dans des maisons particulières, où on le fesait faire avec quelque soin; encore m'a-t-il paru bien inférieur à ceux de Normandie ou de Picardie, & sur-tout à ceux de Flandres.

Le fromage lui-même, quoiqu'il ait une certaine renommée, est d'une qualité très-médiocre; & j'en suis d'autant plus surpris, que les plantes & les simples qui naissent sur les montagnes, ayant une vertu reconnue, cette vertu doit être commune aux herbages. Il a sur-tout un grand défaut, c'est de se gâter sur mer, & de ne pouvoir par conséquent servir à l'approvisionnement des vaisseaux : mal inappréciable, & d'autant plus grand que ce débouché fournirait seul à une consommation immense. Au reste, les Auvergnats, en convenant avec franchise de la mauvaise qualité de leurs fromages, en rejettent la faute sur les Buronniers, qui accoutumés à une certaine routine, la suivent aveuglément, sans savoir pourquoi, & sans qu'il soit possible de les en faire départir. Plusieurs fois on les a exhortés à travailler comme on le fait en Suisse. On a même fait venir, pour les instruire dans leur métier, des Fromagers de ce pays; & il y avait lieu d'espérer que l'intérêt au moins leur ferait adopter une méthode plus parfaite, à laquelle ils ne pouvaient que gagner. Point du tout. Ces gens grossiers, plus bornés que les animaux parmi lesquels ils vivent, ont refusé avec opiniâtreté toute instruction. Jamais on n'a pu les faire travailler autrement qu'avaient travaillé leurs prédécesseurs; & loin d'écouter les Fromagers Suisses, ils les ont tant tourmentés, que ceux-ci, après bien des vexations, des injures & des mauvais traitemens, ont été obligés de quitter l'Auvergne, & de retourner chez eux.

J'espère néanmoins du bonheur de la Province, qu'un projet si avantageux pour elle pourra enfin, quoique tant de fois rejetté par l'ignorance, s'exécuter bientôt. L'Assemblée Provinciale paraît vouloir s'en occuper. C'est une des choses dont il a été mention aux séances qui ont eu lieu à Clermont peu de tems avant mon départ; & parmi les projets intéressans que M. le Marquis de la Fayette a proposés pour l'amélioration de l'Auvergne, il n'a pas omis celui d'y appeler de nouveau des Fromagers Hollandais & Suisses. Il est très-probable que l'opiniâtre montagnard se refusera encore à l'instruction; mais ce que les exhortations ne feront point, l'exemple peut le faire. Que ceux des grands propriétaires qui ont des pacages y établissent quelques-uns de ces étrangers; bientôt, à-coup-sûr, le fromage y acquerra une réputation. Préféré à celui des cantons voisins, il se vendra plus cher; & dès-lors il est impossible que les Buronniers, avertis par l'intérêt, n'ouvrent enfin les yeux sur les vices de leurs méthodes.

Outre les gros fromages des burons, la plupart des villages de la Basse-Auvergne en font d'autres, beaucoup plus petits, pour le service de la table. Les plus renommés parmi ces derniers sont ceux de Saint-Nectaire (*terra Sancti Nectarii*), & par corruption Sénecterre. Un Maréchal de France, Seigneur de cette terre, dont il portait le nom, leur avait donné à Paris un moment de célébrité, en les fesant servir sur sa table. Leur réputation subsiste au moins encore dans la Limagne; & si l'on veut vous y régaler en fromage, c'est toujours du Sénecterre qu'on vous annonce. Mais il en est de ce nom comme de tant d'autres. Sénecterre, quoique situé comme un puits au fonds d'une gorge, n'a que très-peu de pâturages, parce que, de toutes parts, il est entouré de montagnes pelées & arides ; mais tous les villages des environs, dans une circonférence de trois à quatre lieues, donnent à leurs fromages la forme du sien, & ils les vendent sous son nom.

Quelque considérable que soit la quantité de bestiaux que nourrit la Basse-Auvergne, ils ne font cependant pas encore la dixième partie de ceux qu'élève l'Auvergne méridionale. Celle-ci n'a guères d'autre revenu ; & c'est elle, presque seule, qui fournit à l'énorme consommation de Paris ; mais elle ne fait que des élèves, & vend ses bestiaux avant l'âge de quatre ans. Enlevés d'abord par des Marchands Saintongeois & Poitevins, quelques années plus tard achetés de nouveau par des Marchands Normands, ce n'est qu'après être allés croître & travailler dans la Saintonge & le Poitou, & après être venus s'engraisser dans les pacages de Normandie, qu'ils viennent se faire dévorer dans la Capitale.

Quant aux bestiaux de la Basse - Auvergne, ceux-ci vont dans le Bourbonnais, le Nivernais & le Berri, former des bêtes de labour. Cependant les Hauts-Auvergnats ne pouvant suffire à la vente & à l'émigration des leurs, ils viennent en acheter beaucoup dans les montagnes de la Basse. Mais ce qui vous paraîtra bizarre, c'est qu'ils n'y achètent que des bêtes à poil roux ; quoique, dans beaucoup de Provinces, on recherche au contraire les vaches noires, comme donnant plus de lait. Sans doute les Poitevins ont remarqué, ou cru remarquer, que les bêtes rousses s'engraissaient plus facilement, ou travaillaient plus fortement que les autres. D'après cette remarque, vraie ou fausse, ils n'en veulent que des rousses; ils n'en vendent que des rousses aux Normands; comme vous avez pu le remarquer vous-même par celles qu'on voit arriver à Paris: & la Haute-Auvergne, qui ne vend qu'à eux, est obligée en conséquence de n'en élever que de cette couleur.

Je n'ai pas besoin de vous dire quelle énorme consommation de fourages doit faire cette immense quantité de bestiaux, pendant les six à sept mois d'hiver qu'ils ont à passer dans leurs étables. Aussi presque tout le foin que recueille l'Auvergne est-il employé à cet usage. Si par hasard les neiges ne tombent qu'en novembre, le Paysan regarde cet événement comme un bonheur; parce qu'alors ses bestiaux reviennent plus tard des montagnes, & que par conséquent il épargne pendant ce tems sa provision de fourages secs. Mais, si elles commencent à tomber, comme il arrive souvent, au commencement d'octobre, ou même à la fin de septembre, alors il éprouve une perte considérable, & c'est pour lui un vrai malheur.

Avec un pareil motif, vous devinez sans peine que, malgré l'approche de la mauvaise saison, loin de chercher à faire quitter aux bestiaux leurs pacages, on cherche au contraire à les y retenir le plus qu'il est possible. Quant aux bêtes-à-lait, on peut s'en rapporter sur ce soin au Buronnier; Mais on a beau faire; dès que les frimats arrivent, on ne peut plus les arrêter. Le même empressement qu'au printems les animaux avaient témoigné pour sortir de leurs étables, ils le montrent alors pour y rentrer. Ce sont des mugissemens continuels. La sorte d'affection qui les portait à vivre, à marcher, à pâturer ensemble, cesse tout-à-coup ; & ils ne paraissent plus avoir qu'un sentiment, celui de s'éloigner. Divisés par pelotons, selon les villages & les maîtres auxquels ils appartiennent, chaque bande s'ébranle pour regagner son canton. Envain le Buronnier cherche à la repousser sur la montagne ; il est obligé en ce moment d'augmenter le nombre de ses Valets, & quelquefois celui de ses chiens. Les différentes troupes retournent tristement sur l'herbage sec & insipide où on les chasse. Elles y restent immobiles, séparées l'une de l'autre, &

sans chercher à se réunir. Ce n'est plus cet air audacieux, ce regard fier d'autrefois; tout maintenant annonce leur tristesse. Leur tête est baissée vers la terre; ou si quelquefois elles la relèvent, c'est pour mugir toutes ensemble, en regardant le point de l'horizon vers lequel est située l'étable qui les attend. Enfin la neige vient-elle à tomber, ou la gelée commence-t-elle; il n'est plus possible de laisser pâturer aux animaux une herbe glacée, qui leur donnerait des tranchées horribles & ferait avorter les femelles pleines. Le Buronnier alors détruit sa hutte; & de peur d'être volé pendant l'hiver, il emporte ses instrumens, les bois de sa baraque, & les marchandises, qui lui restent. Le troupeau, devenu libre, part à son tour, sous différens guides; & quelquefois même sans conducteur. Dès ce moment, son hiver commence; & après six mois de la liberté la plus entière, il va souffrir six mois de captivité, sans plus sortir de sa prison que pour aller boire aux fontaines.

Le même instinct, qui, aux approches de la mauvaise saison, fait fuir des montagnes les bêtes-à-cornes, devrait aussi en chasser les animaux sauvages. Mais les uns, comme le lapin, le renard & le bléreau, ont des tannières qui les garantissent du froid ; d'autres, tels que la fouine, le putois, le chat sauvage, s'insinuent & s'établissent dans les habitations. Le sanglier, le chevreuil & le loup, ne quittent point les bois ; mais ils s'y choisissent des retraites. Le plus à plaindre de tous est le lièvre, qui, réduit à vivre en pleine campagne, se trouve sans abri au milieu des neiges. Bientôt même il y périrait, faute de nourriture, si son industrie ne lui procurait une ressource. Des Chasseurs m'ont assuré que, quand il veut paître, il s'enfonce dans la neige, la tête la première ; qu'il s'y fraie ensuite un chemin avec les pattes ; & que pénétrant jusqu'au blé, il en mange les pousses vertes.

Quant aux oiseaux, il en est qui, comme l'alouette-des-montagnes, descendent tout de suite dans la plaine. D'autres se rapprochent d'abord des villages ; puis finissent ensuite par venir habiter la Limagne : & de ce nombre sont les geais, les merles, grives, sansonnets, pinçons, fauvettes-des-Alpes, pics de diverses espèces, &c. Enfin, les oiseaux-de-proie, aigle, jean-le-blanc, buse, milan, épervier, faucons divers, &c. ne quittent point leurs rochers; parce qu'accoutumés en tout tems, à chercher au loin leur nourriture, ils peuvent alors venir chasser, soit autour des villages, soit dans la Limagne. La perdrix est la seule qui reste dans les campagnes; & elle va vivre le long des ruisseaux. Cependant le froid fait quelquefois blanchir cette dernière; & il n'est pas rare, en hiver, de rencontrer des perdrix blanches & des lièvres blancs.

La neige commence à tomber sur la cîme des montagnes, avant de tomber dans les vallons; & dans les vallons avant de couvrir la plaine. En automne, très-souvent le nuage qui ne donne, dans la Limagne, que du brouillard, donne de la pluie sur les hauteurs voisines, & de la neige sur les montagnes. J'ai été témoin de ce fait, pendant les vendanges, à la ferme de Gergoviat, l'un des domaines de l'Abbaye de Saint-André. Le 25 octobre, la pluie tomba pendant vingt-quatre heures. Le lendemain, je vis les Monts-Dor, le puy de Dome, & les montagnes du Forez, couverts de neige. Avant mon départ, (le 19 novembre,) trois fois la neige a couvert la cîme de Dome, & il n'en était pas tombé un atôme à Clermont, qui n'eſt éloigné du puy que de deux lieues. M. l'Abbé de Larbre m'a dit qu'herboriſant ſur les Monts-Dor, au mois d'août, il y avait vu geler deux fois très-fortement, & deux fois la neige tomber.

Ces ſix mois de neige vous annoncent déjà pour les montagnes, un climat différent de celui que vous habitez; & en effet, les productions y ſont différentes auſſi. Non-ſeulement la vigne & les arbres-à-fruit y meurent, à moins qu'ils ne ſoient dans les jardins de certains vallons bien expoſés : mais les terres n'y portent même que du ſeigle, de l'orge & de l'avoine. Point de froment. Ce grain, plus délicat que les trois autres, n'y peut croître; quoique pendant l'hiver il dût ſe conſerver ſous la neige, & quoiqu'il croiſſe très-bien dans le nord de l'Europe, & dans celui de l'Amérique, à des latitudes ou des températures beaucoup plus froides que celles des montagnes d'Auvergne. A la vérité, il arrive au printems une révolution que l'on croirait pouvoir lui nuire. Les neiges, en ſe fondant & en s'infiltrant dans les champs enſemencés, y portent avec elles une grande quantité d'air. Cet air, dilaté par la chaleur nouvelle, soulève & gonfle tellement les terres, qu'on ne peut y marcher sans enfoncer jusqu'à mi-jambe; & il semble que, dans cet ébranlement, le blé doit se déraciner & périr. Mais l'effet dont je parle est commun à tous les pays où il tombe beaucoup de neige; & cependant le froment y vit. Il devrait être commun au seigle & aux autres grains; & cependant il ne leur nuit pas. Combien de phénomènes dont nous ne cherchons pas à deviner la cause; parce que, dès notre enfance, nous sommes habitués à les voir, & que l'accoutumance les rend pour nous des faits ordinaires.

Le repos dont jouissent, pendant le tems des neiges, les animaux de travail, le Paysan l'éprouve aussi. L'année, pour lui, est partagée en deux semestres; l'un d'inaction entière, l'autre de peine: encore le semestre des travaux est-il, par la nature des productions qu'on recueille dans les montagnes, borné à trois époques de labeur; les semailles d'avoine en mai, après la fonte des neiges; la coupe des foins, vers la fin de juillet ou au commencement d'août; enfin la récolte des grains à la fin d'août, ou vers le commencement de septembre. Ce dernier moment est vraiment pour le Laboureur un tems de fatigue. Dans la nécessité où il se trouve d'avoir semé avant le retour des neiges, il n'a pas un instant à perdre. La moisson n'est pas plutôt coupée & recueillie, qu'il commence à labourer. Une partie de sa nuit est employée à battre le blé qui lui est nécessaire pour ses semailles. Au point du jour, il va le semer; puis continue de labourer; & ainsi de suite, jusqu'à ce que tout soit ensemencé. A peine a-t-il alors quelques heures de sommeil; mais aussi, dès que la terre est couverte de neige, son oisiveté commence; & elle dure six mois, sans aucun travail quelconque, & sans sortir de chez lui que pour aller à l'église, ou pour porter du blé aux marchés voisins, s'il a besoin d'en vendre.

La rareté & la cherté du bois-de-chauffage dans les montagnes, devrait y rendre le Paysan fort malheureux pendant son hiver. Il a trouvé le moyen de ne point se chauffer, en vivant avec ses troupeaux. Ordinairement son habitation est partagée en trois; à droite, l'étable; à gauche, la grange ; au milieu, la maison : tout cela tenant ensemble, & se communiquant par une porte. Quand le froid commence à se faire sentir, on quitte la maison ; & la famille entière passe dans l'étable, qui, dès ce moment, devient l'appartement d'hiver.

La forme des étables est un quarré long, surmonté d'un grenier, dans lequel on met le foin & les autres fourages secs, destinés aux bestiaux. Elles ont deux lucarnes, sans vîtres, pour donner quelque jour ; & deux portes, dont l'une communique au-dehors, & l'autre, dans la maison. Mais, pour les rendre plus chaudes, & en même-tems pour avoir un grenier plus grand, elles sont fort basses. Les animaux occupent les deux côtés, à droite & à gauche ; les lits de la famille sont au fonds, comme dans l'endroit le plus chaud : de sorte que pour y parvenir, il faut passer à travers la double rangée des animaux. Ces lits, au reste, sont des espèces de coffres en sapin, placés à demeure, les uns au bout des autres, contre le mur, & garnis de paille. Les pauvres n'ont, avec cette paille, qu'une couverture. Ceux qui sont plus à leur aise, y joignent une sorte de matelas, ou de large sac, rempli de balle d'avoine. On appelle ce sac, *matelas de guérets*; parce que c'est dans les guérets que naît l'avoine qui donne la balle dont ils sont composés. Il n'y a que les riches qui aient un lit de plume; c'est-là un luxe dont on est fort jaloux. Aussi, une fille, qui, en se mariant, apporte quelque dot à son mari, ne manque-t-elle jamais de faire insérer dans le contrat, que ce mari lui donnera pour son lit, un *matelas de plume*, & non un *matelas de guéret*.

La vie que mène une famille dans son étable est fort étrange. On se lève à huit ou neuf heures. Le pere alors, avec ses enfans mâles, ou ses Valets, s'il en a, va panser ses bestiaux, & leur donner de la litière. La femme, pendant ce tems, court, avec ses filles, dans la maison. Elles allument un fagot de bruyère, & font la soupe. On dîne; mais le plus vîte qu'il est possible, pour ne pas se refroidir; puis l'on court se réfugier dans l'étable. Le soir, à cinq heures, soupe nouvelle; & nouvelle retraite, jusqu'au dîner du lendemain.

Les Dimanches & Fêtes, on met dans la soupe

un morceau de lard ; les autres jours elle est faite au beurre, & souvent même au pur sel. Cependant, à la table des Paysans aisés, on sert un peu de lait & du fromage. Le pain est de seigle ; farine & son mêlés ensemble : ce qui le rend lourd, gluant & noir. Ajoutez à cela que comme on ne cuit que deux fois pendant tout l'hiver, à cause de la rareté du bois, ce pain devient dur comme le biscuit des Marins. Quant à la boisson, on n'en connaît point d'autre que l'eau, ou cette espèce de petit-lait qui sort des fromages, lorsqu'on les met à la presse.

Ce sont les femmes qui sont chargées de tout le détail du ménage. Ce sont elles qui traient les vaches, & font le beurre & le fromage. Aussi se couchent-elles plus tard, & se lèvent-elles plutôt que les hommes. Est-il tombé une neige nouvelle qui ait comblé le chemin de la fontaine, une d'elles se charge d'aller frayer un sentier nouveau. Enfoncée dans la neige, quelquefois jusqu'à la ceinture, elle va, revient plusieurs fois de suite, & applanit enfin une route à ses compagnes. Un homme se croirait déshonoré s'il allait lui-même chercher de l'eau ; & très-certainement il deviendrait le jouet du village. Ces ruftres montagnards ont pour les femmes ce profond mépris & ce dédain defpotique, qui eft propre à toutes les peuplades fauvages ou demi-barbares. Ils les regardent comme des efclaves, deftinées à tous les travaux qu'ils réputent vils, & qu'ils dédaignent. Pour eux, leur unique occupation eft de panfer leurs beftiaux; à moins que le befoin ne les oblige de battre du blé & d'aller aux marchés voifins. Hors de-là leur vie eft, comme celle des Sauvages, une inaction & une oifiveté profondes.

Il eft très-rare pourtant qu'une famille paffe l'hiver feule & ifolée dans fon étable. Ordinairement plufieurs ménages fe réuniffent enfemble ; & fi l'un d'eux a une étable ou plus grande ou plus chaude, c'eft-là qu'on paffe le jour & que fe tient l'affemblée. Le matin, dès que la foupe eft mangée, chacun accourt; on s'affeoit en rond fur des bancs; & je n'ai pas befoin de vous dire à quoi le tems s'emploie. On jafe, on rit, on crie contre les impôts ; on raconte les hiftoriettes des filles du voifinage ; on dit du mal de fon Curé, de fon

Seigneur, de tous ceux qui ne font pas-là. A cinq heures on se sépare pour aller manger la soupe ; on revient jaser encore quelque tems ; puis chacun retourne chez soi coucher.

Les femmes étant pour très-peu de chose dans tout ce caquetage d'hommes, & courant risque de passer peut-être une journée sans parler, elles se sont arrangées pour avoir aussi leur tour ; & de bonne-foi, la chose était juste. D'abord, quand on rentre, après avoir soupé, elles sommeillent un peu pour gagner des forces ; mais les hommes ne sont pas plutôt retirés, que, devenues maîtresses du terrein, elles s'en emparent enfin ; & Dieu sait comme alors elles se dédommagent ! Pendant ce tems le maître de l'étable dort dans son coffre ; mais après tout, comme il ne serait pas juste non plus qu'en fournissant aux Dames un parloir, il payât encore leurs plaisirs, elles ont, pour la veillée du commérage, une lampe particulière, dont l'huile est payée à frais communs. On fournit à cette légère dépense en filant : ce qui, très-heureusement, n'empêche point de parler. Mais, hélas ! il n'est point de bonheur, quel qu'il soit, qui puisse durer toujours; vers minuit ou une heure, il faut se séparer; & en voilà jusqu'au lendemain soir.

Dans certains villages, dressés par les Curés à une dévotion plus grande, l'usage est établi que les ménages, qui se réunissent en une même étable, y fassent, en commun, des exercices de religion. Le matin, quand tout le monde est arrivé, on dit le Chapelet; dans le jour, on chante des cantiques; enfin le soir, avant que les hommes se retirent, on fait la prière. Toute cette dévotion n'empêche pas les juremens & les gaillardises de recommencer l'instant d'après; mais au moins elle les suspend pendant quelques momens.

Ailleurs les exercices de piété n'ont point lieu parmi les compagnons d'étable. Chacun y prie Dieu, quand & comme il lui plaît; mais la plupart des soirées sont employées à danser. L'homme de la troupe qui est réputé le meilleur Musicien, se tient de bout, & chante; celles des femmes qui ne dansent point, l'accompagnent de leurs voix aiguës; & tout le reste, hurlant de joie, saute & gambade lourdement; tandis que les bœufs ruminent au bruit cadencé des sabots.

Un poêle entretenu à grands frais ne donnerait pas la chaleur que procure dans l'étable cette multitude d'hommes & d'animaux entassés. L'air y devient étouffant; & l'on ne conçoit pas comment ces montagnards peuvent y vivre. Faut-il, les jours de fête, aller aux Offices; ils passent tout-à-coup de cette athmosphère si chaude dans une athmosphère très-froide. Obligés de traverser la neige, quelquefois dans des espaces très-considérables, ils arrivent à l'église mouillés; restent là deux ou trois heures, & souvent en reviennent malades.

Une autre cause de maladies est la qualité malsaine de l'air qu'ils respirent dans les étables. Non-seulement cet air, par l'enfoncement de l'endroit particulier qu'ils habitent, ne se renouvelle jamais; mais après s'être corrompu par la respiration des hommes & des animaux, il devient encore infect par les exhalaisons putrides qu'exhale sans cesse le fumier. Aussi, aux approches du printems, quand le soleil rend le mouvement & l'action aux divers principes que la Nature tenait engourdis, ces miasmes pestilentiels se développent tout-à-coup dans le sang des malheureux montagnards; & ils font

font naître parmi eux des fièvres putrides & malignes, d'autant plus dangereuses qu'ordinairement la misère interdit à ces sortes de gens tout secours.

Le printems, dans le pays des montagnes, donne naissance à un autre fléau ; ce sont des vents effroyables, ou plutôt des ouragans assez violens pour abattre des arbres & renverser des maisons. Ils sont assez rares pendant les chaleurs, excepté vers la Saint-Jean, c'est-à-dire, vers le tropique d'été ; mais ils recommencent en automne. C'est par cette raison, comme je vous l'ai dit ailleurs, que presque tous les villages sont bâtis dans des vallons ou des gorges. C'est pour cela que par-tout les toits des maisons sont plats, à moins qu'ils ne soient en chaume, & que dans toute l'Auvergne il n'existe pas un seul moulin à vent.

Les ouragans d'hiver s'appellent *ecirs* * ; & on leur a donné un nom particulier, parce qu'alors la terre étant couverte de neige, ils produisent

_____

(*) On prononce *échirs*.

sur cette neige un effet qu'il a fallu désigner par une dénomination quelconque.

Un échir diffère des ouragans de certaines îles & de certains continens, en ce qu'il ne souffle point, comme eux, d'un point déterminé de l'horizon. Dans les montagnes d'Auvergne c'est un vent quelconque; mais il ressemble à ceux-ci en ce qu'il a une violence affreuse, & que comme eux il souffle sans interruption, & avec la même impétuosité, pendant plusieurs jours. Par-tout où il passe, il chasse & balaie devant lui la neige. Celle dont il dépouille en partie les champs & les montagnes, il la porte dans les gorges, les ravins & les ruisseaux. Elle chemine, toujours poussée en avant, jusqu'à ce qu'elle trouve un abri derrière lequel elle s'arrête. Plus de chemins. Ce qui auparavant était creux devient de niveau avec la terre. M. Duvergier, Prieur-Curé de Sauzei-le-Froid, m'a dit que l'hiver dernier, sa cour, dont le mur a six ou sept pieds de haut, avait été tellement encombrée de neige, que pour aller à l'église il avait passé par-dessus la muraille. Les ruisseaux alors sont entièrement cachés; & la neige, assez solide pour se soutenir par elle-même, fait une masse sous laquelle l'eau coule.

Quoiqu'après l'échir, l'athmosphère ne soit plus embrumée par la neige, & que par conséquent on ait alors un danger de moins à craindre, cependant il est sage d'attendre qu'une pluie ou un autre vent quelconque ait un peu mis les chemins à découvert. Sans cela on risquerait d'aller s'enfouir dans quelque précipice caché. C'est pour éviter ce danger que sur certaines routes on a élevé, de distance en distance, des piles en maçonnerie, qui, dans de pareilles circonstances, servent de guide au Voyageur, & lui indiquent son chemin.

Lorsque je vous ai parlé ci-dessus des échirs du puy de Dome, je vous ai dit que près de cette montagne, la grande route qui conduit au Limousin par Pontgibaud avait de pareilles pyramides. Dans les montagnes, j'en ai vues beaucoup, & surtout aux carrefours. Ordinairement ce sont des croix ou de grosses laves, plantées perpendiculairement. Avec ces indications, le Paysan trouve à se conduire; ou bien il prend par les hauteurs & les terres labourées que le vent a mises à découvert en balayant la neige. Est-il à cheval, & obligé de traverser un vallon où il soupçonne quelque ruisseau ou quelque ravin, alors il met pied à terre, & fait marcher sa monture en avant. Si la bête s'enfonce, au moins le maître ne court aucun risque; & il en est quitte pour aller au village voisin chercher quelques hommes, qui, avec des pelles, viennent enlever la neige, & dégager l'animal.

Quant au moment même de l'échir, je n'ai pas besoin de vous dire combien il y aurait de danger à voyager pendant qu'il souffle. Certainement quelqu'un qui se trouverait alors en route, courrait risque de la vie. Aveuglé par les tourbillons de neige, hors d'état de reconnaître aucun chemin & de se conduire, bientôt il tomberait dans quelque fossé ou quelque ravin, où il resterait enseveli. C'est ce qui arriva, il y a six ou sept ans, à deux Marchands Bordelais, dont j'ai entendu conter le malheur, lorsque j'ai voyagé dans les environs des Monts-Dor. Surpris par un échir avant d'avoir pu gagner un hameau, ils s'égarerent & périrent. Au reste, en lisant tout ceci, vous vous rappellerez avoir lu chez les Voyageurs que dans les Royaumes du Nord les tempêtes de neige font également très-fréquentes ; qu'elles produifent là les mêmes accidens qu'en Auvergne ; & que les Lapons, pour reconnaître leurs chemins pendant l'hiver, y plantent, d'efpace en efpace, des branches de fapin ; comme les Auvergnats montagnards élevent fur les leurs, des croix & des pyramides.

Dans les lieux où la fontaine publique fe trouve hors de l'enceinte du village & fort expofée aux vents, cette fontaine eft toujours entourée, en partie, par un mur qui ordinairement a fix ou fept pieds de hauteur. Lors d'un échir ou d'un ouragan, le mur fert à garantir les beftiaux qu'on mene à l'eau. Sans cette précaution ils auraient tant à fouffrir ou de la violence du vent ou du fouet de la neige, qu'ils ne pourraient boire.

Les divers ouragans dont je viens de vous entretenir font accidentels ; ils n'ont ni une époque conftante, ni une direction fixe, ni une durée connue. Il n'eft fur les montagnes qu'un feul vent qui foit réglé ; c'eft celui qui dans la belle faifon fouffle, le foir, vers le coucher du foleil : encore celui-ci n'a-t-il de conftant que l'heure à laquelle il souffle, que le froid qu'il amène, & la rosée dont il est accompagné. Voici les remarques que j'ai eu occasion de faire à ce sujet.

J'étais dans le commencement de septembre à Sauzet, lieu situé entre Dome & les Monts-Dor. J'y passai trois jours ; & ce tems fut employé tout entier à visiter ce que le voisinage, dans un espace de plusieurs lieues, pouvait m'offrir d'intéressant ; burons, pacages, montagnes, étables d'habitation, &c. Des courses curieuses ne se font guères sans que souvent le retour ne soit un peu prolongé dans la nuit ; & en effet, dès la première journée, nous eumes deux heures de marche à nuit close. Dans d'autres circonstances, ce voyage nocturne, par des chemins-de-traverse effroyables, m'eût fort contrarié. Il donna lieu à des observations & des réflexions qui m'occuperent beaucoup.

A l'instant même où le soleil passa sous l'horizon, la rosée commença de tomber ; & en peu de tems elle devint si abondante que mon habit était humide, comme si j'eusse essuyé une pluie de bruine. En même-tems se leva un vent d'est, très-piquant & assez fort. Quoique la nature de ce vent soit d'être sec ; quoique le propre de ceux qui ont quelque violence soit d'empêcher la rosée, elle continua de tomber également. Dans le jour nous nous étions plaint de la chaleur ; nous commençames tous à nous plaindre du froid. Quoique vêtu de drap, je fus obligé de prendre une rédingotte ; mes compagnons firent de même ; & néanmoins nous arrivames tellement morfondus que notre premier cri, en mettant pied à terre, fut de demander du feu.

Le lendemain & le sur-lendemain, à pareille heure, même vent & même rosée. Je demandai si les deux météores avaient régulièrement lieu tous les jours. On me dit que tantôt c'était un vent d'est qui soufflait, tantôt un vent de nord; quelquefois, quoique très-rarement, un autre ; mais que tous les soirs, au coucher du soleil, il s'élevait un vent quelconque, qui soufflait pendant une partie de la nuit, en diminuant toujours de force jusqu'à son extinction totale ; tandis que la rosée tombait pendant la nuit entière, & toujours aussi abondante. Dans les autres pays, on voit assez régulièrement, pendant la belle saison, le soleil produire, à son lever, un léger vent d'est, & à son coucher un vent d'ouest. Il seroit curieux de connaître la cause qui, dans les montagnes d'Auvergne, produit des effets différens ; mais de pareilles découvertes tiennent à de longues observations ; & ces observations n'appartiennent point à un étranger, qui avare de son tems, étourdi par tout ce qu'il voit, & pressé de tout voir, ne peut s'arrêter sur aucun objet.

Une autre remarque, plus singulière encore, & que me procura mon séjour à Sauzet, c'est que malgré l'immense quantité de vapeurs que doivent supposer dans l'athmosphère, ces rosées si considérables & si longues, le ciel cependant était parfaitement pur. Il y avait des instans où les étoiles ne me paraissaient avoir aucune scintillation ; & à la vue simple, j'en distinguais plusieurs, de quatrième & de cinquième grandeur, qu'à Paris je n'avais pu voir qu'avec une lunette. Cette particularité serait-elle propre à l'athmosphère des montagnes ? Je ne le crois pas.

Les Voyageurs anciens & modernes, qui nous ont décrit l'Egypte, disent tous unanimement que ce climat, si renommé par sa fécondité, quoique privé de pluies, n'est fertile qu'à raison des rosées abondantes, dont il est humecté sans cesse. Eh bien, malgré ces fontes éternelles de rosées, nul ciel, sur la terre, n'est aussi pur que celui de l'Egypte. Alexandrie, quoique bâtie dans la partie la plus basse de ce climat fangeux, & sur les bords même de la mer, eut un Observatoire célèbre. C'est-là qu'Hipparque, & après lui, Ptolémée, dressèrent, à la vue simple, ces catalogues d'étoiles, les deux premiers dont puisse se glorifier l'Astronomie. Un ciel très-vaporeux pourrait-il donc, à-la-fois, rester très-pur, s'il a de grandes rosées ? Les vapeurs, au moment qu'elles commencent à se dissoudre, cesseraient-elles de nuire à sa sérénité ? Et en serait-il de l'athmosphère comme de l'eau, qui, chargée de certains sels, reste encore, après les avoir dissous, aussi parfaitement limpide qu'elle l'était auparavant ?

Je ne puis vous rien dire de précis sur le froid des montagnes d'Auvergne, pendant l'hiver ; puisque j'ai quitté la Province avant cette époque : mais voici deux observations qui vous mettront à portée de juger au moins quelle est la différence de température entre la montagne & la plaine. Le 9 août, j'allais à Rochefort, petite ville sur la route des Monts-Dor. A midi, en pleine campagne, & par un tems d'orage, mon thermomètre marqua vingt-&-un degrés de chaleur. Le soir, à Clermont, & une heure après le coucher du soleil, il en marqua vingt-cinq. Ce jour avait été, pour la Basse-Auvergne, un des plus chauds de l'année. Pendant mon séjour à Sauzet, j'occupai une chambre tournée à l'est. Elle fut ouverte au soleil pendant une matinée entière, & je suspendis à l'ombre mon thermomètre près de la fenêtre. De retour, vers midi, je l'observai; il marquait quatorze degrés; & Clermont, à la même heure, en avait vingt-deux. Il est vrai que Sauzet, quoiqu'entouré de montagnes, en est assez éloigné cependant pour n'être garanti des vents par aucune d'elles; & qu'il doit à cette position une température particulière qui l'a fait nommer *Sauzet-le-froid.*

Tout ce climat qui vous annonce des chaleurs si faibles, ou au moins si modérées, en a cependant par fois de telles qu'on ne peut y réfifter. Les vents, par une caufe qui ne nous eft pas connue, ceffent tout-à-coup. Pas le moindre fouffle; l'air eft dans une ftagnation abfolue; & en peu de tems, il s'échauffe tellement, par l'action du foleil, que depuis dix heures du matin jufqu'à quatre après midi, il devient étouffant, & qu'on ne peut refpirer. On ne voit pas d'années où, dans les campagnes, pendant le travail des moiffons, il n'y ait plufieurs perfonnes fuffoquées par ces chaleurs brûlantes; & prefque toujours ce font des femmes. A la moiffon dernière, il y en a eu deux à Sénectère, une à Saillant, une à Sauzet, & deux auprès de Pontgibaud; fans compter plufieurs autres en différens endroits de la Limagne.

Les gens qui habitent cette étrange contrée, n'en fentent que trop les défavantages; & eux-mêmes, quoiqu'ils y foient attachés, comme on l'eft prefque toujours aux lieux de fa naiffance, ils n'en parlent que comme d'un pays malheureux, où ils n'ont que du mal & de la misère. Sont ils dans un autre climat, ils femblent rougir du leur, n'ofent s'avou## Montagnards, &

se disent de la Limagne, c'est-à-dire, du plus beau canton de l'Auvergne; quoiqu'il soit très-rare que les Limaniens s'expatrient.

Leur taille est médiocre; mais endurcis par la rigueur de leur climat, ils sont robustes, quoique lents & lourds. Sobres par l'habitude de la misere, ils n'ont de passion marquée que pour le vin; mais aussi celle-là ils la portent à l'excès. Il n'est guères de village qui n'ait plusieurs cabarets. C'est-là qu'on s'assemble; & il est rare qu'on en sorte sans être ivre. Je vous ai dit ailleurs qu'une très-grande partie des vins de Limagne étaient consommés par les montagnards; je vous ai dit qu'on les leur portait dans des outres, & qu'ils ne les voulaient que très-noirs, comme pour être plus sûrs qu'on n'y a point mis d'eau.

Le plaisir de boire étant pour eux le premier de tous, ils se le sont reservé exclusivement; & leurs femmes n'y sont point admises. Celles-ci n'en ont qu'un seul auquel elles puissent participer; c'est la danse: encore est-il des Curés assez barbares pour interdire dans leurs Paroisses ce divertissement le plus innocent de tous, &

le seul, que connaisse un sexe condamné, pour la vie, à la misere & à la peine.

Les Clermontois & les habitans de la Limagne ont une danse monotone & insipide, qui est propre à leur pays; & qu'ils ont nommée *Bourrée d'Auvergne.* C'est une sorte d'*Allemande*; mais dépouillée des passes si multipliées de celles-ci, & sur-tout de toutes ses attitudes si voluptueuses; & trop voluptueuses peut-être. La bourrée des Paysans de la montagne, s'appelle la *montagnarde*. Ils ont aussi quelques contredanses. Je les ai vus danser en différens endroits; & quoique les énormes sabots des danseurs; quoique leurs larges culottes, leurs gros bas-guétres, leur chapeau rond, & tout leur costume enfin fût fait dans ce moment pour donner à rire, j'avoue cependant que j'ai été frappé, malgré moi, de la cadence avec laquelle sautaient ces masses pesantes. Tous les sabots tombaient ensemble; & l'on n'entendait qu'un coup. Le Régiment le mieux exercé ne mettrait pas plus de précision dans ses manœuvres.

Ceux des Auvergnats qu'on voit à Paris y sont regardés comme des gens très-intéressés, très-âpres au gain, & qui, malgré leur air lourd, sont très-rusés sur cet objet. Quoique la prévention pût être fondée, je ne l'avais cependant point apportée en Auvergne. Je savais trop que des hommes pauvres, qui n'accourent dans un pays que pour y gagner de l'argent, & qui sont très-pressés d'y multiplier leurs profits pour le quitter promptement, doivent nécessairement y laisser une réputation d'intérêt. Arrivé à Clermont, on me donna, contre eux, des préventions bien autrement défavorables encore. Isolés dans leurs montagnes, sans communication, sans rapports, leur physionomie, j'en conviens, a je ne sais quoi de sauvage & d'agreste. On peut même reprocher à leur caractère quelque chose de dur & de peu traitable; défaut au reste qui est celui de beaucoup d'autres Auvergnats. Mais si, comme on le prétend, ils sont processifs, haineux, vindicatifs, terribles dans la colere ou dans le vin; moi qui n'avais nul intérêt à démêler avec eux, & qui ne cherchais ni à les offenser ni à les irriter, j'avoue que, par-tout, je ne les ai vus que prévenans & officieux ; & que quand il m'a fallu les employer pour ces petits services dont a toujours besoin un Voyageur, non-seulement ils me les ont rendus sans demander d'argent, mais que quelquefois même ils ont refusé celui que je leur donnais. Peut-être, au reste, est-ce dans les villages que les hommes gagnent ce vice qui les rend intéressés & avides. Sans doute ceux d'entr'eux qui n'ont point quitté leurs champs en sont moins affectés que les autres, parce qu'ils ont moins de besoins.

De tout ce que vous venez de lire, mon cher Abbé, vous conclurez, sans doute, que les montagnes d'Auvergne ne sont point un pays où il faille aller vivre; mais vous ajouterez, je gage, que c'est un pays qu'il faut aller voir. Oui, mon ami, il faut le voir; & il en est peu qui méritent autant un voyage, parce qu'il en est peu qui, dans un terrein aussi borné, réunissent à-la-fois & des objets aussi variés & des objets aussi intéressans. Là, une montagne ne ressemble point à une autre montagne; chacune, presque, a un caractère qui la distingue; & vous ne savez lequel vous devez le plus admirer, ou de tous ces détails si piquans, ou de cet enfemble fi magnifique. Moi, qui, en ce moment, vous fais fur tout ceci un livre, j'ignorais, quand je quittai Paris, tous les plaifirs qui m'étaient préparés. Conduit par l'amitié la plus tendre, je venais revoir l'homme que j'aime le plus au monde; celui dont le caractère & l'efprit me conviennent davantage, & qui eût été mon meilleur ami encore, quand même la Nature ne l'eût pas fait mon frere. Quoique nous nous fuffions propofé tous les deux de confacrer à notre curiofité quelques jours pour parcourir certaines montagnes, nous ne comptions ni l'un ni l'autre en faire un objet d'étude; & nous étions bien loin affurément d'en efpérer un objet de plaifir. Que vous dirai-je; je me propofais de refter en Auvergne un mois; j'y en ai paffé près de cinq; & à mon départ je regrettais encore de n'avoir pu en paffer davantage. Pendant ce long efpace de tems, peu de journées fe font écoulées fans faire quelques courfes; & quand le mauvais tems, quand des devoirs de fociété, ou quelque raifon particulière à mon frere nous en empêchaient, je me difais, comme Titus, *diem perdidi.*

Ces

Ces jours perdus pour mon inftruction, ne l'étaient pas néanmoins pour mes plaifirs. Mon ame épuifée, en quelque forte, par la foule fucceffive de fenfations & d'idées qu'elle éprouvait fans interruption, avait de tems en tems befoin de repos pour reprendre des forces. J'avais befoin de folitude pour favourer en paix toutes mes réflexions; mais j'avais befoin fur-tout de les épancher fur le papier, & de les communiquer à quelqu'un. L'homme qui, en ce moment, m'eût empêché d'écrire, m'aurait impofé un fupplice affreux. Au refte, c'eft dans cette effufion, un peu défordonnée, qu'a été compofé l'ouvrage que vous lifez; & vous vous en appercevrez encore plus d'une fois : quoiqu'au moment où il m'a fallu le rédiger, j'aie employé des jours plus tranquilles à confidérer mon fujet à vol-d'oifeau, à ranger mes notes fous un ordre quelconque, & fur-tout à réunir fous des vues générales toutes celles dont l'objet avait quelque analogie.

Cette alternative de grandes fatigues & de repos, de vie fédentaire & de vie active, me donnait, aux yeux de certaines perfonnes, une apparence d'homme original & bizarre. Plus d'un Clermontois m'en a parlé ainsi : ces honnêtes gens, qui blâmaient ma conduite, passaient, à manier des cartes, une partie du jour & de la nuit ; & ne concevant pas qu'il fût, pour un homme sensé, d'autre plaisir, ils me plaignaient fort d'aller étudier la Nature dans ses grands atteliers ; ce que, selon leur expression, ils appellaient passer mon tems à chercher des pierres.

Ils auraient pu en effet me plaindre quelquefois ; car si le Naturaliste a des jouissances délicieuses, dont les imaginations froides ne peuvent concevoir l'idée, souvent aussi il essuye des fatigues & court des risques, que lui seul peut apprécier. Tour-à-tour, sur des montagnes battues par tous les vents, ou dans des gorges dont la chaleur est suffocante ; côtoyant des précipices ; gravissant des éboulemens, des rochers & des ravins ; enfin, voulant tout voir, il brave tout. Combien de fois ai-je passé cinq ou six heures de suite avec un habit mouillé de sueur ! Combien de fois suis-je revenu avec des contusions & des déchirures ! Dans les commencemens, l'ardeur emporte ; on ne peut se contenir, on s'expose; & d'ailleurs on est un peu gauche au métier. En voulant casser une lave, je me suis emporté l'ongle du pouce. En voulant, au Mont-Dor, sauter sur une pierre pour traverser la Dordogne, je suis tombé dans l'eau. Deux fois je me suis donné au pied une entorse. Mais, peu-à-peu, l'on devient, à ses dépens, prudent & adroit. J'ai appris à sauter les ruisseaux sans risque, & à distinguer de l'œil les pierres qui, dans l'eau, étaient glissantes d'avec celles qui ne l'étaient pas. Quoiqu'avec un pouce malade, j'ai su casser une pierre sans m'écraser le doigt. Enfin, que vous dirai-je; j'ai cessé de faire des imprudences; j'ai pris des précautions; & n'en ai pas moins vu tout ce que je desirais voir.

Il est très-peu de courses dans lesquelles vous pourrez vous servir de voitures; à moins que ce ne soit dans la Limagne. Par-tout ailleurs il n'est possible de voyager qu'à cheval; encore vous faudra-t-il des chevaux du pays. Attendez-vous aussi, pour peu que votre voyage dure trois ou quatre jours de suite, à revenir hâlé & noir comme un Bohémien. Peut-être même la peau du visage vous pêlera-t-elle; mais, au milieu de ces courses, vous serez tout étonné de vous sentir constamment une force, une vigueur inconnues. L'air des montagnes, quand elles n'ont qu'une hauteur médiocre, a une élasticité qui se communique à notre machine & lui donne du ressort Peut-être le plaisir que j'y éprouvais animait-il mon courage; mais, quoiqu'accoutumé à la vie sédentaire d'un Homme-de-lettres, & par conséquent peu fait à marcher, jamais je n'y ai senti une vraie fatigue. Cent fois il m'est arrivé d'y passer six ou sept heures de suite, sans m'asseoir un seul instant; & je ne m'appercevais de quelque lassitude que quand j'étais dans la plaine.

Si vous desirez faire des observations physiques, vous connaissez les instrumens qui seront nécessaires à vos travaux; & ce n'est pas à moi de vous les indiquer. Si vous voulez naturaliser, il vous suffira d'un bâton ferré pour marcher plus sûrement, d'un fort marteau armé d'une pointe, pour casser les pierres, d'un briquet pour essayer celles qui, par leur dureté, peuvent faire feu, enfin d'un flaccon d'acide nitreux, pour distinguer les substances calcaires de celles qui ne le font pas. Ajoutez à cela un thermomètre portatif, un barreau aimanté qui puisse se monter sur un pivot, & vous servir en même-tems de boussole, un domestique qui vous suive avec une hotte ou un panier; & vous voilà en état d'aller par-tout avec fruit & avec plaisir. Ne cherchez-vous, au contraire, à voyager que par curiosité, & pour votre amusement, rien de tout cela ne vous est nécessaire. Mais dans tous les cas, pour peu que vous vous écartiez au loin, il vous faudra un guide, qui, en même-tems, sache le patois du pays, & vous serve d'interprète. Dans les environs de Clermont, ainsi que dans toutes les petites villes, on vous entendra très-bien; mais dans la montagne, quoique les Paysans comprennent un peu le français, & que les Curés n'y prêchent qu'en français, cependant on ne sait point le parler, & l'on ne vous répondra qu'en auvergnat.

Il en est des montagnes d'Auvergne comme de toutes les autres. Les pluies, les vents & les orages, en usant peu-à-peu leur cîme, les abaissent insensiblement, & leur font perdre annuellement quelque chose de leur hauteur. J'ai vu des villages d'où l'on me montrait en perspective tel autre village ou telle ville, qu'on n'appercevait point il y a cinquante à soixante ans. Une montagne cachait l'objet ; elle s'est abaissée, & on le voit aujourd'hui. Au reste, ce fait est propre à tous les pays montueux ; & je ne vous en parlerais même point ici, si ce n'était à lui que l'Auvergne doit, tout-à-la-fois, & l'exhaussement continuel, & la fécondité constante de sa Limagne & de ses vallons.

En effet, au milieu de tout cet entassement d'affreuses montagnes, on trouve beaucoup de grandes & belles vallées qui, non-seulement sont très-fertiles, mais qui, soit par leur culture, soit par leurs pacages, sont encore, malgré leur froide température, très-agréables à l'œil. Il est une infinité de petits vallons qui ont le même avantage ; & les eaux qu'ils reçoivent, la rosée dont ils sont journellement humectés, y entretiennent une verdure dont il est impossible de trop vanter la fraîcheur & la beauté. Dubos disait aux Peintres : « voulez-vous voir un beau ciel, voyagez en » Italie ; voulez-vous peindre de beaux animaux, «ajoutait-il, allez en Flandres.» Moi je leur dirai, voulez-vous une belle verdure, venez en Auvergne.

Cette verdure, au reste, n'est si touffue & si fraîche qu'aux dépens des rivières; & c'est-là un inconvénient. Quoique par-tout les sources soient nombreuses, & souvent même très-abondantes, cependant il en est très-peu qui deviennent ruisseaux; parce que par-tout, sur leur route, on les saigne pour l'arrosement des herbages, & que leurs eaux s'épuisent à mesure qu'elles avancent. Si l'Auvergne n'a presque point de rivières, vous en voyez maintenant la raison. Dans la saison des pluies, ou après quelque grand orage, ces rivières auront beaucoup d'eau. A la fonte des neiges, elles déborderont; mais en été elles seront à sec, parce qu'alors elles ne peuvent plus être alimentées que par les sources, & que les sources sont absorbées en entier par les pacages.

On serait porté à croire que la même cause qui empêche la multiplication des ruisseaux, doit s'opposer aussi à la formation des étangs & des lacs; & en effet ils sont rares. Cependant, comme les pluies & les neiges fondues suffiraient seules pour former & entretenir un lac, si elles trouvaient un terrein qui fût propre à les retenir; il faut donc, puisque les amas d'eaux sont si peu communs, que les bassins le soient aussi très-peu, & que les vallons, malgré leur innombrable quantité, aient tous une pente qui ne permette point au liquide de s'arrêter. Des cinq lacs que je connais dans la Basse-Auvergne, *Fung, Pavin, Chambon, Aidat & Guéri**; ce dernier, le moins considérable de tous, est le seul qui m'ait paru avoir été destiné par la Nature à être ce qu'il est aujourd'hui. Les autres ne sont tels que par accident.

Chambon était un large vallon traversé par un

(*) Guéri est formé par un ruisseau qui, descendant d'un puy, nommé Barbier, se divise en deux branches; lesquelles vont, par deux routes différentes, se jetter dans l'Océan. L'une, courant à l'est, se joint à la Dordogne, après avoir traversé le lac; & se perd avec elle dans le golfe de Gascogne. L'autre, tournant au nord-ouest, va par la Sioule, l'Allier & la Loire, se perdre au-dessous de Nantes dans les eaux qui baignent les côtes de Bretagne.

ruisseau. Des rochers, en s'éboulant d'une montagne, sont venues le combler à l'une de ses extrémités. Cette sorte de digue a fermé le passage aux eaux. Obligées de s'élever, elles ont formé un lac, & n'ont commencé à couler au-dehors que quand elles sont parvenues à la hauteur de l'éboulement. Mais, en passant sur la roche, leur action continuelle l'a insensiblement usée, & lui a fait perdre de sa hauteur. D'un autre côté le limon & le gravier que les pluies apportent dans le bassin, travaillent sans cesse à le combler. M. le Curé du Vernet m'a montré des champs qui aujourd'hui sont cultivés, & qu'il avoit vus, il y a quinze ans, sous les eaux. Annuellement le lac diminue de grandeur ; avec le tems il disparaîtra en entier ; & ce tems peut-être n'est pas fort éloigné. Il serait même aisé d'en hâter l'époque, si l'on entreprenoit de percer les roches éboulées, pour donner un écoulement aux eaux. Le projet a déjà été formé plusieurs fois ; l'exécution n'en est restée suspendue que parce qu'elle exige des dépenses ; mais, dès l'instant qu'elle aura lieu, Chambon redeviendra ce qu'il était auparavant, c'est-à-dire, un vallon avec un ruisseau & de belles prairies.

Aidat autrefois, & avant l'époque où l'Auvergne eut des volcans, fut auſſi une vallée ; mais ce n'eſt point un éboulement qui eſt venu arrêter ſon ruiſſeau, c'eſt une coulée de lave ; coulée qu'on voit encore toute entière, & dont les éminences, en quelques endroits, forment aujourd'hui de petites îles. A l'extrémité oppoſée, ſur le penchant du côteau, eſt placé le village. C'eſt là que Sidonius Apollinaris avait cette maiſon-de-campagne dont il fait, dans une de ſes lettres, la peinture & l'éloge. Le Prélat ne parle qu'avec tranſport de la vue délicieuſe qu'offrait ſon ſéjour champêtre, de ſes eaux jailliſſantes qui étaient vomies par des têtes d'animaux ſculptées, enfin de ſa poſition riante au-deſſus du lac qu'il dominait. En effet rien de plus agréable que ce joli baſſin. Son étendue, ſa belle forme, le peu d'élévation des côteaux cultivés qui l'entourent, le village qui le couronne, le hameau qui eſt bâti ſur ſes bords ; tout, juſqu'à la digue volcanique qui le termine, lui donne je ne ſais quoi de pittoreſque, mêlé à-la-fois d'agrément & de grandeur. Quoiqu'il ne contienne, ainſi que tous les lacs d'Auvergne, que trois ou quatre espèces différentes de poissons, il est néanmoins poissonneux. Aussi est-il le seul qui ait un Pêcheur avec un bateau. Mon dessein, quand j'allai le visiter, était de monter dans la barque, & d'en parcourir exactement tous les bords. Malheureusement le Pêcheur était à la ville; & il me fallut rester au rivage.

Quant à la maison de Sidoine, il n'en subsiste plus que des ruines, &, entre autres, quelques restes d'aqueduc; & c'est à M. l'Abbé Cortigier, de l'Académie de Clermont, qu'on en doit la découverte. Pour moi, j'ai trouvé, à une demi-lieue de-là, un monument que je crois lui avoir appartenu. C'est une tête de bélier, ayant les cornes contournées en volute, comme celles qui, en Histoire Naturelle, sont connues sous le nom de *cornes d'ammon*. Au premier coup-d'œil, je fus tenté de le prendre pour une ancienne idole de Jupiter-Ammon; mais deux ouvertures, l'une perpendiculaire à travers la tête, pour l'assujettir sur un pivot; l'autre horizontale à travers la bouche pour y passer un conduit, ne me permirent pas de douter qu'elle n'ait été employée à un jet-d'eau. L'ouvrage est en pierre volcanique, & d'une sculpture grossière qui annonce les siècles d'ignorance. C'est probablement un de ces mufles que Sidoine avait placés dans ses jardins, & qu'il décrit dans sa lettre. Si quelque Antiquaire voyage en Auvergne, il peut le visiter; je l'ai laissé à l'Abbaye de Saint-André.

Fung, quoique plus grand que les lacs dont je viens de parler, ne porte cependant que le nom d'étang ; mais au lieu d'être, comme eux, rond ou ovale, il est beaucoup plus long que large, & forme dans sa longueur différens zigzags. Ces sinuosités ne sont autre chose que des angles qui se correspondent d'un rivage à l'autre ; tellement que quand l'un est saillant sur sa rive, l'autre, sur la rive opposée, est rentrant. Les angles rentrans & saillans sont très-bien prononcés ; & ils m'ont d'autant plus surpris que ce sont les seuls que j'aie vus en Auvergne. Pour les former, il a fallu un très-grand fleuve ; & l'étang n'a pas même un ruisseau qui le traverse. Vraisemblablement ils furent l'ouvrage de l'action des mers, dans le tems qu'elles couvraient l'Auvergne ; mais s'ils font le produit de quelque courant maritime, pourquoi donc les courans n'en ont-ils laissés que là ?

Quoiqu'il en soit de la cause, Fung est, comme Aidat, fermé, à l'une de ses extrémités, par un large lit de lave ; mais ici la lave étant beaucoup élevée au-dessus du niveau des eaux, elle n'est point, comme à Aidat, traversée par elles. Leur pente, au contraire, est du côté opposé ; de sorte que pour les contenir & avoir un étang, on a été obligé de fermer le bout le plus bas par une chaussée en maçonnerie. Le lac est alimenté par un petit ruisseau qu'on y fait couler tous les trois jours, & qui entrant par une extrémité de la chaussée, en sort aussitôt, & un peu plus loin, par l'autre, sans pénétrer plus avant. Cependant il est probable que ce réservoir a en même-tems plusieurs sources intérieures, lesquelles sourdent par-dessous ses eaux ; & ce qui me le fait croire, c'est que, les jours même où le ruisseau n'y entre pas, il a encore un trop-plein qui continue de déborder par la digue.

Lorsqu'on veut le pêcher, on ouvre l'écluse de la levée pour donner aux eaux tout l'écoulement dont elles sont susceptibles. Néanmoins, comme les parties les plus basses du lit ne sont jamais à sec, les Pêcheurs sont obligés de se placer sur les deux rives, & de traîner à travers l'étang un filet qui le balaie dans sa longueur. En 1780, la pêche fut si abondante, & le filet se trouva si excessivement plein, qu'on ne put le tirer jusqu'au rivage. Le marché de Clermont, ainsi que ceux de toutes les petites villes voisines, regorgerent de poisson pendant plusieurs jours. Il se vendit à si vil prix que tous les villages d'alentour vinrent en acheter; & malgré ce bas prix, la vente néanmoins fut encore telle, qu'elle produisit, tous frais payés, cinquante-cinq louis.

A droite & à gauche du lac, sont des roches granitiques, recouvertes, en quelques endroits, par des coulées de laves qui sont venues se précipiter dans le vallon qu'il occupe aujourd'hui. Quelques-uns de ces lits de lave, & sur-tout vers la chaussée, paraissent se correspondre si bien, que, malgré l'espace qui les sépare, on est porté à croire qu'ils n'ont fait autrefois qu'une seule masse d'un côteau à l'autre. Sans doute cette masse fut rongée dans son milieu par le courant qui forma les angles rentrans & faillans. Aujourd'hui une révolution contraire travaille à tout changer. Après avoir été creufé par l'eau, le vallon maintenant eft comblé par elle. Tout ce que les pluies détachent des côteaux qui l'entourent, tombe dans fon baffin ; & c'eft pour n'en plus fortir. D'année en année, de nouveaux fédimens s'y accumulent ; ils en exhauffent le fol ; & l'accoiffement eft même fi rapide que tout récemment, quoique la chauffée ne foit nullement ancienne, on a été obligé de l'élever davantage, pour contenir les eaux & conferver à l'étang une certaine profondeur.

Le lac Pavin eft encore un de ces lieux vaguement célèbres, fur lefquels on a débité cent fottifes abfurdes ; &, en effet, fi peu de perfonnes ont voyagé en Auvergne, qu'il n'eft pas étonnant fi les fables s'accréditent, fur-tout quand perfonne ne peut s'élever pour les combattre. A en croire les Compilateurs, il fuffit d'y jetter une pierre pour exciter un orage, accompagné de tonnerre & d'éclairs. Pavin n'excite ni orages ni tempêtes. Ce n'eft qu'un fimple lac ; mais ce lac eft, par fa forme, le plus beau peut-être, ou du moins le plus singulier de l'Europe entière ; & à ce titre, fût-il le seul monument de l'Auvergne, il mériterait encore, pour l'Auvergne, l'attention d'un Voyageur.

Parmi la multitude de volcans dont les feux, dans les tems reculés, incendierent la Province, & l'ont par-tout couverte de laves, il en est beaucoup qui ont conservé, soit des bouches latérales, soit de ces soupiraux perpendiculaires qu'on a nommés cratères. Malgré les dégradations que les siècles ont dû produire dans ces sortes d'ouvertures, plusieurs sont très-distinctes encore & très-bien prononcées. Il est même des cratères qui offrent un cône renversé, d'une régularité parfaite. La chaîne de Dome en a deux, dont je vous parlerai ailleurs ; & ceux-ci, étonnent moins encore par la profondeur & la grandeur de leur diamètre, que par l'exacte simmétrie de leurs proportions. Eh bien, mon ami, Pavin est un de ces anciens entonnoirs ; mais cet entonnoir, après avoir jadis vomi des flammes, est aujourd'hui rempli d'eau ; & avec cinq quarts de lieue en circonférence, il a près de trois cens pieds en profondeur.

Placé

Placé fur la cîme d'une montagne, il ne ferait-là qu'un objet extraordinaire, s'il y était nu, ifolé, & de toutes parts à découvert ; mais ce qui le pare & ce qui lui donne un charme inexprimable, c'eſt un rideau de verdure, haut d'environ cent vingt-cinq pieds, qui, s'élevant fur fes bords, le fuit dans fes contours, s'arrondit comme lui, l'encaiſſe en l'embelliſſant, & fait, autour de fes eaux limpides, ce que ferait, fur les épaules d'une belle femme, une fraife à la Henri-quatre. Quoique ce couronnement ait un talut aſſez efcarpé pour ne pas permettre qu'on y marche fans courir le rifque de tomber dans le lac, cependant prefque par-tout il eſt couvert de peloufe ; & il y en a même, vers le fud & vers l'oueſt, une grande partie couverte en bois. Aux tems où le cratère était volcan, il avait dans fa couronne une échancrure par laquelle s'écoulaient les fubſtances liquides ou fluides qu'il vomiſſait. Aujourd'hui c'eſt par-là que déborde le trop-plein du lac. L'eau y coule fur un lit de lave qui lui forme une forte d'éclufe. Du banc de lave, elle tombe en cafcade dans un lit qu'elle s'eſt creufé fur le penchant de la montagne ; & gagnant un

X

vallon que traverse un ruisseau nommé la Couse ; elle va se jetter avec lui dans l'Allier, près d'Issoire. Mais, ce que je ne dois pas oublier de vous dire, c'est que le rideau, à mesure qu'il approche de la digue de lave, baisse peu-à-peu de hauteur, & vient insensiblement se confondre avec elle ; de sorte que l'ouverture, qui n'eût été qu'un objet hideux, si elle avait été taillée perpendiculairement dans ce mur de cent vingt-cinq pieds, devient, par cette pente douce qui le porte jusqu'à elle, un objet d'autant plus agréable que c'est par-là qu'on monte au lac & qu'on peut le voir.

Je sens, mon ami, que pour vous rendre sensibles tous ces effets, si piquans sur les lieux, & si froids sur le papier, il me faudrait ici une gravure bien faite, qui les plaçât sous vos yeux. C'est dans ce projet que, pendant mon séjour à Clermont, j'ai toujours cherché, & toujours en-vain, un Dessinateur habile qui pût m'accompagner dans mes courses, & seconder mon travail. Cette idée me suivait par-tout. A la vue des choses intéressantes que je rencontrais, elle venait m'affliger ; & souvent, au milieu de mes transports, me fesait soupirer de douleur. J'ai la liste de vingt objets que j'eusse destinés à la gravure; & Pavin est un des vingt. Le seul dont j'aie pu me procurer un dessin passable, est le bassin de Clermont, qui est joint à ce volume; encore m'a-t-il fallu le faire retoucher & corriger à Paris. Au printems, si je retourne en Auvergne, je chercherai à tout réparer. Paris, dans la multitude de ses Artistes, en a beaucoup, qui, jaloux d'une renommée, & ignorés quoiqu'avec un grand talent, ne demandent qu'une occasion qui les mette à portée d'être connus. S'il en est quelqu'un qui veuille associer le sien à mon zèle, je pars avec lui; je parcours avec lui toute l'Auvergne; & en publiant la seconde partie de mon voyage, accompagnée des gravures qu'elle exigera, je donnerai celles qui regardent la première.

Pavin, comme plusieurs des montagnes volcaniques d'Auvergne, était entouré d'autres monticules plus élevés, qui, dans le tems, ont brûlé, ainsi que lui, quoique d'une manière différente. Il en existe encore un, dont la bouche d'éruption est tournée vis-à-vis le lac. Probablement il y en avoit d'autres, qui, sans doute, se sont affaissés en brûlant; mais avant qu'ils fussent consumés, leur lave est venue, par la pente du terrein, se répandre le long des parois de son cratère, & tomber dans son foyer. On distingue encore aujourd'hui, dans l'étendue de sa circonférence, sept de ces coulées; & toutes sont très-apparentes, quoique quelques-unes traversent les parties du rideau couvertes en bois. Il en est même une, entre ces dernières, qui, par son épaisseur, fait une éminence assez considérable pour empêcher le bassin d'être parfaitement rond.

Une autre singularité est la configuration du bord inférieur de ce bassin. C'est une sorte de de banquette horizontale, qui, d'un côté tenant au rivage, de l'autre, s'avance à douze à quinze pieds sous l'eau. Dans cet espace, elle est couverte de fragmens de laves, placés les uns près des autres, comme le serait un pavé naturel; ce qui, chez quelques Auteurs, a fait donner au lac le nom de *pavé*. Par de-là, elle finit brusquement; le cratère, au lieu d'offrir un talut, comme paraîtrait l'annoncer sa forme d'entonnoir, s'enfonce tout-à-coup perpendiculairement; on ne voit plus que de l'eau, & le lac devient un abîme. Du reste, point de joncs sur ses bords; point de plantes aquatiques; rien qui annonce le marécage. Vous diriez que la main d'un Génie veille sans cesse à le tenir propre & riant.

En hiver, l'eau s'y glace; & alors, non-seulement on peut se promener impunément sur l'abîme; mais on se sert même de cette circonstance favorable pour exploiter les bois du rideau; qui, sans cela, seraient inexploitables. Après les avoir abattus, on les fait rouler jusqu'au lac; & des bœufs viennent avec des charriots les chercher sur la glace.

C'est en hiver, & dans le tems où Pavin était gelé, qu'on a mesuré son étendue. L'opération fut faite le 9 Mars 1726; & elle est dûe à un sieur Godivel, Subdélégué de Besse, petite ville du voisinage; lequel l'entreprit avec plusieurs de ses amis. D'après leur mesure, ils trouverent que le lac avait, du midi au septentrion, 1000 pas géométriques; d'orient en occident 927; & de circonférence 3000. Or, le pas géométrique étant de 5 pieds, & la lieue ordinaire de 2500 de ces pas; il s'ensuit qu'en diamètre, Pavin a plus d'un tiers de lieue, & plus d'une lieue en circonférence:

ce qui, comme vous voyez, est, pour un *lac de Province*, une assez belle proportion.

Le sieur Godivel essaya en même-tems, mais sans succès, de mesurer sa profondeur, en perçant un trou à travers la glace. Avant lui on l'avait tenté également plusieurs fois ; mais, soit qu'on eût employé des cordes trop courtes, soit que les poids qui servaient de sondes eussent été trop légers, on n'avait pu réussir ; & l'on croyait dans le pays que le lac était sans fonds. Enfin, en 1770, un M. Chevalier, alors Inspecteur des ponts & chaussées de la Province, entreprit de le sonder ; & il en vint à bout.

La chose était d'autant moins aisée, que ni là, ni aux environs, il n'y avait de bateau, & qu'en faire voiturer un d'ailleurs, eût été trop coûteux. M. Chevalier fit donc transporter sur le lac deux claies de parc ; il les attacha ensemble, les couvrit de fagots qu'il assujettit avec des cordes, & se construisit ainsi une sorte de radeau. Assurément il fallait plus que du courage pour risquer sa vie sur ce frêle bâtiment ; & l'on eût pu dire du Navigateur ce qu'Horace disait du premier de tous ; *illi robur & æs triplex circa pectus crat* : mais les sciences ont aussi leurs Grenadiers ; & ces Grenadiers, quoiqu'ils aient d'autres d'autres périls que les Gens-de-guerre, n'en sont souvent pas moins intrépides.

Pour pouvoir avancer sur le lac, M. Chevalier, au défaut de rames, prit des planches, & s'en servit comme il put. Quant à sa sonde, il la fit d'une masse de plomb, ovale, & de même que les Marins, il l'enveloppa d'une couche épaisse de suif, afin qu'en plongeant dans l'entonnoir, elle pût happer & rapporter au-dehors les différentes substances qu'elle aurait touchée. Avec cet attirail, il vogua sur le lac, en fit le tour, le traversa dans différentes directions, le sonda de tous côtés, & trouva que sa plus grande profondeur était de 288 pieds.

Quelqu'étonnante que soit une pareille hauteur dans un réservoir d'eau douce, elle dut être bien autrement considérable au moment où il n'était encore que le foyer d'un volcan éteint. Mais songez à ce que durent y jetter de matières, & les sept coulées de laves dont je vous ai parlé, & l'affouillement des eaux, quand elles vinrent le remplir, & le ravage continuel des pluies sur la zone d'enceinte, & les éboulemens enfin qu'éprouverent les parois du baſſin jusqu'à l'inſtant où elles aquirent le talut néceſſaire pour leur ſolidité. Puis, après cela, calculez, ſi vous l'oſez, la hauteur qu'eût primitivement un cratère, qui, depuis tant de milliers de ſiècles, tendant toujours à ſe combler, a cependant encore aujourd'hui près de trois cens pieds perpendiculaires.

Au-deſſus de Pavin, & à 700 toiſes de diſtance, eſt un lieu qui, comme lui, jouit d'une renommée, mais dont la célébrité cependant tient à la ſienne. On le nomme le *Creux de Soucy*. C'eſt une ſorte de puits naturel, ou plutôt c'eſt une ancienne cheminée volcanique, dont le fonds maintenant eſt, comme Pavin, couvert d'eau. M. Chevalier, qui la meſura, lui trouva neuf toiſes de profondeur. L'eau avait une toiſe; & un thermomètre y deſcendit à cinq dégrés au-deſſus de la congélation, tandis qu'à l'air extérieur il en marquait vingt. Comme le niveau de cette eau eſt élevé de 186 pieds au-deſſus du niveau de Pavin, on croit, dans le pays, qu'elle a ſa décharge dans le lac; & M. Chevalier lui-même, en le parcourant, y a vu jaillir, au-deſſous d'un banc de lave épais de 48 pieds, & qui est en face du trop-plein, une source très-abondante, qu'il croit, à l'inspection du terrein, dériver du *Creux de Soucy*, & à laquelle il donne, depuis ce *creux* jusqu'au lac, 54 pieds de chûte.

La source a vraisemblablement des intermittences. Je certifie au moins qu'elle ne coulait pas, quand je visitai le lac (3 septembre). J'ajouterai même que dans toute la circonférence entiere du bassin, ni mon frere, ni moi, ni deux autres camarades de voyage qui nous accompagnaient, nous ne vîmes pas un seul filet d'eau. Cependant, malgré tout ce que doit en dissiper l'évaporation dans une si grande surface, il en sortait encore beaucoup par la décharge du trop-plein; ce qui prouve que le lac a des sources intérieures qui l'alimentent & qui fournissent à son écoulement.

En général, toutes les eaux de sources sont, par elles-mêmes, naturellement claires; parce que ce n'est qu'après s'être filtrées à travers les terres qu'elles arrivent à leur bassin. Celles de Pavin, outre cette filtration qui leur est commune avec les autres, ont encore l'avantage d'un long repos qui permet aux parties hétérogènes, qu'elles auraient pu charrier, de se précipiter, par leur pesanteur respective, dans le fonds de l'entonnoir. Aussi rien n'égale leur transparence. Jusqu'ici, toutes les fois que j'ai eu à vous parler des fontaines d'Auvergne, il m'a fallu prodiguer les épithètes de pures & de limpides. En vous entretenant des eaux de Pavin, je ne sais plus quels termes employer; mais je défie que, dans aucun pays de la terre, on en voie de plus belles. Mon ami, leur vue seule donne la soif. Ni mes compagnons ni moi, nous ne pûmes y tenir; il fallut en boire; & tout en buvant, je me disais que les Poëtes Grecs avaient été un peu mal-adroits, quand, en voulant faire punir Tantale, ils nous le représentaient plongé dans un des fleuves infernaux. Pour doubler son supplice, il n'eût fallu que mettre sous ses yeux un lac comme Pavin.

Ces eaux conservent toute leur beauté dans leur chûte, tant qu'elles coulent sur le penchant de la montagne; mais, dès que leur lit commence à devenir horizontal & touche au vallon qui les joint à la Couse, alors elles paraissent se troubler. Là, sur la droite de leur courant, sont quelques filets d'eau minérale, qu'on ne diſtingue guères que par les fuſées d'une terre ochracée & très-jaune, qu'ils dépoſent ſur leur chemin. Ceux-ci portent dans le ruiſſeau le fer dont ils ſont chargés. Soit par affinité, ſoit par attraction, ce fer s'attache aux laves qui couvrent le lit du ruiſſeau; le lit en eſt totalement teint; & l'eau, qui, quelques pas plus haut, avait preſque la tranſparence de l'air, vue ſur ce fonds rembruni ſemble s'y teindre elle-même & en prendre les triſtes couleurs.

On prétend, dans le pays, que Pavin n'a point de poiſſons; &, en effet, on ne voit pas trop d'où il pourrait lui en être venu. Mais, malgré les difficultés qu'y offrirait la pêche, il eſt poſſible qu'on y en ait jettés; & c'eſt ce qui eſt arrivé. Au moins il y en a maintenant; &, dans certains jours, on les y voit ſauter, pour attraper les inſectes qui voltigent ſur la ſurface des eaux.

Quand quelqu'un va viſiter le lac, on lui conſeille ordinairement d'y porter des piſtolets, & d'y en tirer pluſieurs coups, pour jouir de l'effet ſingulier que fait le ſon, lorſqu'il parcourt cette vaſte circonférence, entourée de ſon rebord exhaussé. On m'avait beaucoup parlé de cette expérience; & vous croyez bien que je fus fort empressé de la faire. L'effet de l'explosion varie un peu selon les différens points où l'on se place; mais il en est un général, & qu'on éprouve partout, c'est le fracas qu'elle fait, en parcourant cet écho d'une lieue dont elle est obligée de suivre tous les contours. Le bruit dure plusieurs secondes; il roule autour du bassin, revient sur lui-même, & par sa rondeur sonore & soutenue, ressemble à quelques-uns de ces tonnerres tranquilles, qui, après avoir grondé sans déchiremens & sans éclats, meurent enfin pacifiquement dans leur nuée. Des armes-à-feu, plus fortes qu'un pistolet, eussent peut-être produit là des effets plus considérables encore; aussi ai-je regretté de n'avoir pas avec moi un fusil; & si vous y allez, je vous conseille d'en porter un.

Après tout, cependant, quelque puisse être l'effet de votre explosion, ce ne sera jamais là qu'une expérience amusante; & j'en connais d'autres plus utiles, que vous pouvez y tenter avec fruit. Quant à moi, il en est une qui m'eût satisfait, je vous l'avoue, par-dessus toutes les autres,

& que j'ai été défolé de ne pouvoir exécuter; c'était de plonger dans le lac & d'en examiner l'intérieur. Si je ne me trompe, ce ne font pas fes dehors qui font le plus intéreſſans à connaître ; ce ſerait ſa forme & l'à-plomb de ſes parois ; ce ſerait la nature des ſubſtances qui le compoſent, l'altération qu'il a reçue des eaux, la voie par laquelle y affluent ſes ſources ; ce ſerait enfin ſa température à diverſes profondeurs, la preſſion d'une eau douce ſous une colonne de 48 toiſes, la différente peſanteur que peut avoir cette eau priſe à des hauteurs différentes, l'effet de la lumière au fonds de l'entonnoir, ſi néanmoins le liquide, quoique tranſparent, permet à la lumière de parvenir juſques-là, (*) &c. &c. Voilà, ſelon moi, ce qu'il ſerait ſatisfeſant de ſavoir ; & certainement voilà, ſi j'avois ſu nager,

---

(*) Selon les calculs de Bouguer, la lumière ne peut pénétrer au-delà d'une maſſe d'eau épaiſſe de 256 pieds. Selon M. de Buffon, elle pénètre au-delà de 600.

ce que j'eusse tenté de connaître ; au moins en partie.

En vous parlant ci-dessus du lac Chambon, je vous ai dit qu'il était dû à un éboulement, qui, en arrêtant ses eaux, les avait forcées de s'accumuler. Les éboulemens étant l'effet des pluies, des gelées & des neiges, ils doivent être, & sont effectivement très-communs dans les montagnes ; mais en beaucoup d'endroits, leur effet peut être nul. Tel est celui que j'ai vu aux Monts-Dor, dans le vallon des Bains, où une montagne, nommée l'*Ecorchade*, s'est écroulée enpartie, sans autre événement que de couvrir de ses décombres un grand espace du vallon ; celui de la Roche-Sanadoire, dont les débris ont enfoui une partie de bois, en ne laissant subsister que quelques branches qu'on voit encore percer à travers les pierres ; celui arrivé, il y a cinquante ans, entre Plauzat & Saint-Sandoux, par lequel fut totalement encombré un terrein de plus de 600 pas. Tels sont enfin beaucoup d'autres que je pourrais citer, & dont je vous épargne ici les noms.

Si au contraire l'éboulement se fait près d'un

lieu habité, alors il peut en résulter de grands maux, comme il n'arrive que trop souvent ; ou bien il faut abandonner les habitations, ainsi qu'on l'a fait à la Roche-noire.

La Roche-noire, située près de l'Allier, est une de ces montagnes volcaniques, à cîme plate, que je vous ai déjà dit être très-communes en Auvergne. Aujourd'hui son plateau est totalement cultivé ; quoiqu'en beaucoup d'endroits les fragmens de laves soient encore en telle quantité qu'on n'y voit point la terre. Elle s'étend du nord au midi, le long de l'Allier ; & a mille pas de long. Le terrein ayant sa pente vers la rivière, c'est par-là que se répandit autrefois la lave. Elle vint, en nappe, remplir cet espace de mille pas, s'y éleva par assises, & y forma une masse basaltique, perpendiculaire, haute d'environ cent pieds, & dans laquelle les fentes de retraite ont produit quelques colonnes informes. Au pied de ce mur immense de basalte, & vers son milieu, le terrein est creux. Plus loin, le long du côté nord de la montagne, il va en s'abaissant jusqu'à l'Allier ; & c'est-là qu'est bâti le village.

Par l'effet successif des gelées & des pluies, la terrasse basaltique s'est délitée. Des blocs énormes se sont détachés de la masse; & la plupart sont venus s'amonceler dans le terrein creux dont je viens de vous parler. Non-seulement le basalte de ce canton est par sa nature beaucoup plus noir que celui des autres; mais il prend encore, à l'air extérieur, une teinte, que je ne peux mieux comparer qu'à la fumée du charbon-de-terre, dans nos forges; & c'est-là ce qui a fait donner au village & à la montagne le nom de Roche-noire. Ordinairement des roches entassées l'une sur l'autre rappellent, à l'imagination, le combat des Géans contre les Dieux; ici elles représentent un combat de Cyclopes ou de Démons. L'aspect en est véritablement effroyable; & l'on ne peut les regarder sans horreur.

Le long du village, l'effet a été le même; mais là il est devenu funeste, parce qu'on avait eu la sottise de placer le premier rang des maisons à la base du mur basaltique; & que tout ce qui s'en détachait venait tomber sur elles. Après bien des malheurs, il a fallu les abandonner enfin.

enfin. La plupart subsistent encore ; mais leurs bâtimens écrasés, leurs murs renversés en partie leur enceinte comblée de roches, annoncent combien le désastre fut grand, & tout ce qu'auraient à craindre les maisons plus éloignées, si les ruines de celles-ci ne les garantissaient.

Jussat, autre village, éprouve de tems en tems, quoique placé à la base de sa montagne, des accidens pareils. Cette montagne, de forme à-peu-près conique, est calcaire, & surmontée à sa cîme par des rochers de même nature, en grandes masses. Ceux-ci sont de vraies stalactites, remplies de tubérosités, d'ostéocolles, de sillons, de cavités, &c. Dans le tems ils furent formés là successivement par les eaux ; & ce qui prouve leur origine, c'est que si vous en cassez un fragment, il vous présente, dans son intérieur, les mêmes accidens qu'il montrait au-dehors. Primitivement tous ces rochers ne firent qu'une seule masse ; mais l'action continuelle & successive de la chaleur & du froid, de la sécheresse & de l'humidité, l'ont fendue en blocs séparés ; & ces blocs, à mesure qu'ils se sont trouvés sans appui, ont roulé vers le bas de la montagne. Il est peu d'années qu'il ne s'en détache quelques-uns. Ceux-ci roulent comme les autres ; à moins que dans leur chûte ils ne soient arrêtés par quelque obstacle. Mais si la pente les porte vers le village, malheur à la maison qu'ils viennent heurter. Mon ami, vous ne voudriez point vivre exposé à de pareils dangers ; & l'on vous en croira sans peine ; mais il n'en est pas ainsi du Paysan. Borné dans son intelligence, ne réfléchissant à rien, ne prévoyant rien, sa maison est-elle enfoncée par un rocher, il la répare ; & à moins que des périls toujours renaissans, tels que ceux de la Roche-noire, ne l'en chassent malgré lui, machinalement & par accoutumance il continuera de l'habiter. Les cheveux vous dresseraient à la tête, si je vous racontais ce que j'ai vu en ce genre. Croiriez-vous que près de Jussat est un village qui, au premier moment, sera écrasé en partie par un accident pareil ; & que les habitans vivent avec sécurité dans les tannières destinées à être leur tombeau.

Ce village est, ainsi que Jussat, situé au pied d'un monticule calcaire ; & la nature de cette pierre lui a fait donner le nom de *Roche-blanche*, comme une nature & une couleur différente de pierre ont fait donner à un autre village, dont je viens de vous parler, celui de Roche-noire. Quoique la pente du monticule soit fort roide, on y a bâti néanmoins, à différens étages, beaucoup de maisons; & l'on y monte par des sentiers pratiqués en rampe oblique. Au-dessus de ces maisons le rocher s'élève tout-à-coup à pic, dans une hauteur de cinquante à soixante pieds; & il se termine par une cîme plate. Naturellement tendre & facile à couper, différentes personnes y ont creusé des colombiers, des caves, & même des habitations, qui, sans fenêtres & sans cheminées, offrent le spectacle de la plus affreuse misere, & n'en sont pas moins remplies.

Ces excavations, pratiquées dans toute la longueur du rocher, n'ont pu se faire sans l'affaiblir beaucoup. De toutes parts, il s'est entr'ouvert. Des lésardes ont pénétré même à travers son épaisseur, depuis sa cîme jusqu'aux habitations. Quelques-uns des souterreins se sont affaissés; & de toutes parts, des blocs énormes, se détachant de la masse, ont roulé sur le penchant du monticule vers les maisons qui s'y trouvent bâties. Au mois d'oût dernier, un d'eux encore est venu en écraser une. Trois personnes, un vieillard, une femme & un enfant se sont trouvés enfouis sous les ruines. Heureusement aucun d'eux n'a péri; des poutres, en se croisant, ont soutenu les décombres sur leur tête; mais il a fallu cinq heures entières de travail pour les dégager.

Vers l'extrémité orientale du monticule, le danger est bien autrement considérable encore. Là ce n'est point seulement un bloc qui menace de tomber, c'est une portion du rocher lui-même ; & cette portion a plus de cent pieds de long, sur une ou deux toises de large. Jadis le plateau de la cîme était couvert d'une pelouse, qui, par son tissu serré, ne permettant pas aux eaux pluviales de s'infiltrer, les portait au loin par-delà la montagne. On s'est avisé de le labourer ; & les pluies alors non-seulement ont pénétré sans peine à travers toutes les fentes que pouvait offrir le rocher; non-seulement elles les ont agrandies & multipliées;

mais elles l'ont miné lui-même jusqu'à sa base. C'est ainsi que s'est fendu perpendiculairement, & que s'est, en partie, détaché de la montagne l'éclat énorme dont je viens de vous parler. Son ouverture, augmentée sans cesse, soit par la poussée des terres mouillées qu'y portent les eaux, soit par l'expansion de ces eaux, quand elles viennent à se glacer, est aujourd'hui effrayante. D'année en année on la voit s'accroître; & avant peu la masse, perdant son équilibre, écrasera tout-à-fois par sa chûte & les maisons bâties sur le penchant de la montagne, & la partie basse du village qu'elle domine.

La certitude imminente d'un aussi horrible désastre n'a pu manquer de produire quelque effroi, au moins chez certains habitans. Sur une requête présentée par les principaux d'entre eux en 1783, un Inspecteur des ponts & chaussées fut nommé pour aller visiter les lieux. Il y alla en effet; & son procès-verbal, que j'ai lu, déclare que le mal est sans remède; que l'art ne peut y apporter qu'une résistance faible & momentanée; & que le seul parti qui reste à prendre est d'obliger toutes les familles, logées, soit dans le rocher, soit sur le penchant de la montagne, à quitter au plutôt leurs habitations.

Quelque rigoureux qu'eût été un ordre pareil, peut-être, après tout, était-il nécessaire ; mais le Curé ayant représenté que les gens réduits à occuper ces logemens affreux étaient des pauvres qui seraient dans l'impossibilité de se transporter ailleurs, si on ne leur accordait quelques secours, l'émigration n'eut point lieu. Quoique depuis quatre ans elle soit restée suspendue, je ne doute nullement que l'Administration ne s'en occupe, & qu'au premier moment enfin on ne la voie effectuée. Au moins j'estime trop le Gouvernement Français, pour croire qu'au défaut de quelques sommes légères, il ait la barbarie de laisser périr plusieurs centaines de personnes; même lorsqu'elles sont assez stupides pour continuer à vivre sous le danger qui les menace.

Je suis allé plusieurs fois à la Roche-blanche ; j'ai même gravi sur la montagne pour contempler de près l'effroyable rocher destiné à les écraser toutes ; mais je n'ai pu le voir qu'une fois : de pareils spectacles font trop de mal. Ce que je vous en dis ici, mon cher Abbé, vous affectera peut-être : Eh ! Quel cœur honnête peut n'être point sensible au malheur de ses semblables ! Mais que serait-ce donc, si, comme moi, vous aviez été à portée de toucher cette masse, haute de soixante pieds sur cent de long ; de mesurer la large fente, qui déjà la sépare de la montagne ; de voir enfin perpendiculairement sous vos pieds toutes les habitations qu'elle doit écraser & détruire. L'aspect de ces maisons dévouées à la mort fit sur moi une telle impression qu'involontairement je reculai fort loin en arrière ; mais avec une terreur si visible que six personnes qui m'accompagnaient en firent un objet de plaisanterie. Je tremblais de tous mes membres ; ma vue était trouble ; & je croyais voir le rocher vaciller.

Cette émotion de frayeur m'a duré plus de quinze jours ; & pendant tout cet espace de tems il ne m'a été possible de marcher sur les montagnes qu'avec la plus grande circonspection. Mon frere, accoutumé à me voir dans ces sortes de courses une témérité qu'il était souvent obligé d'arrêter, s'apperçut de mon changement ; & je fus forcé de lui en avouer la cauſe. Si j'approchais d'un ravin, d'un torrent, d'un endroit eſcarpé, la tête me tournait; & il fallait m'éloigner au plutôt. Je vous ferai même un aveu, puiſque j'ai fait vœu de n'écrire que pour cauſer avec vous ; c'eſt que pendant ſix ou ſept nuits de ſuite, j'ai été tourmenté de rêves affreux, qui tous me replaçaient ſur la cîme de la Roche-blanche. Tantôt il me ſemblait voir les malheureux habitans étouffés & applatis ſous leur rocher; tantôt j'entendais leurs cris affreux, je me précipitais pour les ſecourir, & ne les arrachais, deſſous leurs décombres, que ſanglans, mutilés & en lambeaux. Ce quartier de montagne était ſans ceſſe devant mes yeux; je le voyais baiſſer inſenſiblement vers le vallon; puis tout-à-coup tomber, en ébranlant au loin la terre. Le retentiſſement de ſa chûte me feſait treſſaillir dans mon lit; & je me réveillais mouillé de ſueur, tremblant de tout mon corps, & tellement oppreſſé que je pouvais à peine reſpirer.

La cataſtrophe dont eſt menacée le village de la Roche-blanche, celui de Pradines, près d'Iſſoire, l'a éprouvée il y a quelques tems.

Pradines eſt, comme la Roche-noire, une

montagne à plateau. Jadis volcan, aujourd'hui labourée, elle s'étend de l'eſt à l'oueſt, ayant au midi un vallon charmant, nommé le vallon de Meillaux. Comme ſa pente était vers l'oueſt, c'eſt le cours qu'a pris ſa lave ; & c'eſt le long de cette pente, & ſur le courant de lave lui-même, que le village était bâti. Choſe étrange ! Si vous parcourez la montagne, au-deſſus du village, vous y rencontrez beaucoup de ponces ; ſubſtances légères qui euſſent été entraînées par les eaux, ſi les eaux avaient couvert ces lieux depuis l'extinction du volcan. Si, au contraire, du village vous allez à Néché, tout cet eſpace conſidérable de terrein ne vous préſente que des layes & des quarts roulés, ſans aucun mélange de matières légères ; ce qui induirait à ſoupçonner que les mers avaient abandonné la montagne, quand celle-ci avait ceſſé de brûler ; mais qu'elles couvraient encore les terres inférieures.

Après avoir traverſé le village, vous marchez quelque tems ſur le courant de lave. Plus loin eſt un tuf, compoſé en grande partie de matières volcaniques, & formé probablement par les eaux pluviales ; puis vous trouvez du basalte en grandes masses ; & c'est dans ces deux parties que s'est fait l'éboulement. Au pied des masses de basalte, en descendant vers le vallon de Meillaux, était une fontaine qui servait en même-tems d'abreuvoir, & qui en portait le nom. En 1713, elle tarit tout-à-coup. On n'a pu deviner la cause de cet événement ; mais c'est à lui qu'on attribue la catastrophe de Pradines ; & en effet il se pourrait que les eaux arrêtées dans leur cours par une cause quelconque, se fussent portées à l'ouest vers le village, & qu'en minant les terres sur leur passage, elles aient enlevé à la masse supérieure ses fondemens, & préparé sa chûte. Si le sol qu'elles humectaient ainsi eût été argilleux, l'effet serait bien plus aisé à concevoir encore ; parce que ce sol, devenu par elles humide & glissant, eût laissé couler, vers le vallon, les matières qu'il supportait.

Mais, quoiqu'on trouve de l'argile à une certaine distance de-là, dans une cave de la partie supérieure du village, il n'y en a pas la moindre parcelle dans tout le terrein éboulé ; & si ce sont les eaux qui ont causé le désastre, elles n'ont eu vraisemblablement à travailler que sur un tuf, ou peut-être sur des marnes ; car on voit des marnes vers le bas du côteau.

Peu de tems après l'époque où la fontaine cessa de couler, on s'apperçut que le terrein des environs perdait de son à-plomb, & que les maisons se lésardaient. D'année en année le mal s'accrut. Enfin ; le 22 Juin 1733, un orage affreux ayant achevé de détremper les terres, le lendemain soir, à neuf heures, l'éboulement commença. A cet instant de la journée, la plus grande partie des habitans eût dû être écrasée sous ses toits ; par le plus grand des hasards personne ne se trouva chez soi. C'était la veille de la Saint-Jean ; on fesait en ce moment, à l'autre extrémité du village, le feu-de-joie qui, ce jour-là, est d'usage ; & tous, hommes, femmes & enfans y étaient accourus, soit pour jouir du spectacle, soit pour sauter & danser autour du bûcher. Il n'était resté au logis qu'une vieille femme qui, par ses infirmités hors d'état de se lever depuis long-tems, gardait le lit. Mais au trémoussement subit que sentit la vieille sur son grabat, au fracas qu'elle entendit quand sa maison, arrachée de ses fondemens, glissa vers le vallon, elle se leva en chemise; &, la peur lui donnant des forces, elle eut le tems de se sauver. Enfin personne ne périt; mais vous devinez sans peine quels furent les cris & le désespoir des malheureux habitans, lorsqu'accourus au bruit du désastre, ils en virent toute l'horreur. Le spectacle fut pour eux d'autant plus douloureux, que l'éboulement ne se fesait que par parcelles, & qu'à mesure qu'un terrain s'écroulait, le terrain supérieur, manquant d'appui, se déchirait avec éclat, & finissait par tomber à son tour. C'est au milieu de cette désolation qu'ils passerent la nuit, voyant successivement leurs demeures & leurs héritages disparaître; & ne pouvant même approcher du danger, sans s'exposer à celui d'être engloutis eux-mêmes.

La tradition du pays prétend que, vers minuit, on vit s'élever, au-dessus des décombres, un globe de feu, qui, après avoir traversé rapidement le vallon de Meillaux, alla se perdre & s'éteindre au nord, vers la montagne de Ravel. Ces météores lumineux sont un effet d'électricité; il y en a plusieurs exemples, constatés par des témoignages irrécusables; & Pradines peut en avoir eu un. Mais ils font si rares qu'il ne faut y croire que sous bonne garantie ; & quoique celui-ci soit attesté par la tradition, quoiqu'il m'ait été certifié par deux vieilles femmes du lieu, qui prétendaient l'avoir vu; cependant j'avoue que pour y croire, je voudrais d'autres témoins que des femmes tranfies d'effroi, ou des paysans abîmés de douleur.

Un fait qui m'a été garanti également, mais auquel j'ajouterais plus de foi, c'est qu'après l'éboulement, la terre qui restait à découvert, parut délayée par l'eau, & détrempée comme du mortier. En quelques endroits, cette eau était même assez abondante pour former des sortes de mares; dans d'autres, où la pente se prêtait à sa chûte, elle coulait en sources. Je ne doute point que la pluie qui avait eu lieu la veille de l'événement n'ait accru le réservoir ; mais certainement elle n'avait point suffi pour le former ; & sans doute il ne fut dû qu'à cette source supprimée, qui s'étant jettée de ce côté-là, finit par en changer totalement la face.

La partie de la montagne qui offrait du basalte en grandes masses, souffrit du déchirement général, ainsi que celle qui n'était composée que de tuf. Le surlendemain du premier accident, plusieurs quartiers de la coulée basaltique se détacherent; & un entr'autres, épais de vingt-six pieds, haut de cinquante-sept, & large de quatre-vingt-dix. L'épouvantable bloc gît encore tout entier, au lieu de sa chûte. Mais, quoiqu'il n'ait fait que tomber à plat, sans rouler aucunement; cependant, par sa pesanteur & son énormité, il ébranla tellement la terre que plusieurs maisons s'entr'ouvrirent, & que quelques-unes même furent entièrement renversées. Ceux des villageois dont les habitations étaient assez éloignées du lieu de l'éboulement, pour avoir été, jusqu'à ce moment, rassurés sur son danger, crurent, pour le coup, que leur dernière heure était venue. Ils avaient retiré chez eux ceux de leurs camarades qui étaient sans asile. Tous sortirent, en poussant des hurlemens affreux, courant, sans savoir où, pour éviter d'être engloutis : & cet instant de consternation fut pour eux plus horrible encore que tous ceux qu'ils avaient subis pendant les deux jours précédens du malheur général. Néanmoins le Curé seul en fut la victime. Vieux &

infirme, le bon-homme alors difait la meffe. A la fecouffe violente qu'il éprouva fur l'autel, aux cris perçans qu'il entendit, il fe crut près de périr; & fon effroi fut tel qu'il ne put achever le facrifice. On fut obligé de l'emporter chez lui. Il n'y entra que pour fe mettre au lit; & y mourut, quelque tems après, des fuites de fa frayeur (*).

L'éboulement total dura quatre jours entiers; & il ne ceffa que quand les terres fupérieures eurent aquis l'affiette qui leur était néceffaire pour fe foutenir par elles-mêmes. Du refte, il bouleverfa 400 arpens de terrein; détruifit foixante bâtimens, & couvrit un efpace long de 400 toifes fur 300 de largeur; mais fes effets ne furent point partout les mêmes. En quelques endroits les rochers qui fe détachaient de la montagne venaient frapper ceux qui étaient déja tombés; & les pouffant en avant, les forçaient de cheminer vers le vallon. Ailleurs où ces terres

---

(*) Cette anecdote m'a été contée par le Curé actuel.

avaient plus d'escarpement, elles roulaient sur elles-mêmes; & les maisons, arbres, prairies ou vignobles qui les couvraient, se trouvaient enfouis. Plusieurs parties du côteau ne firent que glisser sur leur pente; elles descendirent ainsi toutes entieres, & arriverent au vallon avec leurs arbres & leurs vignes. Il y eut une grange qui, déplacée de cette maniere, fut portée, comme par miracle, à l'extrémité de l'éboulement ; sans éprouver d'autre accident qu'une crevasse dans ses murs. Elle y subsiste encore aujourd'hui ; je l'y ai vue, & si l'on avait pu m'indiquer avec certitude l'endroit précis où elle existait primitivement, je me fusse donné la satisfaction de mesurer tout l'espace qu'elle avait parcouru.

Ceux des Paysans dont les maisons étaient détruites se transplantèrent à l'autre extrémité du village; & avec le temps ils s'y bâtirent des habitations nouvelles. Quant aux héritages, il n'était plus possible de les reconnaître dans ce cahos de ruines & de décombres. Pour empêcher les procès, il fallut que l'Administration interposât sa médiation ou son autorité. L'Intendant de la Province nomma à cet effet quatre Commissaires, qui

qui vinrent faire un nouvel arpentage, & partager entre les contendans le nouveau terrein. Tout s'arrangea; cependant il y eut des gens opiniâtres qui plaidèrent, & ne voulurent point d'accommodement; & ce fut alors que s'agita au Barreau cette question de Droit singulière, à qui des deux devait appartenir le terrein transporté dans le vallon, ou du Propriétaire qui l'avait possédé sur la montagne, ou de celui qui actuellement l'avait sur son sol.

Il a cinq ou six ans que, près d'Ardres, arriva une catastrophe du même genre; mais, comme je n'ai point vu par moi-même les lieux où s'est passée celle-ci, je craindrais de ne vous en parler que d'après des rapports, infidèles peut-être, ou au moins exagérés. D'aileurs, c'est trop long-tems vous entretenir de désastres; &, puisque vous ne pouvez jamais être en Auvergne qu'un Voyageur, il est juste qu'après vous avoir fait connaître quelques lieux propres à vous intéresser par leurs dangers ou leurs malheurs, je continue de vous indiquer ceux qui peuvent vous satisfaire par leurs beautés. Dans ce nombre, je mets au premier rang les Monts-Dor, déja cités tant de fois dans ce que vous avez lu jusqu'ici, & si connus à Paris par la célébrité qu'ont aquise leurs eaux thermales & leurs bains.

On désigne, sous le nom général de Monts-Dor, une chaîne de montagnes, dont la circonférence est estimée vingt lieues. Probablement la plupart d'entr'elles étaient de formation primitive; & peut-être en existe-t-il encore plusieurs: mais des volcans se sont allumés sur ce coin de terre, ils l'ont bouleversé, & en ont fait un cahos. Le temps est venu ensuite le changer à son tour, pour la seconde fois. Il a conduit des eaux à travers tous ces débris volcaniques; il y a semé de la verdure & des bois. Enfin, en lui laissant des vestiges de ses deux premières époques, il l'a rendu un pays fort extraordinaire. Cratères profonds, vallées fertiles, ravins & précipices affreux, marais formés par des neiges fondues, courans de laves, crêtes arides & nues, plaines couvertes de rapillo & de scories volcaniques, bestiaux, torrens, forêts, pacages, terreins cultivés, montagnes jettées par les volcans sur d'autres montagnes, villes & villages enfin entourés de neige pendant huit mois; voilà ce que vous préfenterait cette étrange contrée, fi vous vouliez confacrer le tems néceffaire pour l'étudier & la bien connaître.

La plupart de fes laves ont encore, ainfi que celles de Dome, un caractère particulier qui les diftingue des laves ordinaires, & qui par-là les rend, aux yeux du Naturalifte, un objet curieux. C'eft que primitivement ayant été granitiques, leur granit n'eft que cuit; parce que le feu de leurs volcans ne fut point affez fort pour les fondre entièrement, & pour en faire une fubftance homogène. A la vérité, la chaleur exceffive qu'elles ont fubie a diffipé en partie l'efpèce de gluten qui liait leurs élémens; mais ces élémens fubfiftent; ils ont gardé leur juxtapofition primitive; & quoiqu'altérés, ils font encore très-reconnaiffables. Ajoutez à cela que le feu, en les travaillant, leur a donné à prefque toutes une teinte ou couleur quelconque. En vous bornant à la feule collection de celles du vafte *Vallon-des-bains*, vous auriez peut-être, au moins fi j'en juge par ce que j'en ai vu, plus de quatre-vingt nuances différentes. Nous en avons rapportées beaucoup à Clermont, parce qu'au premier voyage, nous nous étions fait suivre d'une voiture avec quelques panniers. Quant à moi, je n'enverrai à Paris que celles qui ont les couleurs les plus belles & les plus tranchantes; & vous pourrez les y examiner.

Je vous ai déja dit que ces sachets de plantes séches, qu'on débite en France sous le nom de vulnéraires de Suisse, ne sont que des simples, cueillis sur le puy de Dome ou sur les Monts-Dor. Ceux de ce dernier canton ont beaucoup de renommée, & sur-tout la véronique & le pied-de-chat. Les Paysanes viennent même en offrir des paquets aux Voyageurs. Au reste, les Botanistes qui desireraient connaître les plantes d'Auvergne, peuvent s'adresser à M. l'Abbé de Larbre. Il en a fait un catalogue complet, qui contient dix-huit cens articles, & que probablement il publiera un jour.

Jadis il n'y avait, pour aller aux bains du Mont-Dor, qu'un seul chemin, à travers les montagnes; mais ce chemin était si étroit & si scabreux que les malades ne pouvaient s'y rendre qu'en litière. Aujourd'hui une grande route y mène, & des berlines peuvent y arriver en poste. Malgré cela, si vous faites bien, vous irez par un des deux chemins, & vous reviendrez par l'autre. J'avoue que depuis le Mont-Dor jusqu'à la hauteur de Sauzet-le-froid, l'ancienne route n'a rien d'intéressant ; parce que toutes les montagnes y sont couvertes d'herbe, & que par conséquent il n'y a rien à examiner ; mais elle est d'un tiers plus courte, & vous pouvez au moins y voir des burons, des pacages, des sites pittoresques.

Quoique l'eau des bains sorte d'une montagne nommée Langle, on leur a néanmoins donné le nom de *Bains du Mont-Dor,* comme le plus brillant sans doute. Le village qu'y a fait bâtir le concours des malades porte une dénomination plus juste ; on le nomme *Village des Bains.* Quant à l'époque où ces eaux thermales ont commencé à devenir célèbres, il est impossible de l'assigner. Déja, sans doute, elles avaient une renommée au tems où les Auvergnats, assujettis aux Romains, parlaient la langue & suivaient la religion de leurs Maîtres ; & ce qui me le fait présumer, c'est le nom de *César,* que porte l'un des bains ; & le nom de *Pantheon,* donné à un temple qu'on avait bâti à quelques pas de-là. Un des côtés du temple a subsisté jusqu'à nos jours. Il n'y a pas cinquante ans qu'on a achevé de le détruire; & la place où il existait en porte encore le nom. Sur ces fondemens est bâtie aujourd'hui une maison, qui forme à-la-fois le café & le billard du lieu. On voit encore, en différens endroits du village, sept tronçons des colonnes anciennes (*); &, dans la cave du café, une base attique, très-belle, & haute de cinq pieds.

L'eau thermale est si abondante que dans son cours elle fournit à trois éruptions; celle du *Bain-de-César*; plus bas, celle des Bains proprement dits; & plus loin encore, dans la place du Panthéon, une fontaine en plein air, nommée de la Magdeleine, & à laquelle viennent, à travers la boue, sous le soleil & la pluie, boire, pêle-mêle, tous les buveurs. Un Intendant de la Pro-

---

(*) Deux des tronçons ont été employés par les Paysans pour élever une croix à l'entrée de leur église; & deux autres pour une autre croix, dans la place du Panthéon. Ceux-ci sont sculptés; mais ils ont été tellement placés, que les figures ont la tête en bas. Leur diamètre est de trois pieds.

vince avait imaginé de faire creuser, vers le bas de la place, un bassin dans lequel viendrait se rendre toute la décharge des trois canaux, & qui servirait de bain aux chevaux malades. Le projet a eu lieu, quoiqu'il ne subsiste plus maintenant; & c'est pour mettre à exécution cette invention de génie, que fut détruit, dans le tems, ce qui restait encore du temple.

Le Bain-de-César est au pied de la montagne d'où sort l'eau thermale, & taillé dans le roc. Haut de douze pieds, large de neuf, sur onze de profondeur, il a la forme d'une grotte ou d'une tourelle : forme qui, dans les anciens titres de la Maison de la Tour-d'Auvergne, laquelle, depuis long-tems, possède la terre des Monts-Dor, l'a fait appeler *balneum cryptæ*, le bain de la grotte. On a donné à l'eau, pour bassin, une pierre ronde, à travers laquelle elle vient jaillir en bouillonnant; mais il ne peut y tenir qu'une seule personne; & l'on a même eu la gaucherie de faire le bassin si étroit & si peu profond, que le malade est obligé de s'y tenir accroupi, & dans la posture la plus gênante.

A quelques pas de-là est le bâtiment du grand

bain, qui, quoiqu'avec une largeur de quinze pieds, & une profondeur de vingt-six, n'avait cependant, comme celui de César, qu'une seule baignoire. La chaleur des eaux ne permettant de rester là que fort peu de tems, les deux baignoires suffisaient sans doute au nombre des malades; mais quand l'affluence de ceux-ci augmenta, il fallut augmenter aussi les bains. Alors, avec quelques planches, on partagea celui du grand bâtiment en quatre; on plaça, dans le milieu, une pompe qui, mue par un homme, sert à donner la douche, quand elle est ordonnée; & c'est ainsi que le lieu existe actuellement. Quant aux malades, on a établi, pour les amener aux bains, & pour les reconduire dans leur logement, des chaises-à-porteurs; & ces chaises, dignes du lieu, sont en sapin brut.

Dans tous les pays la saison des eaux est bornée; mais elle dure environ les trois mois d'été. Aux Monts-Dor, elle n'a guères que cinq semaines; depuis la mi-juillet jusques vers la fin d'oût. A la Saint-Louis, les malades commencent à se retirer; dans les premiers jours de septembre il n'y a plus personne; le climat alors devient trop froid, & les eaux perdent leur vertu. L'air des Monts-Dor est pur; mais il est vif. Au reste, pour vous donner une idée de sa température, je n'ai besoin que de vous citer un fait; c'est que le 10 oût il y avait encore, sur les montagnes voisines des bains, de la neige qui n'était pas fondue.

On prétend que de toutes les eaux thermales du Royaume, celles du Mont-Dor sont les plus gazeuses. En effet, le gaz y est si abondant, & sur-tout au bain-de-César, qui est le plus dangereux parce qu'il est le plus voisin de la source, que souvent, dans les jours d'orage & de grandes chaleurs, on ne peut s'y baigner sans courir risque de la vie. Les malades alors sentent aux jambes un picottement qui les avertit du danger. D'ailleurs les gens préposés aux bains, ont appris par expérience à le connaître; & ils s'en apperçoivent à la seule inspection de la vapeur. Il y a une vingtaine d'années qu'un soldat Espagnol, s'étant obstiné à entrer dans la baignoire, malgré les représentations qu'on lui avait faites, y périt étouffé; & ce fait est consigné dans un Ouvrage que vient de publier, sur les eaux de Bourbon, de Vichi & du Mont-Dor, M. de Brieude, Médecin.

Ce n'est pas à moi qu'il appartient de vous instruire sur la nature de ces dernières. Je laisse le Chymiste analiser leurs principes, & le Médecin prononcer sur leurs propriétés. Au reste, vous pouvez consulter à ce sujet, & l'Ouvrage de M. de Brieude, & le Mémoire de le Monnier, inféré parmi ceux de l'Académie des Sciences, pour l'année 1744. Moi, je vous dirai seulement qu'au goût elles sont piquantes ; mais que si on les boit après les avoir laissées refroidir, on les trouve insipides ; parce qu'alors apparemment elles ont perdu le gaz dont l'acidité leur donnait de la saveur.

La chaleur du Bain-de-César monte quelquefois jusqu'à trente-six degrés & demi ; mais sa température moyenne est de trente-quatre. Celle du grand bain, comme un peu plus éloigné de la source, ne va qu'à trente-trois ; & la fontaine de la Magdeleine, qui, par une plus grande distance encore, doit, dans sa route, se refroidir davantage, n'en donne que vingt-neuf.

Un fait plus étonnant, est, qu'à trente pas du Bain-de-César, il sort de la montagne une autre fontaine, nommée de Sainte-Marguerite, laquelle est froide. Peut-être l'eau thermale n'est-elle qu'un rameau de cette source, échauffé dans son cours par les substances sur lesquelles il passe. Mais les deux jets eussent-ils une origine différente, ce n'en est pas moins un phénomène, digne d'attention, que cette eau qui coule froide; tandis que, près d'elle, sont des matières en fermentation, assez fortes pour donner à d'autres eaux une chaleur plus considérable que celle du sang humain, & assez abondantes pour fournir, sans interruption, à cette chaleur, depuis tant de siècles.

Le même phénomène a lieu encore près de Sénecterre. En vous parlant, ci-dessus, des eaux gazeuses, je vous ai dit que dans le vallon au-dessous de ce bourg, il y en avait beaucoup qui, par les sédimens qu'elles y déposaient, formaient, sur les deux côtés du vallon, des masses considérables. J'ajouterai ici, qu'un peu plus bas, sont deux sources d'eaux thermales, de la même nature. Quoiqu'elles soient à un quart de lieue du bourg, & que pour y descendre, il faille subir un chemin détestable & dangereux, elles commencent, néanmoins, d'acquérir, dans le pays, quelque réputation; &, tout récemment, on vient d'enfermer, sous un bâtiment, chacune d'elles. Mais, tant qu'elles seront éloignées de toute habitation, & qu'elles manqueront des commodités qui sont nécessaires à un malade, il ne sera guères possible d'y établir des bains. L'une, à mon thermomètre, donna dix-neuf degrés de chaleur; l'autre, plus éloignée, en marqua vingt-six. Je ne serais pas même étonné que celle-ci, dans la belle saison, n'eût la température du Bain-de-César; car ce fut le 4 Septembre, à cinq heures du soir, que je l'éprouvai; & l'air extérieur n'était, en ce moment, qu'à treize degrés. Au reste, tout étonnante que vous paraîtra, peut-être, la chaleur de ces eaux, elles ne seraient que tièdes néanmoins auprès de celles de Chaudes-aigues, dans la Haute-Auvergne. Là, le thermomètre, dit-on, monte à soixante-dix degrés; c'est-à-dire, qu'avec dix degrés de plus elles ne différeraient point de l'eau bouillante.

A une lieue du village des Bains, sur les bords de la Dordogne, est un hameau, nommé la Bourboule, qui a de même plusieurs sources d'eaux thermales (*); non-seulement très-abondantes, mais plus chaudes encore de quatre degrés que les Bains-de-César. On y a aussi construit un bâtiment, & pratiqué des baignoires; & l'on assure même qu'il se guérit là des maladies, pour lesquelles les bains du Mont-Dor seraient inefficaces. Malgré tous ces miracles, le lieu néanmoins est inconnu, tandis que l'autre a de la célébrité. Il y a un très-gros livre à faire sur le hasard des grandes réputations. Quand quelque Auteur entreprendra l'Ouvrage, parmi les cent mille & un faits qu'il pourra citer, il n'oubliera pas, sans doute, celui de la Bourboule.

Au reste, si les eaux du Mont-Dor ont quelque renom, il faut avouer qu'elles n'en sont guères redevables qu'à elles-mêmes. On ne les trouve célébrées par aucun de nos Poëtes; pas un seul

---

(*) Près d'un des rameaux de l'eau thermale, est une source d'eau froide; & elles ne sont séparées l'une de l'autre que par un espace de quatre pieds.

Ecrivain de mérite ne les a vantées. Peut-être n'en est-il pas dans tout le Royaume qui soient plus rebutantes par tout ce qui les entoure. Bâtiment horrible, logemens dégoûtans, nourriture très-chere, village sâle & boueux, voilà ce qu'on y trouve; mais elles guérissent; & malgré tous les désagrémens qui les environnent, on y accourt.

Vous serez étonné sans doute que, dans un lieu fréquenté, & d'une utilité si reconnue, on laisse subsister tout cet extérieur de misere & de gueuserie; mais la personne à qui appartient la propriété des bains, les loue à des gens du lieu; ceux-ci les regardent comme une ferme sur laquelle ils doivent faire un profit; & de-là vous voyez tout ce qui doit arriver.

On n'avait pas même songé à former pour les buveurs une promenade; quoique, pour cette sorte de malades, l'exercice soit une chose de première nécessité. Enfin, un Intendant, il y a quelque tems, fit applanir un terrein dans le vallon, à l'extrémité du village. La promenade est assez vaste, & elle suffirait pour sa destination; mais lorsqu'on l'eut finie, on oublia d'y planter des arbres ; de sorte qu'aujourd'hui, sans une seule feuille pour garantir du soleil, sans une pierre pour se reposer & s'asseoir, elle est totalement abandonnée & complettement inutile.

Grace à M. de Chazerat, tout va changer. Déjà, comme je vous l'ai dit, les bains ont une grande route ; avant peu ils auront un hôtel décent. On devait en jetter les fondemens à la fin de septembre ; & dans trois ans il sera totalement achevé. Les plans, que j'ai vus chez l'Ingénieur des ponts & chauffées, (M. de Séganzin) qui les a donnés, & qui doit les exécuter, m'ont présenté un bâtiment simple, mais élégant. Pour la commodité des malades, il n'aura qu'un rez-de-chauffée, surmonté de quelques logemens pour des domestiques ; mais il pourra recevoir douze maîtres ; & tous douze y auront leur appartement & leur baignoire.

Les quatre bains actuels seront abandonnés au public. On ne prendra pour l'Hôtel que les eaux de celui de César ; parce qu'étant les plus chaudes, ce sont celles qui, dans le trajet, doivent moins perdre de leur vertu. Cependant, comme ce trajet est fort long, & qu'il s'agit d'empêcher un trop grand refroidiſſement, M. Séganzin a employé, pour conſerver leur chaleur, un moyen auſſi ingénieux que ſimple; c'eſt de ramaſſer celles qui forment la décharge des quatre bains; de les conduire à la Dordogne, dont le lit n'eſt pas loin de-là, par un aqueduc voûté qui paſſe ſous l'Hôtel; & de ſuſpendre dans l'aqueduc le tuyau deſtiné aux nouvelles baignoires. Par ce moyen, le tuyau ſe trouve iſolé de tout ce qui peut le refroidir. Plongé dans un courant d'eau chaude, il doit conſerver preſque en entier, à celles qu'il conduit, leur température primitive, & les livrer aux malades telles à-peu-près qu'il les a reçues de la ſource.

L'Hôtel-des-bains ne ſera qu'une hôtellerie ordinaire, où l'on n'entrera qu'en payant; mais auſſi l'on y jouïra du droit qu'a tout homme qui paie, de s'y faire ſervir à ſon gré. On y arrivera par une rue, qui deviendra la continuation de la grande route. Placé ſur le bord de la Dordogne, il dominera d'un côté ſur la rivière & le vallon; & de l'autre, aura pour avenue la promenade actuelle, mais plantée d'arbres divers. Quoique dans le plan, je ne me rappelle point
d'avoir

d'avoir vu de portique, je n'en suis pas moins convaincu qu'il en existera un, & qu'on n'aura garde d'oublier qu'il faut aux malades, pour les tems de pluie, un promenoir couvert. La rue du village, au reste, doit être redressée & pavée. Enfin M. de Séganzin compte réunir les respectables restes des colonnes de l'ancien Panthéon; & employer sur-tout la belle base attique, enfouie dans la cave du café. Mais les tronçons ne suffisant pas pour la hauteur que demande son projet, il veut placer entre chacun une assise de pierre nouvelle, & former ainsi un monument, qui, destiné à l'embellissement du lieu, en attestera tout-à-la-fois la noble antiquité. Au-dessus de l'obélisque, s'élevera une Renommée, la trompette en main. Prête à s'envoler, la Déesse paraîtra s'élancer dans les airs; comme pour aller au loin annoncer aux Français qu'une piscine nouvelle est ouverte en Auvergne, & les appeler tous à participer aux prodiges sans nombre, dont chaque jour elle y a été le témoin.

En effet, dès que les projets dont vous venez de lire les détails, seront tous exécutés, je ne doute pas que l'affluence des malades n'augmente considérablement au Mont-Dor. L'Auvergne, riche en denrées, & pauvre en argent, ne peut que gagner beaucoup aux confommations qu'occafionneront tous ces voyages; & c'eft fous cet afpect d'utilité que doivent être confidérés des ouvrages, qui autrement mériteraient l'animadverfion de la Province, puifqu'ils ne font exécutés qu'à fes dépens.

J'ai même en ce moment, mon cher Abbé, un preffentiment particulier, dont je vous ferai confidence. Vous favez que tout eft mode en France; & qu'après avoir paffé bien du tems fans voyager, notre Nobleffe enfin a pris du goût pour les voyages. Mais ces voyages, la mode d'abord leur donna pour but l'Italie; puis la Hollande & la Flandres; puis l'Angleterre; enfin, depuis quelques années, c'eft la Suiffe. Qui fait fi l'Auvergne auffi n'aura point fon tour ? Elle eft fi peu connue, & a tant de droits à l'être! Naturaliftes, Amateurs, Voyageurs, Etrangers, jeunes gens dont l'éducation eft finie, tous voudraient la vifiter & la connaître; & pendant quelque tems, ils réfideraient au village des Bains, parce que de ce centre, ils pourraient voir fucceffivement, & fans peine, les divers points de la circonférence. Bientôt d'autres personnes, & même des sociétés entières, voudraient faire là, dans l'été, un voyage de curiosité & de plaisir. Toutes ces bandes de désœuvrés riches, qui courent aux différentes eaux, chercher de l'amusement & du jeu, se donneraient rendez-vous au Mont-Dor. Des Anglais viendraient y porter, les uns leur ennui, les autres leur esprit observateur. Que vous dirai-je ? ce que font, tous les ans, Spa, Bath, Aix-la-Chapelle, &c. les Bains le deviendraient à leur tour. Il s'y construirait des auberges décentes; les plaisirs accourraient-là en foule, surpris de s'y trouver pour la première fois peut-être ; les malades enfin pourraient y connaître la joie, la joie si nécessaire à la guérison de tous les maux : & alors ils auraient un nouveau motif pour applaudir à un établissement, qui, tout avantageux qu'il serait à l'Auvergne, le serait pour eux bien davantage encore.

Si le rendez-vous du Mont-Dor aquérait, comme je l'entrevois, une certaine renommée, il est au-dessus du village une belle & magnifique vallée, dans laquelle on pourrait pratiquer de superbes promenades. Elle s'ouvre du sud au nord,

& a près d'une lieue & demie de long, sur un grand quart de lieue en largeur. Traversée dans tout cet espace par la Dordogne, ornée à droite & à gauche par des bouquets de sapins, par quelques terreins cultivés, & sur-tout par des pâturages qui, pendant la belle saison, sont couverts de troupeaux; elle est fermée à son extrémité supérieure par de très-hautes montagnes, dont les masses s'arrondissent autour d'elle en demi-cercle. Là le terrein s'élève en pente, parce qu'il est le prolongement de la base des montagnes. Son vaste amphithéâtre est occupé en entier par une forêt de sapins. Vous voyez tous ces arbres se déployer devant vous, les uns au-dessus des autres; & leurs cîmes caduques, ainsi que leur physionomie sauvage, font là un effet inconcevable. Nulle part, mon ami, vous ne verrez une vallée plus régulière, mieux dessinée, & dont les contours enfin soient plus pittoresques. A gauche, & vers le milieu de sa longueur, elle a l'*Ecorchade*; cette montagne dont je vous ai déjà parlé, & qui, nommée ainsi à cause des ravins dont elle était sillonnée, aujourd'hui est éboulée en partie. A droite, vis-à-vis l'Ecorchade, est une autre montagne à eîme ronde, élevée de deux cens trente toifes au-deffus du village, & couverte de verdure & de bois. Celle-ci n'eft qu'une énorme roche volcanique, fur la circonférence de laquelle s'élèvent d'immenfes prifmes de bafalte. On lui a donné le nom bizarre de *Capucin*; parce que parmi ces prifmes, il y en a un ifolé de la montagne, & dont en effet la forme pyramidale repréfente très-bien un Capucin qui fe ferait pofé là pour vous regarder, ayant fon manteau fur les épaules, & fon capuce fur la tête.

Si ces deux montagnes contribuent, l'une par fes accidens, l'autre par fa forme & fa crête, à varier le tableau charmant de la vallée; d'un autre côté, la hauteur de celles qui l'encaiffent lui impriment en même-tems je ne fais quel air de grandeur & de majefté. La Nature d'ailleurs, comme pour achever ce bel enfemble, l'a couronnée, à fo.. extrémité, par la plus haute des montagnes de la Baffe-Auvergne; par ce Mont-Dor qui donne à-la-fois fon nom, & au lieu des bains, & à la chaîne des montagnes de ce canton*.

(*) Voilà pourquoi, en parlant des Bains, on dit

Cinq cens douze toises d'élévation qu'a, au-dessus du village, ce mont célèbre, suffiraient seules pour vous faire juger du grand effet qu'il doit produire dans sa vallée ; mais vous aurez de ces effets une bien autre idée encore, quand je vous aurai dit que couvert de verdure en très-grande partie, il se trouve en même tems hérissé de pics hideux, & déchiré, d'espace en espace, par de larges ravins. Dans le nombre de ces ravins, il en est un immense qui, se rapprochant vers le bas par ses deux côtés, & se terminant en pointe, offre au loin la figure d'un triangle. Il supporte un banc de lave, duquel tombe & se précipite une cascade dont les eaux vont former en partie la petite rivière qui traverse la vallée. Le fonds rouge du ravin rend plus éclatant encore l'argenté brillant

---

les *Bains du Mont-Dor*; au lieu qu'on dit *les Monts-Dor*, quand on veut désigner les montagnes qui forment la chaîne. Le Mont-Dor, selon les mesures de Cassini, est à 2984 toises de distance du village des Bains, & à 15000 du puy-de-Dome. Il est élevé de 788 toises au-dessus du sol inférieur de Clermont ; & de 1048 au-dessus du niveau de la mer.

de la cascade. Par-tout ailleurs cette riche & vaste décoration serait admirée, même isolée de tout ce qui l'entoure. Ici elle ravit, parce qu'elle est le dernier trait d'un tableau magnifique ; parce que, placée au point central de la circonférence qui ferme la vallée, elle attire & fixe irrésistiblement tous vos regards ; parce qu'enfin, à la hauteur proportionnée où elle se trouve, vous la croiriez une perspective, posée là, comme à dessein, par le choix de l'art le plus habile, ou plutôt par la baguette d'une Fée puissante.

Je vous ai parlé ailleurs de la vue immense qu'offre le pic de Dome, & du spectacle ravissant dont on y jouit. D'après ce que je vous ai dit sur cet objet, vous pouvez imaginer aisément quelle étendue d'aspect doit avoir une montagne, qui, plus élevée que Dome de deux-cens-vingt-huit toises, a, au-dessus de l'Océan, près d'une demi-lieue de hauteur perpendiculaire, & se trouve entourée de Provinces cultivées, sur lesquelles elle s'élève & domine. Je n'entreprendrai point ici la description d'un tableau, dont les détails, quelques brillans qu'ils fussent, se trouveraient toujours bien inférieurs à la verité ; mais pour en donner à votre imagination une idée légere, je vous dirai que du Mont-Dor on voit les Alpes ; & que le Mont-Dor lui-même s'apperçoit, dit-on, de Nevers, qui en est éloigné de trente lieues, & des environs de Montauban, qui en est à près de quarante.

Quelque considérable que soit, & par sa hauteur & par son étendue, cette montagne qui donne son nom à toute la chaîne dont elle est entourée, néanmoins c'est à un faible ruisseau qu'elle doit le sien. Ce ruisseau s'appelle la Dor ; il y prend sa naissance ; non loin d'un autre, nommé la Dogne ; & s'en précipite, en formant cette cascade dont je vous ai parlé plus haut. Les deux sources vont se réunir dans la vallée ; & confondant leurs noms, ainsi que leurs eaux, donnent à la rivière qu'elles forment ensemble, le nom de Dordogne.

La Dordogne, au pied du Mont-Dor, n'est encore qu'un ruisseau médiocre, qu'en été l'on pourrait franchir sans peine. Cependant, à mesure qu'elle avance dans la vallée, ses eaux s'accroissent & grossissent ; parce que la pente des lieux porte dans son lit celles des montagnes voisines. Arrivée près du village, elle est déjà une petite rivière ; mais ce qu'elle a de plus remarquable, c'est la quantité, ainsi que la variété des pierres & des laves, dont par tout ses bords sont couverts. Tout cela y est entraîné du voisinage par les orages & les fontes de neiges. Quelqu'un qui, ayant du goût pour l'Histoire Naturelle, ne se sentirait point le courage de parcourir les montagnes, pourrait là, en fort peu de tems, se former une collection curieuse ; &, s'il est des objets qu'on n'y trouverait point, il en est d'autres aussi qu'on ne trouverait que là, parce qu'ils viennent de gorges & de ravins, d'où les eaux les ont détachés, & où il serait impossible de pénétrer.

Le plus considérable des ruisseaux que la Dordogne reçoit dans sa vallée est celui qui porte le nom de *la cascade*, & qui en effet forme la plus belle, ainsi que la plus célèbre de toutes les cascades de la Basse-Auvergne. Ce genre de beauté, propre aux pays de montagnes, n'est nullement rare dans la Province ; &, pour ne parler que de celles qui doivent être connues d'un Voyageur, on en voit deux seulement sur la grande route de Clermont au Mont-Dor. L'une est sur la gauche du chemin, vis-à-vis le village nommé Trador. L'autre, plus près de Clermont, est au hameau de Saillant; & celle-ci, formée par trois lits de basalte, placés, obliquement, en gradins, les uns au-dessus des autres, forme elle-même trois belles nappes successives, dont les deux premières ont ensemble cinquante-huit pieds de hauteur, & la troisième quarante-neuf. Au bas de celle-ci, les eaux se sont arrondi & creusé un bassin, dont la circonférence a cent-trente-sept pieds; puis elles coulent, comme fait à Royat le ruisseau de Fontanat, à travers une énorme masse de basalte, haute de trente-cinq, que leur action & celle du tems ont minée perpendiculairement dans une largeur & une longueur considérables. Il est possible, en suivant, pendant quelque tems, une prairie, qui est à la droite du ruisseau, de descendre dans cette sorte de précipice, & d'y contempler toutes ces horribles beautés. Mais, au lieu de prendre, pour le visiter, la saison où les ruisseaux sont taris en partie par les chaleurs, il faudrait n'y aller qu'à cette époque du printems, où les neiges, en fondant sur la cîme des montagnes, les font groffir. Alors celui de Saillant aurait tout son volume. Dans sa chûte de cent sept pieds, il couvrirait avec abondance les larges roches sur lesquelles il est successivement obligé de glisser; & après s'être épanoui à vos yeux sous son agréable forme d'éventail, vous le verriez tomber & se perdre en écume dans son vaste baffin.

Quoique la cascade des Monts-Dor ait des beautés indépendantes du volume de ses eaux, cependant je desirerais que vous choisissiez pour la voir, la même faison. Le village alors sera défert probablement; & il faut vous y attendre: mais qu'importe; ce ne font ni des malades ni des curieux que vous cherchez, c'est la Nature, & par-dessus tout la Nature sauvage.

La cascade est vers la cîme d'une montagne volcanifée, sur la gauche de la vallée des Bains, & à peu de distance du village. Les eaux, en la creusant depuis tant de siècles, l'ont entr'ouverte à une très-grande profondeur; & celles de ses couches qu'elles ont mises ainsi à découvert, nons prouvent aujourd'hui qu'elle fut formée successivement par les diverses éruptions d'un volcan. Si vous côtoyez le ruisseau pour le remonter, par-tout vous retrouvez sur votre passage ces différentes natures de dépôts; mais ils sont très-sensibles sur-tout dans certaines parties auxquelles l'éboulement a donné une grande hauteur perpendiculaire. D'abord, ce sont des fragmens de laves, qui, dans le tems, furent apportés là par les eaux, & amoncelés confusément par elles. Au-dessus de ce banc, est une couche très-épaisse de ces matières pulvérulentes qu'on nomme cendres, & dont le volcan couvrit les laves. Ensuite il y envoya une coulée de basalte, qui s'y est cristallisée en beaux prismes; puis une lave ordinaire; puis enfin une lave granitoïde, formée par ces granits cuits & non fondus, dont je vous ai parlé plus haut.

Quelqu'un qui aurait l'habitude de marcher sur des roches, & qui ne craindrait pas le risque de se mouiller un peu, ou même de faire quelques chûtes, pourrait monter à la cascade par le ravin de son ruisseau. Je l'ai fait; & j'avoue que la fatigue est extrême. Mais aussi, par quelles horreurs ravissantes on est dédommagé de sa peine !

Ce n'est point seulement la roideur & l'escarpement de la montagne qui contribuent à rendre plus pénible cette singulière route ; c'est sur-tout l'immense quantité de laves qu'on y rencontre en blocs de toutes les grosseurs ; & qui sans cesse vous obligent à des détours. Il en est d'énormes, que la pente du terrein a fait rouler jusqu'au ruisseau. L'eau arrêtée par eux, vient les frapper dans sa chûte. Elle blanchit, elle écume ; & ne peut couler qu'en les tournant & les suivant dans leurs contours. S'ils n'ont qu'une hauteur médiocre, alors elle s'élève au-dessus d'eux, retombe en nappe de l'autre côté ; & dans son cours, sautant aussi de roc en roc, forme cent cascades, dont la moins belle serait une merveille dans nos jardins anglais.

A travers tout cet amas de laves qui vous offrent à-la-fois & le monument d'un grand incendie, & les décombres d'une immense ruine, la Nature a fait naître, ce qu'elle produit par-tout où elle conduit une eau pure, de la verdure & des arbres. Ces masses volcaniques, dont la base est baignée par l'eau, sont à-la-fois couvertes de pelouse à leur partie supérieure. Par-tout, le long du ruisseau, vous voyez des sapins & des frênes. Quelques-uns sont venus s'implanter dans les fentes d'un bloc ; mais, ne trouvant-là ni l'espace ni la nourriture qu'exigeait leur accroissement, par une sorte d'instinct, ils ont poussé horizontalement deux fortes racines, qui, embrassant la roche par ses deux côtés, sont allés chercher ailleurs la sève dont ils avaient besoin. D'autres, abattus par les hivers & par les tempêtes, sont tombés à travers le ruisseau. Leurs cadavres desséchés gissent étendus sur des roches ; & ils présentent l'image de la mort, tandis qu'autour d'eux, tout offre celle de la régénération & de la vie.

Vous arrivez enfin au haut de la montagne ; & alors se déploie devant vous, toute entière, sa vaste & superbe décoration ; c'est cette immense coulée de basalte, qui, haute de soixante pieds, & terminée par une surface plane, est venue sur la montagne s'arrondir en demi-cercle, & dont l'enceinte ovale, malgré une largeur & une longueur considérables, est aussi régulière que pourrait l'être l'amphithéâtre d'une de nos salles de spectacles. Dans certaines parties, elle repose sur des cendres volcaniques; ce qui prouve que la matière a coulé. Dans d'autres, elle a formé des colonnes prismatiques. Il en est où la lave paraît avoir été mal fondue. Mais par-tout elle se délite ; &, comme les éclats se détachent perpendiculairement par écailles ou par lames, la masse, dans sa hauteur, paraît taillée à pic. Vers le fonds de l'enceinte, les parties inférieures de la base ont beaucoup plus souffert de la dégradation. Par un effet dont j'ignore la cause, elles se sont affaissées & creusées en profondeur ; de sorte qu'aujourd'hui il existe, sous la coulée de basalte, une sorte de voûte ou de portique fort long, & où l'on peut se promener à couvert.

Quelque frappant que soit le spectacle de cette galerie si extraordinaire, de cette enceinte verticale, si haute & si régulièrement arrondie ; à peine cependant avez-vous le tems de les regarder ; tant la cascade, par sa beauté, attire puissamment vos regards. C'est au centre de l'enceinte que celle-ci est placée, comme dans le point-de-vue le plus favorable; c'est de cet amphithéâtre, haut de 60 pieds, qu'elle fe précipite ; mais fa chûte eft telle, les laves fur lefquelles elle tombe la font rejaillir avec tant de force, & en parties fi ténues, qu'elle forme une bruine, &, s'il eft permis de s'exprimer ainfi, une poudre d'eau, qui vous mouille, lors même que vous en êtes encore à une certaine diftance.

Après de longues pluies & à la fonte des neiges, la cafcade n'eft plus un fimple ruiffeau ; elle devient une rivière rapide, qui, par une courbe très-alongée, s'élançant impétueufement dans fon vafte baffin, va s'épandre avec fracas, bien au-delà du point ordinaire de fa chûte. Aux tems d'été, quand elle a moins d'eau, elle tombe perpendiculairement, ou n'a qu'un jet très-faible. Claire & brillante alors, toujours égale dans fa largeur, vous diriez un drap d'argent qu'une main invifible déploie à la cîme de l'amphithéâtre, & laiffe flotter vers fa bafe.

Si par aventure le vent eft affez fort pour l'agiter, fi le foleil peut en même-tems la frapper de fes rayons ; ces deux hafards, dont j'ai eu le bonheur de jouir à-la-fois, vous la préfenteront fous mille formes changeantes, toutes plus piquantes

quantes les unes que les autres. A chaque inftant, felon que le vent avait fur elle plus ou moins de prife, je la voyais s'étendre, fe divifer, fe rétrécir, s'arrondir en colonne, ou s'épanouir en éventail. Quelquefois, jettée contre la roche, & déchirée par les afpérités qui s'y rencontraient, elle formait, dans certains endroits de fa chûte, une pluie à larges gouttes; tandis que dans d'autres, elle tombait fous la forme d'une vapeur blanche ou d'une écume à gros floccons.

Au milieu de toutes ces ondulations fi mobiles, la réfraction ou la réflection des rayons folaires me donnait encore des effets de lumière raviffans; & quelquefois même toutes les nuances brillantes de l'arc-en-ciel.

Le vent n'imprimait-il à la cafcade qu'un balancement doux; les couleurs paraiffaient fuivre fon mouvement, & fe balancer comme elle. Dans des momens plus calmes, c'était une blancheur éblouiffante qui m'aveuglait par fon éclat : vous euffiez cru l'eau changée en un torrent de lumière. Enfin le courant venait-il à fe divifer en filets, ou à fe réfoudre en gouttes ; alors tout étincelait, les gouttes paraiffaient du feu ; mais ce feu, semblable à celui de certains artifices, avait toutes les couleurs possibles. Un Poëte, en ce moment, eût cru voir une pluie de diamans, de rubis, d'émeraudes, & de toutes les pierreries ensemble ; &, malgré tout l'hyperbolique qu'annonce cette peinture, le Poëte aurait eu raison.

Le massif basaltique d'où découle la cascade ; se délitant sans cesse, il est impossible que ces dégradations continuelles ne lui fassent éprouver à elle-même quelque changement. M. l'Abbé de Larbre, qui l'a vue pour la première fois en 1749, & qui, depuis cette époque, l'a revue toutes les fois qu'il est allé herboriser au Mont-Dor, & spécialement l'année dernière, m'a dit que, dans cet espace de tems, elle a reculé de dix toises. Il paraît probable que, si en quelques endroits, la coulée de basalte est de nature à s'écailler & à éclater plus aisément, par-tout ailleurs elle est infiniment plus compacte & plus dure. Sans cela, il serait aisé de calculer quand la cascade a commencé, quand elle n'existera plus, ou au moins quand les dégradations du tems l'auront portée jusqu'au lieu de sa source.

Tout ce qui se détache du massif de basalte,

tombe dans le baſſin; il s'y amoncèle, en exhauſſe le ſol, & tend par conſéquent toujours à diminuer la hauteur de la caſcade. Celle-ci en effet s'accourci- rait annuellement; ſi ſans ceſſe, & ſur-tout dans la crue de ſes eaux, elle ne travaillait à emporter tout ce qui s'oppoſe à ſon cours. Il n'eſt alors que les maſſes énormes qui, par leur peſanteur & leur volume, puiſſent lui réſiſter. Le reſte eſt pouſſé, entraîné par elle. Les blocs roulent dans ſon lit eſcarpé; & tandis que les uns n'y font que s'uſer & s'arrondir, les autres, en tombant, éclatent & ſe briſent. Tous ſont portés dans la Dordogne, qui les reprenant à ſon tour, les charrie avec les ſiens à travers le Limouſin, le Périgord & la Guyenne. Uſés les uns par les autres, limés & frottés par le terrein ſur lequel ils paſſent, ils deviennent ſucceſſivement éclats, fragmens, galets, grenaille, gravier, puis ſable fin; & c'eſt ſous ce dernier degré d'altération, ſous ce réſidu de ſable, que les Monts-Dor vont encombrer le baſſin de la Gironde & le golphe de Gaſcogne.

Juſqu'ici, mon cher Abbé, je vous ai parlé beaucoup de laves, de baſalte & de volcans mais je vous en ai parlé d'une manière si vague qu'il vous a fallu de la complaisance pour m'écouter & me lire. Il est tems enfin que je vous fasse connaître ce qu'a eu de plus curieux mon voyage. C'est par ses anciens volcans que l'Auvergne est si intéressante ; c'est par-là au moins qu'elle m'a intéressé. Quoique la Nature soit admirable dans ses plus petites, ainsi que dans ses plus magnifiques productions ; quoique des montagnes granitiques, calcaires, &c. méritent autant d'être étudiées que des montagnes volcaniques ; cependant je vous avouerai qu'elles ne fesaient pas sur moi l'impression la plus faible ; tandis que les autres parlaient puissamment à mon imagination. Et, en effet, quel objet plus capable de remuer que l'aspect d'une Province, qui, presque toute entière en montagnes, a eu presque toutes ses montagnes volcanisées. De la seule ville de Clermont l'on en compte, à la simple vue, neuf dont les courans ou les produits sont très-distincts & très-prononcés (*) ; &, si je puis juger de la

---

(*) Gergoviat, Mont-rognon, Montaudoux, Charade, Grave-neire, le Grand & le Petit-Dome ; Pru-

Haute-Auvergne par celles de la Baſſe, peut-être ſerait-il poſſible d'en compter dans la Province plus de mille. Mon ami, quel enfer épouvantable a dû faire cette contrée, lorſque tout cela brûlait !

Au reſte ces objets ne ſont pas de ceux ſur le nombre & la nature deſquels il ſoit poſſible au Voyageur d'en impoſer. Comme tout y parle aux yeux, tout dit qu'il ne peut ni tromper les autres, ni ſe tromper lui-même. Non-ſeulement des chaînes entières de montagnes ont été changées en laves ; mais des vallées en ſont comblées, & des campagnes couvertes dans une grande étendue. Pendant des lieues entières, vous ne marchez que ſur des laves. Par-tout c'eſt avec des laves qu'on a pavé les chemins, qu'on a enclos les héritages, & bâti les maiſons. Depuis que l'Auvergne eſt

---

delle, quoique ſon courant vienne de plus loin ; enfin Chanturgue & les Côtes, que je compte pour une ſeule montagne, quoiqu'aujourd'hui elles ſoient ſéparées, & qu'elles en faſſent deux. Toutes ces montagnes, excepté les deux Domes, ſont en partie l'enceinte du baſſin de Clermont. Voyez la planche.

habitée, ces maisons, ces chemins ont dû en employer & anéantir des quantités incalculables. Joignez à cela tout ce que le tems en a fait disparaître par la décomposition ; tout ce qu'en a détruit l'agriculture ; tout ce que les eaux en ont enseveli sous des terres végétales ; enfin tout ce que les pluies, les torrens & les rivières en ont entraîné au loin, &c. &c. &c. Eh bien, malgré ces destructions qui s'operent constamment, & sans interruption, depuis tant de milliers de siècles, par-tout cependant on ne voit encore que des laves. A cet aspect l'imagination est interdite. On se demande à soi-même où la Nature a donc pris les matériaux avec lesquels elle a formé toutes ces masses incommensurables ; & le premier mouvement est de croire qu'elle a fondu l'Auvergne pour la changer en basalte & en laves.

Je ne doute pas que les Savans ne nous donnent l'explication de cet étonnant phénomene. Moi je n'en fais qu'une ; c'est de dire que primitivement, & avant d'être volcanisée, l'Auvergne fut ce que font aujourd'hui les Alpes ; que ses montagnes, qui n'ont plus qu'une élévation médiocre, en avaient alors une très-considérable ; &

que ce fut aux dépens de leur hauteur & de leur volume qu'elles fournirent à ces éruptions, dont les courans ont couvert les campagnes dans une étendue de plusieurs lieues.

Aujourd'hui, vous ne trouveriez pas, dans tout Clermont, un seul Bourgeois qui ne sache que l'Auvergne a été volcanisée ; mais croiriez-vous qu'au-delà de Clermont presque tout le monde l'ignore, & qu'il n'y a pas quarante ans que les Clermontois eux-mêmes en sont instruits. Ces laves qu'ils voyaient par-tout autour d'eux, & dont leurs maisons étaient construites, ils les appellaient des pierres noires ; cette pouzzolane, ce rapillo qu'ils employaient pour leur mortier, c'était pour eux du sable noir, du gravier noir. Il fallut que deux Savans, Guettard & M. de Malesherbes, l'un Membre, l'autre Honoraire de l'Académie des Sciences, vinssent leur apprendre quel en était le véritable nom. Les deux Naturalistes revenaient du Vésuve, & ils passaient par Clermont, en 1751, pour aller herboriser sur les montagnes d'Auvergne. Fort étonnés de trouver par-tout, soit dans la ville, soit dans ses environs, ces mêmes produits de volcans qu'ils avaient vus en Italie ;

ils firent part de leur remarque ; on n'y fit point d'attention. L'Académie, en ce moment, ne fesait presque que de naître. Un de ses membres, éveillé par l'observation des deux Savans, crut piquant de faire un Mémoire sur cette matière, & voulut prouver que le puy de Dome avait été volcan. Son ouvrage obtint en effet l'honneur d'être lu, en 1752, dans une séance publique ; mais ce fut là son plus grand succès ; & les découvertes qu'il annonçait, quoique faites pour exciter, chez tous ses compatriotes, la plus vive fermentation, ne compterent pas plus de profélites que l'assertion des deux Voyageurs.

Bientôt cependant parut un écrit dont l'autorité devait en imposer davantage ; ce fut celui de Guettard, qui, de retour d'Auvergne, publia, sur les volcans éteints de cette contrée, un Mémoire qu'on trouve parmi ceux de l'Académie des Sciences, pour l'année 1752. Guettard avance que les laves d'Auvergne sont vraiment volcaniques. Pour le prouver, il les compare à celles du Vésuve, & leur trouve les mêmes caractères ; mais il ne reconnaît dans cette Province que trois volcans, Volvic, le puy de Dome & le Mont-

Dor : ce qui femblerait annoncer que l'Auteur ne connaiffait que ces trois feules montagnes, & qu'il n'avait point parcouru les deux chaînes dont Dor & Dome font partie.

Onze ans après le Mémoire de Guettard, M. Defmarets, Membre de la même Académie, en donna un (*), auquel il ajouta, en 1771 & 1773, deux autres parties. Non-feulement M. Defmarets s'était mis en état, par différents voyages, de bien connaître la contrée dont il parle; mais il l'avait encore parfaitement obfervée. A fon Mémoire eft jointe une carte dans laquelle fe trouvent indiqués la plupart des volcans de la Baffe-Auvergne, avec la direction de leurs principaux courans; & quoique cet ouvrage, comme tous ceux qui ont été faits les premiers fur une matière neuve, foit aujourd'hui fufceptible de quelques corrections & même d'augmentations affez nombreufes; il ne peut néanmoins, & j'en parle d'après mon expérience, être que très-

---

(*) *Sur l'origine & la nature du bafalte déterminées par l'Hiftoire-Naturelle de cette pierre obfervée en Auvergne.*

utile à quiconque voyagera dans les montagnes.

Au nombre des livres que j'indique ici à ceux de mes lecteurs qui voudraient connaître l'Auvergne, je défirerais pouvoir compter celui de M. Faujas de Saint-Fonds. Mais quoique l'auteur, en annonçant un traité fur les volcans du Vivarais & du Vélai, annonce qu'il parlera également des volcans d'Auvergne; cependant il s'eft infiniment peu étendu fur ces derniers. Si M. Faujas donne une édition nouvelle de fon intéreffant Ouvrage, il réparera cette omiffion fans doute ; & ne le croira complet que quand il aura connu, dans le plus grand détail, une Province où ils font à-la-fois & fi communs & fi variés.

Il faut avouer cependant que s'ils n'avaient pas laiffé par-tout des veftiges & des produits auxquels l'œil ne peut fe méprendre, & qui atteftent irrécufablement leur exiftence, on ne pourrait fe réfoudre à y croire. Aucun témoignage écrit, aucun des Ecrivains Grecs ou Latins, qui ont parlé des Gaules, n'en fait mention. Céfar lui-même, Céfar, qui fit la guerre en Auvergne, & qui en affiégea la capitale, n'en dit pas un mot. Déja ils étaient éteints depuis bien des siècles. La tradition même n'en subsistait plus; quoique le propre de la tradition soit de conserver si long-tems la mémoire de tous les évènemens ou vrais ou fabuleux.

A l'époque où ils brûlaient, le pays était inhabité, ainsi qu'inhabitable; & cette assertion, je pense, n'a pas besoin de preuves. Lorsqu'ils furent éteints, il resta, malgré leur extinction, inhabitable encore; parce qu'étant par-tout couvert de laves & de scories, il demeura stérile. Vers le tems de César, au contraire, je le vois peuplé; j'y vois une Nation puissante, qui commande à plusieurs contrées voisines, & qui a même placé sur une de ses montagnes sa ville capitale. Mais, si les montagnes d'Auvergne étaient habitées alors, elles étaient donc redevenue fertiles, & pouvaient fournir à l'existence & à la nourriture d'un grand peuple. Or maintenant calculez, si vous l'osez, ce qu'il a fallu de siècles à la Nature pour rendre à ce canton brûlé sa fécondité primitive; pour décomposer & changer en terre végétale ces laves & ces basaltes, dont une si grande partie est encore intacte aujourd'hui; pour donner enfin à cette terre nouvelle une épaisseur capable de nourrir des végétaux, des pâturages, des moissons & des arbres; puis, après cette série de siècles, vous calculerez encore ce qu'il en a fallu à ces Montagnards, pour se multiplier au point d'être devenus, il y a dix-huit cens ans, une Nation formidable.

La combustion d'un volcan n'est point l'événement de quelques années. En voilà dix-sept cens que brûle le Vesuve; l'Etna brûle depuis deux mille cinq cens. Eh ! qui peut deviner l'époque où ils s'éteindront pour toujours ? Les volcaus d'Auvergne ne se sont pas tous enflammés à-la-fois & dans le même tems; vous en conviendrez sans peine. Mais les fissiez-vous brûler ensemble par centaines, je vous demande à quelle quantité précise de siècles vous fixerez la durée de leur déflagration.

Quoique nos Chymistes soient venus à bout de se procurer dans leurs fourneaux une chaleur plus violente que celle des volcans, puisqu'ils y fondent des substances que ceux-ci n'ont point fondues, cependant il faut convenir que ces feux volcaniques ont une durée & des effets que nous ne pouvons ni expliquer ni comprendre. Accoutumés à voir les nôtres s'alimenter par des matières combustibles, nous supposons aux autres des matières semblables, & attribuons à la Nature les petits moyens que notre art a inventés. Au reste, soit qu'elle emploie, pour ces foyers terribles, les substances que nous connaissons sous le nom d'inflammables; soit qu'elle se serve, comme le dit très-bien M. Faujas, d'agens qui nous sont sont inconnus; soit enfin qu'elle unisse les deux à-la-fois, on ne peut douter qu'elle ne fasse brûler des volcans avec des bitumes, ou au moins des bitumes dans des volcans. Ce qui le prouve incontestablement, c'est que dans plusieurs volcans éteints, on trouve encore beaucoup de prismes de charbon-de-terre, qui, désoufrés par l'ancienne action du feu, & réduits à l'état de coack, mais reconnaissables quoiqu'altérés, sont, à-la-fois, & si durs qu'ils font feu avec le briquet, & si légers qu'ils nagent sur l'esprit-de-vin. J'en ai vu beaucoup chez M. Mossier; & il a eu la bonté de m'en donner un. Ce fait, au reste, est connu des Naturalistes; mais il y a une conséquence à en tirer.

Les charbons-de-terre font, comme vous le savez, le produit des huiles que donnent les corps animaux & végétaux, lorsqu'ils paffent à l'état de putréfaction. Ces huiles alors font emportées par l'eau, qui va les dépofer quelque part. La terre s'en empare à fon tour ; & les combinant avec une fubftance faline, elle en forme un corps folide & compact, dans lequel fe conferve néanmoins l'inflammabilité qu'avaient fes premiers élémens. Ce font vraifemblablement les mers, qui, au tems où elles couvraient l'Auvergne, ont formé dans fes montagnes les mines de charbon. Un courant y portait les huiles qu'il avait prifes ailleurs; &, avec le tems, l'huile y devenait bitume. Cependant, comme il faut immenfément d'huile pour former une mine de charbon; comme, d'un autre côté, il faut beaucoup de végétaux & d'animaux en décompofition, pour donner une certaine quantité d'huile ; vous avouerez qu'il a fallu auffi, pour la formation d'une mine, un certain efpace de tems. Or maintenant, aux fiècles qu'a exigés ce travail, joignez les fiècles pendant lefquels a pu fubfifter la mine avant de devenir volcan ; puis les fiècles que le volcan a employés à brûler; puis ceux qui se sont écoulés depuis son extinction jusqu'à ce que des hommes soient venus demeurer près de-là; puis ceux qu'a exigés la multiplication de ces hommes, devenus, avec le tems & avec la liberté, une grande nation. A tous ces milliers de siècles, ajoutez-en dix-huit, bien connus, bien constatés depuis l'asservissement de cette nation jusqu'à nos jours, & convenez, mon ami, que le monde a quelque antiquité.

Voulez-vous d'autres calculs encore? En voici quelques-uns que je vous offre à faire. Parmi les montagnes volcanisées d'Auvergne, il en est beaucoup qui sont calcaires; &, sans sortir des environs de Clermont, je vous citerai, dans ce nombre, Gergoviat & les Côtes, dont la masse entière est de cette nature, tandis que la superficie est totalement couverte en basalte. Je ne vous répéterai pas ici que les substances calcaires sont l'ouvrage des mers & le résidu de ces innombrables madrépores & coquillages qu'elle nourrit dans son sein, & qu'elle accumule ensuite sur ses rivages par bancs & rochers énormes. Ce n'est pas tout. Plusieurs de ces montagnes se trouvent parmi celles qui composent la chaîne des Monts-Dor. L'Océan, lorsqu'il tenait l'Auvergne sous ses eaux, était donc élevé à cette hauteur. En beaucoup d'endroits il a dépouillé cette chaîne, des pouzzolanes, des ponces, des scories légères qu'elle avait à sa superficie : ailleurs il a déposé, pour monumens de son séjour, des coquilles & des plantes marines; comme il en a laissées en Europe à des hauteurs plus considérables encore. Aujourd'hui, non-seulement il est infiniment inférieur au sol de l'Auvergne; mais il en est encore éloigné de plus de soixante lieues. Nous savons tous que, par un mouvement qui lui est particulier, la mer abandonne, peu-à-peu, certaines contrées, pour aller en couvrir d'autres, qu'insensiblement elle envahit. Peut-être même perd-elle réellement en hauteur. Mais, soit qu'elle se retire ou qu'elle s'abaisse, me diriez-vous combien de siècles lui ont été nécessaires pour élever, en Auvergne, toutes les montagnes calcaires qu'elles y a laissées? Combien, pour s'y abaisser de mille à onze cens toises? Combien, enfin, pour s'en retirer à soixante

&

& tant de lieues ? Pour moi, d'après tous ces faits incalculables, je ne fuis point furpris, je vous l'avoue, de l'exclamation de ce bon Curé des montagnes, devant qui je parlais un jour fur cette matière. Saifi, tout-à-coup, d'une forte d'enthoufiafme, il fe lève ; & venant me ferrer la main ; Monfieur, Monfieur, me dit le bon-homme, convenez que tout cela eft bien voifin du déluge.

Une grande partie de l'Europe a été volcanifée ; c'eft Buffon qui nous l'apprend. Auffi cet Hiftorien immortel de la Nature remarque-t-il que tout confidérable qu'eft fur notre globe le nombre des volcans enflammés, le nombre des volcans éteints y eft cent fois plus grand encore.

En France, ils n'ont occupé qu'une certaine quantité de pays ; depuis la frontière méridionale du Bourbonnais jufques vers la Méditerranée ; &, du levant au couchant, depuis les montagnes du Forez jufqu'à celles du Limoufin. Si je me le rappelle bien, on en compte quatre en Languedoc, & deux en Provence. M. Faujas de Saint-Fonds nous a fait connaître ceux des

Cévennes & des environs. L'Auvergne attend un Ecrivain qui donne le dénombrement & la description des siens ; mais bientôt, sans doute, au lieu d'un Historien, elle en aura trois; puisqu'en ce moment il est trois Naturalistes (MM. Mossier, Besson & Desmarets) qui tous trois s'occupent d'une Histoire-Naturelle ou d'une Minéralogie de la Province. Quel service m'eût rendu celui d'entre eux, dont l'Ouvrage serait déjà publié! Dans mes courses, il eût éclairé mon œil novice & guidé mes pas; & en ce moment où j'écris, & où j'ai tant de raisons pour craindre de me tromper, je pourrais au moins parler d'après un maître.

Les Savans, dont je viens de parler, nous apprendront probablement pourquoi l'incendie qui consuma une partie de la France s'y est contenu dans une certaine zône. Je sais qu'il n'y a de volcans que dans les montagnes, ou près des montagnes; mais la Bourgogne, le Dauphiné, la Franche-Comté, la Bretagne, &c. ont des montagnes aussi ; &, cependant, aucune de celles-ci n'a eu un volcan. La chaîne entière de l'Apennin a été volcanisée, si nous en croyons les observations modernes ; & depuis Grenoble jusqu'à Infpruck, il n'y a pas, dans toutes les Alpes, le plus léger indice de volcanifation. Au moins c'eft ce qu'attefte M. de Sauffure, qui les a parcourues plufieurs fois dans toutes leurs dimenfions ; & l'on peut en croire un Naturalifte tel que M. de Sauffure. Luimême, au refte, parlera de l'Auvergne, fans doute, puifqu'il y a déjà fait des voyages. Me permettra-t-il de lui demander ici, au nom de mes Lecteurs, quelle eft la caufe qui enflamme une montagne ; pourquoi cette caufe a brûlé une partie de la France, tandis qu'elle en a épargnée une autre ; & fur-tout par quel étrange effet elle n'a point exifté, ou n'a pas eu lieu de fe développer, dans une étendue auffi confidérable que celle des Alpes ?

A juger de la volcanifation de notre France par la multitude des volcans d'Auvergne, on ferait porté à croire que, femblable à tous les autres incendies, elle a eû une fphère d'activité dont le centre était cette Province ; que c'eft à ce point central qu'elle a déployé toute fa violence ; & qu'en fe portant vers les divers points de sa circonférence, elle s'y est montrée plus faible. Cependant, si vous considérez sur une carte la partie volcanisée, vous verrez que, loin d'offrir un arrondissement, elle s'étend du nord au midi, en s'élargissant toujours vers la Méditerranée. Vers le Bourbonnais, au contraire, elle est fort étroite, & offre-là une sorte d'ellipse ; de sorte que l'Auvergne, au lieu d'être placée au centre d'activité, se trouve vers le foyer septentrional de l'ellipse. Les Physiciens nous donneront-ils la raison de cette situation singulière ? Je le desire ; mais, en les invitant à la chercher, je les prie de remarquer que les Cévennes, qui se trouvent immédiatement au midi de l'Auvergne, & qui, par conséquent, sont les plus voisines du foyer, sont aussi les montagnes où, après celles d'Auvergne, on trouve le plus de volcans.

Des branches les plus importantes de la Physique, une des moins avancées peut-être est la théorie des volcans. Malgré les lumières dont peut à juste titre se glorifier notre siècle, nous n'avons encore que des faits sur ces incendies spontanés, si terribles ; & ne connaissons, ni la cause certaine de leur inflammation, ni celle de leur combustion & de leur durée presque éternelles. Les peuples anciens n'y fesaient point tant de façons. Sans chercher pourquoi ou comment un volcan brûlait, ils imaginaient une fable; & avec cette fable expliquaient tout. Vous demandez aux habitans de la Grande-Grèce, ce que c'est que ces feux de l'Etna & des îles Eoliennes. Rien n'est plus simple, vous répondront-ils. Ici c'est Vulcain & ses Cyclopes qui sont venus établir leurs forges; là, c'est un Géant foudroyé, qui, enseveli sous la montagne, vomit des flammes.

Je suis surpris que ces Grecs, dont l'imagination était à-la-fois & si féconde & si riche, que ces Grecs, qui, dans leurs enfers, avaient fait couler des fleuves de feu, nous aient peint néanmoins sous des images si mesquines le plus effroyable des incendies que puisse contempler l'œil humain. Les Islandais croyaient leur Hecla une bouche d'enfer; & ses mugissemens, des hurlemens de damnés. Cette mythologie était celle d'un peuple ignorant & barbare; mais l'on conviendra au moins que ce feu, allumé par la vengeance de Dieu même, en impose bien autrement à l'imagination que des cheminées de forges, ou le souffle, aussi invraisemblable que ridicule, d'un Géant écrasé.

Quoique les Auvergnats n'eussent que des volcans éteints, néanmoins ils ont quelquefois trouvé là des vestiges si frappans, que, comme les Islandais, ils y ont attaché des idées religieuses. Aux Monts-Dor, sont deux gorges volcaniques d'un aspect si affreux, qu'ils appellerent l'une *les Enfers*, & l'autre *la cheminée du Diable*! En descendant de Graveneire vers Royat, ils ont trouvé aussi un *chemin des Enfers*. Enfin, à mi-chemin environ du Mont-Dor à Clermont, était un énorme cratère, large d'un quart de lieue, auquel ils avaient donné, par la même raison, le nom de *Trou d'Enfer*. Aujourd'hui, ce dernier nom subsiste encore; mais le cratère a disparu. Dominé par un terrein en pente, non-seulement il a été comblé par les matières qu'y ont apportées les eaux pluviales; mais, en s'élevant, l'effort & la pression de ces eaux a tellement agi sur les bords du côté le plus bas, qu'elles les ont emportés, & sont allées former au-delà un vivier. Quoiqu'en quelques endroits, le *Trou-d'Enfer* ait encore un peu d'eau, néanmoins il est cultivé; mais il reste, des anciens bords enlevés, deux parties considérables, lesquelles forment, au milieu des terres en culture, deux tertres, assez hauts pour étonner encore quand on se rappelle ce qu'ils étaient autrefois.

Les premiers & les plus anciens volcans d'Auvergne sont ceux qui se trouvent au midi du Trou-d'Enfer; c'est-à-dire, la chaîne des Monts-Dor dans la basse partie de la Province; & dans la haute, celle des Salhers & du Cantal. Ceux-là ont brûlé sous les eaux, & lorsque leurs montagnes étaient encore couvertes par l'Océan; & ce qui le prouve, c'est qu'aucune n'offre, à sa superficie & sous sa pelouse, de ces ponces ou autres scories légères que l'eau peut emporter. Tout ce qu'on y trouve en ce genre, est enfoui sous des couches d'autres matières plus pesantes; & si l'on en rencontre quelque part à la surface de la terre, elles y ont été apportées ou mises à découvert par les eaux pluviales. Je n'ai vu, à la vérité, ni les Salhers ni le Cantal; mais le fait dont je vous parle, m'a été certifié par M. Moſſier; & tout extraordinaire qu'il vous paraîtra, d'après une pareille autorité vous pouvez y croire.

Depuis le Trou-d'Enfer, au contraire, juſqu'aux frontières du Bourbonnais, les volcans ſous-marins ſont infiniment rares? Auſſi preſque tous, dans cet eſpace de terre, ſont-ils couverts de ſcories; parce qu'ils ont preſque tous été poſtérieurs à la retraite des eaux. Cependant, parmi les hauteurs dont eſt formée l'enceinte du baſſin de Clermont, il en eſt deux, Charade & Graveneire, qui offrent ſur cet objet un phénomène remarquable. Toutes deux, placées ſur une même ligne & à la ſuite l'une de l'autre, de l'eſt à l'oueſt, ſe touchent, à une très-grande hauteur de leur ſurface, par les laves qu'elles ont amoncelées & vomies; mais Charade fut un volcan ſousmarin; & Grave-neire n'a été qu'un volcan ordinaire.

Autre phénomène remarquable. Quand vous avez paſſé le Trou-d'Enfer, vous côtoyez trois montagnes granitiques, & ne marchez plus que ſur du granit juſqu'à Charade. Là, vous retrouvez des laves; & ne voyez plus que des laves juſqu'à

Clermont. Ainsi, les trois montagnes, de toutes parts environnées de volcans, & chauffées par l'incendie de la chaîne de Dome, ne se sont point enflammées cependant; &, comme des îles, sont restées intactes au milieu de ces mers de feu.

Je ne me rappelle pas avoir vu une seule montagne volcanisée, qui, dans ses environs, n'eût quelqu'autre montagne, volcanisée comme elle; & ceci confirme la remarque du célèbre Buffon, qu'il n'est sur la terre aucun volcan isolé; & que chacun d'eux donne toujours naissance à d'autres volcans moins considérables, qui s'enflammant autour de lui, souvent brûlent encore lorsqu'il est éteint.

De toutes les montagnes de l'univers, il n'en est aucune peut-être qui offre à l'observateur autant de variété que les montagnes volcaniques. Dans celles qu'a formées l'eau, tout s'est passé d'une manière uniforme & régulière. Vous voyez des couches sur d'autres couches, une substance sur une autre substance. Ici, au contraire, plus d'ordre, plus de couches; tout est dans la confusion la plus horrible; & ce que je dois ajoute encore, c'est que tout y a changé de nature. Ce ne sont plus des métaux, des granits, des argiles, des terres calcaires ou limoneuses, &c.; ce sont des substances calcinées, fondues, vitrifiées; des substances altérées ou décomposées par le feu, & qui, se combinant ensemble, ont aquis une autre forme, une autre densité, d'autres propriétés enfin, & une autre nature.

Quand le volcan était sous-marin, ces matières tombaient ou coulaient au sein des eaux; & là, après avoir été travaillées par le feu, elles l'étaient de nouveau par un autre élément. Dans ceux qui ont été postérieurs à la retraite de l'Océan, c'est l'action de l'air & celle de ses gaz & de ses météores, qu'elles ont eues sans cesse à subir. Ici l'eau des torrens & des pluies est venue labourer & déchirer leur surface; là, elle les a entraînées au loin; & les pétrissant avec cent autres substances différentes, a formé ainsi des combinaisons de terres si compliquées que la Chymie, quelqu'avancée qu'elle soit aujourd'hui, n'oserait peut-être en entreprendre l'analise.

De ces diverses observations, vous conclurez, mon cher Abbé, que nos volcans morts ne sont point seulement un phénomène digne de la curiosité d'un Voyageur, par la nature étrange de leurs produits, par leur aspect pittoresque, par l'image de bouleversement & de destruction qu'ils présentent : c'est encore un grand & terrible événement, qui a changé en entier la face de l'Auvergne ; qui lui a donné un autre sol, y a nécessité une autre culture, & qui enfin, toujours également puissant, malgré son incalculable antiquité, en fait & en fera probablement pour jamais une Province à part.

Il n'y avait qu'un peuple aussi laborieux & aussi infatigable que les Auvergnats qui pût habiter une pareille contrée : aussi n'est-il aucun pays sur la terre qui fasse autant l'éloge de ses habitans. Le Ciel ne leur avait donné qu'un sol maudit ; ils ont entrepris de le cultiver ; & malgré tous les obstacles que leur opposait la Nature, ils en sont venus à bout. Une coulée de lave ou de basalte commençait-elle à se décomposer ; se couvrait-elle, à sa superficie, d'un terreau de quelque épaisseur, aussitôt eux, de leur côté, commençaient à la défricher ; & ce défrichement ils ne pouvaient le faire qu'en brisant, en arrachant, avec une peine infinie, toutes les proéminences sans nombre de ces glaçons de pierres. Un pareil travail durait des années entières : encore après tant de sueurs, de fatigues & de tourmens, ne recueillaient-ils, pour toute récompense, qu'un peu d'orge, de ségle ou d'avoine.

Ces grains y sont non-seulement plus petits que ceux des vallées; mais à peine ont-ils en grosseur la moitié de ceux de la Limagne. Aussi les distingue-t-on dans les marchés sous le nom de blé ou d'avoine de montagne. Ajoutez à cela que le sol étant mauvais, les moissons y sont maigres, & rapportent si peu, soit en grain, soit en paille, qu'en beaucoup d'endroits on est surpris de le voir cultivé. Croiriez-vous qu'au mois d'oût, j'ai vu de l'avoine dont les tiges n'avaient que six ou sept pouces de haut.

Je vous étonnerais étrangement, si je vous conduisais sur certaines montagnes; par exemple, sur Gergoviat, Chanturgue & les Côtes : & je choisis celles-ci, non-seulement parce qu'étant près de Clermont ce seraient les premières que vous verriez, si vous alliez en Auvergne; mais parce qu'ayant leur cîme plate, le travail, tout affreux qu'il fut, a dû y être plus facile encore que sur celles qui sont escarpées. D'abord, pour empêcher les terres de Gergoviat d'être emportées par les pluies, lorsqu'elles auraient été labourées, il fallait, avant tout, établir, autour & sur la superficie de la montagne, un large bourrelet, qui fît là ce que font des rebords autour d'un bassin. Gergoviat a quatre mille pas de circuit; je les ai comptés. Par l'étendue de cette circonférence, jugez de l'entreprise; elle a cependant été exécutée, & l'a été avec les laves qu'il a fallu enlever ou arracher. Ce n'est pas tout. Ces laves étaient en telle quantité, que pour s'en débarrasser on a été obligé d'en enclorre les champs; & malgré tout ce que ce double emploi a dû en consommer, néanmoins il en restait encore tant, qu'il a fallu les amonceler d'espace en espace, & que ces monceaux y sont aujourd'hui par centaines.

J'ai vu, sur des revers escarpés de montagnes, des champs qui n'avaient pas trente pieds quarrés. Un malheureux Paysan avait apperçu là un peu de terre; & il était venu y semer, à la bêche, quelques grossiers légumes. Tel est l'Auvergnat: quelque soit sa peine, s'il voit qu'elle le fera vivre, il la compte pour rien. Hélas ! pourquoi faut-il que nos Rois ignorent ces tristes vérités ? Pourquoi, avant de monter sur le throne, ne se sont-ils pas imposés à eux-mêmes la loi de connaître & de parcourir le Royaume qu'ils doivent gouverner ? Quel Ministre cruel a donc pu leur inspirer de l'aversion pour un voyage amusant, qui, en les éclairant sur le bien de leurs Sujets, ferait à-la-fois leur bonheur ? Sans doute ils l'adopteront un jour ; & alors je ne vivrai plus. Mais au moins, qu'il me soit permis, par anticipation, de leur désirer, en ce moment, assez de courage & de bonté pour visiter les montagnes d'Auvergne. Leur cœur est né sensible. A la vue du tableau de labeur & de misere dont je viens de vous tracer quelques traits, il s'attendrirait. Eh ! pourraient-ils alors ne pas se faire un devoir d'alléger le fardeau d'un peuple, qui, traité si désavantageusement par la Nature, ne devant son existence qu'à lui-même, & vivant presque en dépit d'elle, a tant de droits pour intéresser un bon pere.

Les personnes qui ont vu brûler le Vésuve &

l'Ethna ne parleront qu'avec indifférence, je m'y attens, de nos montagnes volcanifées ; auffi fuis-je bien éloigné de comparer enfemble les deux fpectacles. Cependant je crois qu'il en eft d'un volcan éteint, comme d'une ville incendiée, dont les décombres noircis & brûlés peuvent encore effrayer par l'image de défolation qu'ils préfentent. Telle fut au moins la fenfation que j'éprouvai, quand, conduit par M. Moffier, j'en vis un pour la première fois. C'était Gergoviat. Pendant la route, mon aimable & favant guide ne m'avait parlé que volcans ; & fa converfation vive échauffait tellement mon imagination que je brûlais d'arriver. A mefure que nous approchions, je fentais dans mon ame un mélange d'inquiétude, de plaifir & d'impatience, que je ne pouvais démêler. Malgré moi je palpitais, en contemplant de loin cette montagne qui, dans fa vafte étendue, avait été une fournaife effroyable ; mais ce fut bien une autre émotion, quand il fallut y monter, & que, de toutes parts, j'apperçus autour de moi ces terres bouleverfées, ces roches fondues & vomies par les flammes, enfin tout ce tableau de cahos, d'incendie & de dévastation. Jamais je n'oublierai le moment, où, gravissant par une sorte de nappe, dont j'admirais les couches inclinées & superposées l'une à l'autre en forme d'écailles, M. Mossier me dit : vous êtes sur un courant de lave. Ces mots me firent frissonner. Si, en ce moment, le courant s'était ouvert sous mes pieds & enflammé de nouveau, il ne m'eût pas, je crois, fait plus d'impression.

Quoique Gergoviat soit un volcan sous-marin, très-curieux, cependant ceux de cette espèce le sont ordinairement beaucoup moins que les autres. Outre que leurs bouches & leurs cratères ont été usés & détruits par les eaux; outre que leurs cîmes se terminent, presque toujours, par une plateforme, les laves y sont si excessivement anciennes que souvent elles paraissent, si je puis parler ainsi, tomber & se dissoudre de caducité : ainsi qu'on le voit, par exemple, à Chanturgue & aux Côtes, près de Clermont. D'ailleurs l'agitation des vagues les ayant dépouillés de tout ce qu'elles pouvaient emporter ou traîner, ils n'ont point, comme je vous l'ai déjà dit plusieurs fois,

fois, ces cendres, ces pouzzolanes, ces scories, &c. qu'ont la plupart des autres. Il vous faudra donc visiter, connaître, étudier un volcan sous-marin; & c'est Gergoviat que je vous indique : mais il faudra en connaître aussi un autre ; &, pour ne pas sortir du voisinage de Clermont, je vous proposerai Grave-neire.

On traverse la base de celui-ci, lorsqu'on va au Mont-Dor par la route des montagnes. Sur cette base, à votre droite & à votre gauche, vous trouverez des monceaux considérables de pouzzolane, du plus beau noir; & c'est à ces matières, connues du peuple sous le nom de *grave*, qu'il doit son nom. De-là, jusqu'à sa cîme, & dans presque toute la largeur de son pourtour, vous ne marcherez plus que sur des scories, accumulées en tas si épais, que souvent vous y enfoncerez jusqu'à mi-jambe. Le feu donna, dans le tems, à tous ces fragmens volcaniques, mille formes étranges, qu'il m'est impossible de vous décrire & de vous détailler ici. Il en a fait des cables, des cornes, des bûches, des tronçons de branches d'arbres, enfin tout ce que vous pouvez imaginer de plus bizarre & de plus varié : mais, d'un autre côté, leur fer, en se décomposant, leur a donné, par la suite, des nuances jaunes, grises, noires, rouges, & autres, qui, lorsque dans un cabinet on les place les uns près les autres, rendent d'autant plus piquante leur burlesque variété, que malgré leur commencement d'altération, elles sont très-fraîches encore.

Vous trouverez aussi à Grave-neire quelques corps plus réguliers; du nombre de ceux que connaissent & que recherchent les Naturalistes : ce sont des bombes très-bien formées (*); de grosses boules ou boulets, lancés par le volcan ; des larmes enfin, renflées en fuseau, & d'une forme très-agréable.

Dans la plupart des montagnes volcaniques, ces larmes ont ordinairement un noyau, autour duquel s'est moulée la lave. A Chanat, elles en ont toutes; Grave-neire au contraire n'en a point dans les siennes, ou au moins ils y sont

---

(*) J'en ai une qui est creuse, & qui, à sa partie supérieure, a une ouverture ronde.

très-rares : mais auſſi l'on y trouve en ce genre les deux extrêmes ; des larmes ſi groſſes que vous ne pourriez les porter, & d'autres ſi petites qu'une trentaine ne remplirait pas votre tabatière. Ces jolies petites miniatures volcaniques ont un autre mérite encore ; c'eſt de reſſembler, les unes à des noyaux de prunes, les autres à des noyaux d'abricots. Forme, couleur, tout s'y rencontre ; juſqu'à la ſorte d'arête qu'ont ces moules de fruits. Un Sculpteur n'imiterait pas plus parfaitement ; & vous même, quand je vous en montrerai, vous ſerez ſurpris. Au reſte, la Nature n'ayant à donner aux corps qu'elle produit qu'un certain nombre de formes déterminées, il eſt néceſſaire que pluſieurs ſe reſſemblent entr'eux. Mais cependant, quand on la voit placer ſes reſſemblances, l'une dans le foyer d'un volcan, l'autre ſur un arbre, on ne peut, vous l'avouerez, s'empêcher d'être étonné.

En fouillant dans la Pouzzolane, qui eſt à la baſe de Grave-neire, vous trouverez des laves figurées en bourſoufflures, mais remarquables par de larges cavités, & par des aſpérités nombreuſes qui quelquefois ſe terminent en filamens auſſi fins que des cheveux. Celles-ci font d'un noir superbe, si légères que plusieurs nagent sur l'eau, & en même-tems si fraîches que vous les croiriez l'écume, lancée la veille par le cratère. Ce caractère de fraîcheur doit être très-rare dans les montagnes à volcans éteints, où le tems, depuis tant de siècles, travaille à tout effacer & à tout détruire. On la retrouve cependant encore dans les laves de quelques-uns, à Chanat par exemple; mais nulle part autant qu'à Grave-neire; soit que Grave-neire ait été de quelques milliers d'années postérieur aux autres volcans d'Auvergne, soit plutôt qu'après son extinction, le tems y ait formé promptement une enveloppe de pelouse, qui aura défendu ses laves de l'action des élémens. En effet, c'est une de ces montagnes qu'a fait défricher l'avidité du gain. Elle était encore, il n'y a pas long-tems, couverte de bois; mais on a voulu la labourer, & alors les terres, emportées par les pluies, ont laissé à découvert tout ce qu'elles cachaient.

L'Amateur ou le Naturaliste, qui voudrait employer-là une après-dînée, pourrait s'y faire aisément, en objets volcaniques, & sur-tout en laves contournées, une collection agréable & piquante. Je n'y suis jamais allé, sans en rapporter quelque chose d'extraordinaire ; & cependant j'y allais moins dans le dessein de me composer un cabinet, que pour étudier le volcan lui-même, & considérer ses effets divers.

La plate-forme oblongue qui forme sa cîme, est creusée, d'espace en espace, par des cavités dont quelques-unes sont encore assez profondes. Il est probable que plusieurs de ces ouvertures ont appartenu au volcan ; & quoique leurs formes soient trop altérées pour se permetrte de l'assurer, on peut le soupçonner cependant au bouleversement du terrein qui les entoure, ainsi qu'aux coulées de basalte qui sortent de leur voisinage. Le feu qu'essuya Grave-neire fut si violent qu'il a eu plusieurs de ces coulées ; & selon l'inclinaison différente des ouvertures d'où elles partaient, elles se sont portées vers différens points de l'horizon. Mais à la pointe qui regarde Clermont, il en est deux sur-tout qu'on ne peut s'empêcher d'admirer & de suivre au loin des yeux : tant elles étonnent par leur longueur, ainsi que par la largeur & la hauteur qu'elles ont en quelques endroits.

L'un des courans, descendant vers l'est, passe au lieu où est bâti aujourd'hui le village de Beaumont (*); puis arrêté par le prolongement de la base de Gergoviat, il change de direction, côtoie la montagne, & va, en traversant la grande route d'Issoire, & se rapprochant beaucoup de Clermont, se perdre dans le Marais de la Limagne, par-de-là Loradoux. Quoique ce long circuit lui fasse parcourir plus d'une lieue, presque par-tout cependant il est en même-tems & si large & si élevé qu'il forme sur le terrein une sorte de petit côteau que votre œil suit & reconnaît sans peine. Un accident, digne encore d'être remarqué, c'est qu'ayant rencontré sur sa route un monticule calcaire, qui était trop haut pour qu'il pût le couvrir, il s'est entr'ouvert, l'a contourné; puis après en avoir fait une île en l'entourant de ses deux rameaux, il a continué de couler tout entier comme auparavant.

(*) Voyez la Planche.

L'autre courant forme exactement la pointe de la montagne, & descend vers Clermont; mais celui-ci s'est partagé en trois branches, qui elles-mêmes ont eu des ramifications. L'une a coulé sur la partie supérieure du terrein, & n'a rien de remarquable. L'autre, considérable par sa hauteur & son étendue, est celle qui a comblé le vallon de Royat, & dans laquelle sont creusées la gorge & la grotte aux belles sources, dont je vous ai fait ailleurs la description. Si vous voulez la remonter au-dessus du village, & la suivre pendant quelque tems, elle vous offrira tantôt des cascades, tantôt des bosses énormes & monstrueuses. Enfin, celle du milieu, beaucoup plus haute encore & la plus longue des trois, s'est avancée jusqu'auprès de Clermont, dans le fauxbourg de Chamalière. C'est dans les cavités de celle-ci que sont les deux caves à *étouffis*, dont je vous ai également parlé; & des trois aussi, c'est la plus curieuse, soit par ses accidens divers, soit par les monceaux multipliés de pouzzolanes, de cendres & de scories, sur lesquels son basalte a par-tout été obligé de se mouler. Pour les bien connaître toutes trois, il faut prendre le chemin de Royat, aller directement au moulin de Pierre, traverser le moulin; &, en suivant le ruisseau de Fontanat jusqu'à la grotte des eaux, monter ensuite sur la cîme de Châté. Là, élevé au-dessus d'elles, après avoir côtoyé les deux principales, vous voyez l'une fuir & disparaître au loin; l'autre venir, à vos pieds, se jetter dans la vallée; & la troisième enfin courir vers la ville, en s'élevant perpendiculairement devant vous avec la hauteur d'une colline.

A la masse immense qu'ont formée les trois rameaux, si vous ajoutez celle qui compose le long courant du midi, votre imagination trouve à mesurer des quantités de matières qui l'épouvantent; & vous en concluez que, pour fournir à de pareils écoulemens, Grave-neire a dû être une des plus hautes montagnes de l'Auvergne. Au premier apperçu, le fait paraît indubitable; & cependant en voici un autre, qui semble donner lieu à une conséquence bien différente.

Au sud-ouest de Grave-neire, & sur le même alignement, comme je vous l'ai déjà dit, est Charade. La pente des deux volcans étant vers la Limagne, c'est vers la Limagne qu'a dû couler, & qu'a coulé en effet la lave de celui-ci. Mais Grave-neire se trouve entre Charade & Clermont; à droite & à gauche des deux montagnes, sont deux vallées profondes; &, si ces lieux, au tems de leur incendie, étaient ce qu'ils sont aujourd'hui, il a été physiquement impossible au courant de Charade d'arriver du côté de la ville, au pied de Grave-neire. Cependant il y est parvenu; il s'y trouve; quoiqu'interrompu & coupé par ce dernier volcan : & l'on ne peut s'y tromper, puisque sa lave est d'une nature totalement différente, & qu'elle contient sur-tout beaucoup de cristaux de schorl vert-jaune, tandis que celle de Grave-neire n'en a pas un seul. Encore une fois, le courant est plus bas que cette dernière montagne; & si elle a toujours été ce qu'elle est actuellement, jamais il n'a pu la dépasser & couler de l'autre côté de sa base.

Comment donc y est-il venu, me direz-vous? A cette question, je ferais prudemment peut-être de vous donner la réponse des gens sages : *Je n'en sais rien*. Cependant, si vous étiez homme à vous contenter d'une conjecture, j'en connais une, que je crois satisfesante ; & que je crois même la seule par laquelle il soit possible d'expliquer le fait.

Je suppose donc que Grave-neire n'existait pas encore, quand Charade brûlait. Dans cette hypothèse, le courant ne trouvant sur son cours aucun obstacle, a pu suivre, en droite ligne, la pente qui le portait vers le bassin où est Clermont ; & il s'y sera épandu en liberté. Par la suite, un volcan nouveau se sera allumé sous sa nappe basaltique ; l'explosion du foyer souterrein aura formé là une montagne nouvelle, dont les laves auront eu une nature différente, parce que le terrein s'y sera trouvé différent ; mais dès ce moment, voilà le courant détruit & rompu en entier, dans sa partie du milieu, par la montagne ; & il ne doit plus subsister qu'à ses deux extrémités (*).

Au bas de Grave-neire, & sur le chemin même

(*) L'extrémité inférieure de ce courant est entre les deux de Grave-neire, dont j'ai parlé plus haut. On trouve beaucoup de fragmens de sa lave, le long du chemin, à peu de distance de Grave-neire.

du Mont-Dor, est un accident qu'il ne faut pas oublier de remarquer. Une coulée de basalte, fort peu épaisse, descendait de ce côté dans le vallon; & elle y a trouvé des matières légères & pulvérulentes qui lui ont servi de lit. Avec le tems, ce lit a été enlevé par les vents & les pluies. Aujourd'hui elle est suspendue en l'air, & porte à vide. Ce fait paraît peu important en lui-même; & cependant il explique très-bien, & démontre même, comment ont pu se former, dans certains courans de laves, ces cavernes qu'on y voit quelquefois en si grand nombre. Je vous ai déjà dit que depuis Montjoli jusqu'à Royat, il y en a beaucoup, qu'on a converties en caves. A Royat, & de l'autre côté des sources, il en est une fort grande & fort belle, qui se trouve creusée dans le basalte; mais la plus remarquable est celle qu'a formée le grand courant de Grave-neire, vers son extrémité, & qui aujourd'hui borde la grande route d'Issoire (*).

(*) Cette caverne-ci est à une très-petite distance de Clermont, par-delà le pont de Nau, & près d'une maisonnette, appellée la *Maison-Blanche*.

Primitivement le courant, si l'on en juge d'après les bordures qui subsistent, était plein & solide en son entier. Par un effet dont la cause m'est inconnue, la partie du milieu s'est creusée dans une longueur & une largeur considérables; tandis que les deux bordures, conservant leur hauteur, se sont chacune arrondies & ceintrées intérieurement, comme a fait, aux Monts-Dor, l'enceinte de la cascade. Les Naturalistes savent sans doute pourquoi certaines masses balsaltiques prennent, quand elles se délitent, ces formes rondes ou ovales qui sont si agréables à l'œil. Moi qui l'ignore, je me contenterai de vous dire que celle-ci, longue de 192 pieds, depuis sa pointe antérieure jusqu'à son extrémité, encombrée encore en partie par plusieurs des gros blocs qui jadis la formaient, ornée enfin de quelques arbres que la Nature semble avoir jettés & abandonnés parmi ces roches, offre, dans son noir contour, une sorte de décoration théâtrale, dont il m'est aussi impossible à moi de vous peindre l'effet, qu'à vous de vous le figurer.

En avant de ce tableau sauvage, est un petit vignoble qui occupe toute sa largeur, & s'avance jusqu'au chemin. A l'autre extrémité, c'est la caverne, avec sa profondeur obscure & son fronton agreste. La masse basaltique dans laquelle elle s'enfonce, a aujourd'hui des vignes à sa superficie. Du milieu de l'enceinte on apperçoit la sommité des ceps, & la maison dont dépendent les deux vignobles ; & vous sentez quel agrément doit ajouter-là cette image de culture & de population.

La grotte n'a que dix pieds de hauteur dans le point le plus élevé de son ceintre ; mais sa profondeur est de soixante-quatorze, & sa largeur de cinquante-sept. Ouverte au nord, elle va en s'abaissant depuis son ouverture jusqu'à son extrémité inférieure. Là tombent quelques gouttes d'eau qui, filtrant par des fentes à travers la coulée de basalte, viennent nourrir, sur la voûte, certaines plantes vertes qu'elles y ont apportées. Par-tout, le sol est cette poudre volcanique à qui sa finesse & sa couleur ont fait donner le nom de cendres * ;

―――――――――

(*) Les cendres sont à la pouzzolane ce qu'une poussière très-fine est au sable. D'ailleurs, quand on les touche, elles prennent aux doigts, & y laissent une couche qui les salit ; au lieu que la pouzzolane ne

mais presque par-tout, & spécialement vers l'entrée, il est couvert d'énormes blocs qui se sont détachés du ceintre. D'autres s'en détachent également; ils menacent de tomber à leur tour; & on ne les regarde pas sans quelque terreur.

Quand les matières fondues que vomissait un volcan étaient extrêmement abondantes, & qu'elles trouvaient, pour s'épandre, ou une grande plaine ou de très-larges vallons, alors elles formaient, non de simples coulées, ou même des courans, mais des lacs d'une grandeur immense; & ceci se voit particulièrement dans la chaîne de Dome, dont les montagnes occupent une plaine haute, formée par d'autres montagnes. Outre l'étendue qui distingue ces lacs, ils ont ordinairement un effet qui leur est propre; c'est une configuration bizarre, plus aisée à décrire qu'à expliquer. Leur surface, au lieu d'être plane & unie, comme l'est

---

s'attache point. On trouve des cendres très-fraîches, à mi-chemin environ de Villarts, & sous des roches volcaniques qui sont à droite en y montant. Il y a des cendres de plusieurs nuances différentes; j'en ai de la bleue.

toujours celle d'un liquide qui se glace lentement & dans le repos, ne présente, au contraire, qu'aspérités, proéminences, bosses & cavités. Souvent on ne peut y marcher qu'avec des difficultés & des peines infinies ; quelquefois même la chose est absolument impossible. Aussi leur a-t-on donné en Auvergne un nom particulier. On les y appelle *cheires*. Les personnes qui ont vu la Suisse, ou qui ont lu les descriptions que nous ont données, de cette contrée, les Voyageurs, savent que sur le penchant de certaines montagnes, sont d'immenses nappes-d'eau congelées, connues sous le nom de *glaciers* ; lesquelles ont, comme les cheires d'Auvergne, leur surface hérissée en glaçons. Ce que je viens de dire sur ces cheires, ne surprendra pas moins ; & l'on se demandera à soi-même par quelle cause inconnue deux substances, aussi différentes que la lave & l'eau, ont pu, en se glaçant, prendre une forme aussi semblable & aussi extraordinaire.

Celle des montagnes de la chaîne de Dome qui a fourni la cheire la plus considérable, est Côme. Ses laves furent même si excessivement abondantes, que trouvant à s'épandre vers différens points de l'horizon, elles ont formé trois cheires ; celle d'Alagnat, celle de Mazayes, celle de Pontgibaud. On côtoie, pendant long-tems, cette dernière, lorsqu'on va à la petite ville de ce nom. L'aspect en est horrible ; & il fait d'autant plus d'impression que le spectacle est nouveau, & que nulle part on n'a rien vu qui ressemble à cette mer brûlante, dont les vagues en fureur semblent s'être tout-à-coup pétrifiées, comme par magie.

A l'extrémité sud de la chaîne est une autre cheire, moins considérable à la vérité ; mais qui, ou plus ancienne, ou d'une nature plus facile à se décomposer, aujourd'hui commence à se couvrir de bois. On la traverse dans toute sa largeur, en allant de Clermont au Mont-Dor par l'ancienne route. Celle-ci est le produit de trois volcans, *Saté, le puy de la Vache*, & le puy de.... Vous côtoyez les trois montagnes ; & voyez sourdre, si j'ose parler ainsi, les trois sources de la cheire. A votre gauche est Saté, dont la bouche regarde le nord ; à votre droite sont les deux autres puys, qui ont la leur ouverte au sud, & qui réunissant leurs deux courans, les ont fait couler vers Saté, tandis que celui de Saté venait, par une direction contraire,

contraire, se réunir au leur. Quoique les trois ouvertures d'éruption, soient presqu'entièrement couvertes de pelouse, & que le tems, en abattant ou en cachant tout ce qui les rendait hideuses, leur ait donné une forme très-agréable, elles sont néanmoins encore très-distinctes. On reconnaît d'une manière aussi visible les trois courans. On peut même suivre chacun d'eux jusqu'à la bouche d'où il est sorti; & sur-tout celui de Saté, dont la lave s'est tellement amoncelée au point même de son éruption, qu'elle y fait une éminence.

Je ne vous indiquerai plus qu'une cheire; celle de Volvic, située à l'extrémité opposée de la chaîne de Dome, & appellée ainsi du nom d'un bourg voisin. Nul autre objet ne conduit à celle-ci; elle exige un voyage particulier; mais ce voyage vous offrira un spectacle superbe, & il vous fera connaître en même-tems la carrière d'où Clermont & la haute partie de la Limagne tirent les laves dont tous leurs bâtimens sont construits (*).

(*) Pour rendre le voyage plus utile, je conseillerai d'aller par Chanat, & de revenir à Clermont par Volvic.

E e

Beaucoup de gens, même chez les Clermontois, croient que la montagne volcanique qui a fourni les laves de cette carrière, eſt celle de Jume. C'eſt une erreur : ſon nom eſt Nugerre. Nugerre eſt à Jume ce que Grave-neire eſt à Charade. Ils ſe touchent; mais Jume eſt plus éloigné du village; & quoique ſes courans ſoient venus ſe répandre juſqu'au bord de la cheire, cependant on les diſtingue très-bien; parce que, comme ceux de Charade, ils contiennent beaucoup de criſtaux de ſchorl, & que la lave de Nugerre n'en a pas.

Le volcan eſt au haut d'une vallée très-large & fort longue, qui, toujours s'abaiſſant vers Volvic & par-de-là, ſe trouve encaiſſée à droite & à gauche par des côtes de granit. Mais ce que je ne dois pas oublier de vous dire, c'eſt qu'au-deſſus du volcan & à peu de diſtance du bord oppoſé de la vallée, eſt un monticule de même nature granitique, vers lequel l'inclinaiſon du ſol a porté la lave. Arrêtée par l'obſtacle, cette lave s'eſt élevée pour le dépaſſer & le couvrir; elle a même aquis là une grande hauteur; mais enfin, entraînée par ſon poids & par la pente du terrein, elle s'eſt entr'ouverte, ainſi que le grand courant de Grave-neire; & a coulé en deux bras, l'un immenſe, l'autre moins conſidérable, & qui ne ſe ſont réunis que plus bas dans la vallée. Le monticule eſt reſté là comme île au ſein des mers. On le côtoie en deſcendant à Volvic; on paſſe même ſur le moins grand de ſes deux bras; & l'on y peut jouir, non-ſeulement de l'effet dont je parle, mais encore du ſpectacle de la cheire elle-même, qui, de-là juſqu'au bourg, ſe déploie preſque toute entière ſous vos regards.

Cependant, pour voir celle-ci dans toute ſa beauté, il faut monter ſur la cîme du volcan. Le chemin n'eſt pas aiſé, je l'avoue. On eſt obligé de quitter ſes chevaux à une grande diſtance; de traverſer un taillis fort long, & de gravir par des ſentiers de Pâtres. D'ailleurs, quand on eſt arrivé, il faudrait encore, pour tirer quelque parti de cette entrepriſe fatiguante, ſuivre le cratère dans tous les contours de ſa vaſte échancrure; & ce nouveau travail demanderait ſeul pluſieurs heures. Mais auſſi, comme il eſt ſatisfeſant! & d'ailleurs quel ſpectacle! Vous voyez ſous vos pieds naître & deſcendre cette rivière de pierres, longue de plus d'une lieue. Le tems, qui depuis tant de siècles travaille à la ronger, est parvenu enfin, par un commencement de décomposition & d'efflorence, à blanchir un peu sa surface. Sous cette teinte de vétusté, ses protubérances sans nombre ressemblent à des glaçons charriés par les eaux. Le fleuve en est couvert dans sa vaste étendue; il les entraîne à travers les deux rangs de montagnes qui forment ses rivages; &, par une pente rapide, semble courir vers Volvic pour le renverser & l'engloutir.

C'est dans la cheire que sont ces carrières, si renommées dans la Basse-Auvergne; ou, pour parler plus exactement, ce sont les laves de la cheire, taillées & façonnées, qui font ces pierres connues sous le nom de Volvic. Autrefois elles se travaillaient, comme celles des carrières ordinaires, par des galeries pratiquées dans leur épaisseur; aujourd'hui c'est par des puits creusés à leur surface. Les Ouvriers profitent des fentes qu'a contractées la lave en se refroidissant ; ils y enfoncent des coins de fer, la cassent & l'enlèvent par morceaux; & la taillent sur le lieu même, selon la forme & la grandeur qu'on leur a demandées. Mais quand le puits eſt deſcendu à une vingtaine de pieds environ, ils l'abandonnent, & vont plus loin en creuſer un autre. A cette profondeur, ils ont remarqué que la lave devient trop dure; & comme elle leur coûterait davantage à travailler, ils la laiſſent pour une plus tendre. Cette méthode expéditive eſt avantageuſe pour l'Entrepreneur, ainſi que pour ſes Ouvriers; mais l'homme qui bâtit & auquel on livre une pierre moins bonne, y perd beaucoup. Auſſi entend-on dire journellement que celle qu'on tire aujourd'hui ne vaut pas la pierre qu'on avait autrefois.

Cette difficulté qu'éprouvent les Carriers à fouiller un peu profondément dans la cheire, ferait ſoupçonner qu'à une certaine épaiſſeur, la lave change de nature, & que plus bas peut-être elle eſt baſalte. En effet, on ne peut douter que quand la matière était fluide, les parties compactes & peſantes n'occupaſſent, ſelon les loix de l'Hydroſtatique, le fonds du baſſin; & qu'elles ne ſoient devenues plus compactes encore par la preſſion de celles, qui, de leur nature plus légères, prirent leur équilibre dans les étages ſupérieurs. Il est probable aussi que la cheire n'a pu aquérir une largeur aussi considérable que celle qu'elle a, sans avoir en même-tems une très-grande épaisseur. Les Carriers ne peuvent nous donner sur cet objet aucunes lumières, puisqu'ils ne font leurs fouilles qu'à la superficie; mais les livres d'Histoire-Naturelle nous apprennent qu'on voit quelquefois des bancs de laves, hauts de 150 & de 200 pieds; & certes, si quelque part il doit en exister d'épais, c'est sur-tout dans une vallée où, contenue entre deux remparts, elle n'a pu croître qu'en s'élevant.

Il y a plusieurs siècles que cette carrière volcanique est connue & exploitée. On prétend même dans le pays que c'est avec des pierres de Volvic qu'ont été construites les tours de l'Eglise Cathédrale de Paris. Guettard s'est donné la peine de réfuter cette tradition prétendue, en examinant & comparant les deux natures de pierres. C'était lui faire trop d'honneur. Il eût suffi de montrer combien était ridicule une opinion qui, de cent lieues, fait porter des pierres dans une ville où tout est carrière.

C'est avec des laves de Volvic que Clermont

Riom, & la plupart des petites villes, bourgs & villages du voisinage ont été construits. Malgré tout ce qu'on a tiré de cette carrière depuis plusieurs siècles, & malgré tout ce qu'on en tire encore journellement, à peine cependant paraît-il qu'on y ait fouillé. La quantité de matière qu'elle contient, semble en quelque sorte être inépuisable ; & quand on considere son étendue, ou du haut de Nugerre, ou même du monticule granitique, on est tenté de croire qu'elle suffirait seule pour rebâtir en entier toute l'Auvergne.

Les pierres ordinaires n'ayant été formées primitivement que par des couches stratifiées, elles ne peuvent se travailler que selon leurs lits d'assise. Mises en œuvre dans une autre direction, elles se briseraient. Il n'en est point ainsi des laves. Comme celles-ci ont été fondues, elles n'ont plus de couches, & peuvent se tailler dans tous les sens. Au reste, ce genre de pierres n'est point rare. Beaucoup de courans volcaniques, & presque toutes les cheires en fournissent. J'en ai vues à Besse, à Orcival, à Font-freide, à la Védrine, & en plusieurs autres endroits. Cependant il ne faut pas croire que toutes les laves soient également bonnes pour bâtir. Le basalte par exemple ne peut se tailler. Trop dur & trop compact, il éclate sous le marteau, & n'est guère employé qu'en moëllons : encore prend-il mal le mortier, parce que ses pores sont trop étroits. Les Maçons le connaissent sous le nom de *pierre d'éraigne* ; & ils le rejettent constamment.

Celui qui est lamelleux s'emploie cependant par les Couvreurs, pour les toits de maisons. Après l'avoir séparé en feuillets, ils l'arrondissent un peu, en le cassant sur ses bords ; ils font, de chaque côté, une coche vers le haut ; & , pour l'empêcher de glisser, l'arrêtent sur la charpente du toit par un clou fiché dans chaque coche. Cette sorte de couverture est d'usage dans beaucoup d'endroits, & elle dure long-tems ; mais elle est excessivement lourde, & charge tellement un bâtiment qu'il faut alors une charpente beaucoup plus solide & des murs faits exprès.

Il est une autre sorte de lave qu'on ne taille pas plus que le basalte ; mais qui, quoique très-dure, est en même-tems fort poreuse & fort légère ; & qu'à raison de cette qualité, on emploie pour les voûtes, parce qu'elle charge très-peu leurs murs. M. Desmarets avait essayé de la faire connaître à Paris; il en fit même venir par l'Allier une certaine quantité; & je suis d'autant plus surpris que nos Architectes n'en aient pas adopté l'usage, qu'alors ils n'avaient, pour la construction de leurs voûtes, aucuns matériaux qui pussent y suppléer; & qu'aujourd'hui même les poteries creuses qu'ils y emploient sont sûrement plus cheres.

Quoique Clermont ne soit guères qu'à deux lieues de Volvic, cependant la pierre y coûte beaucoup plus qu'on ne devrait l'attendre du voisinage d'un lieu où le travail est bien moindre que dans les carrières ordinaires. Il est vrai qu'elle y arrive dans des charriots si petits & si peu chargés, que le seul transport doit beaucoup l'enchérir. Maintes fois j'ai vu plusieurs de ces voitures avoir, pour toute charge, trois pierres médiocres, qu'ailleurs on aurait fait porter à un âne; & ces trois pierres néanmoins fesaient la journée d'un homme & de deux bœufs. C'est probablement pour diminuer une partie de ces frais qu'on a introduit l'usage de faire tailler les pièces à la carrière même. On les y commande selon la forme

& les dimenfions dont on a befoin; & elles arrivent, toutes prêtes à être mifes en œuvre.

Il y a quelques années que le Chapître de l'Eglife Cathédrale tenta de faire ouvrir, aux environs du puy de Dome, & dans un terrein qui lui appartient, une carrière pareille. La pierre était de bonne qualité; & l'entreprife ne pouvait manquer de réuffir, tant à raifon du voifinage, que pour la facilité du chemin, qui, delà jufqu'à Clermont, eft une grande route, toujours en pente. Déjà même on avait fait bâtir une maifon pour loger les Ouvriers; mais ceux de Volvic, allarmés d'un projet qui allait leur enlever l'avantage qu'ils avaient d'être feuls, & par conféquent néceffaires, confpirerent pour le faire échouer. Ils vinrent en bande, dit-on, infulter les Carriers nouveaux; & leurs firent de telles menaces, que ceux-ci, craignant pour leurs jours, refuferent de travailler davantage, & fe retirerent. Il ne refte aujourd'hui de l'établiffement que la maifonnette, à laquelle on a donné, comme par dérifion, le nom de *Barraque de la Cathédrale*. Cependant je connais des personnes inſtruites & ſages qui prétendent que les gens de Volvic ne ſe ſont pas montrés auſſi méchans qu'on l'a dit; & que le Chapître eût pu, ſans beaucoup de frais, aſſurer à ſon entrepriſe un ſuccès ſolide. Il ne fallait pour cela, diſent-elles, que bâtir quelques maiſons, y établir des familles, & ſur-tout des Carriers de Volvic; enfin leur accorder gratuitement, & pour pluſieurs années, l'exploitation de la carrière. A la vérité il en eût coûté aux Membres du Chapître quelques ſacrifices annuels; & par conséquent ils n'euſſent guères travaillé que pour leurs ſucceſſeurs. En pareil cas un pere de famille n'héſiterait pas un inſtant; mais de pareils dévouemens n'appartiennent qu'à un pere; il faut être pere pour payer de ſon bonheur le bonheur futur de ſes enfans.

La pierre volcanique étant la plus facile à tailler, c'eſt auſſi celle qu'on emploie dans le pays pour les ſtatues d'Egliſes, & autres. J'avoue que jamais je n'ai pu me faire à voir Dieu & les Saints offerts au peuple ſous la couleur dont ordinairement on lui peint le Diable ; mais, d'un autre côté, je me suis demandé souvent pourquoi nos Sculpteurs de Paris n'employaient pas quelquefois, pour certains ouvrages, les laves d'Auvergne. Celles de Volvic & autres pareilles font trop grossières & trop poreuses, j'en conviens ; mais ils en trouveraient dont le grain est très-fin, très-serré ; & je leur citerai, en ce genre, une Pallas, qu'on voit à Clermont sur la porte d'entrée du Palais. En choisissant celles-ci d'une couleur très-noire, il me semble qu'elles seraient propres à représenter un Nègre, un Démon, une Divinité infernale, ou celle de la nuit ; & que, placées entre d'autres, d'une couleur différente, elles y feraient sur-tout un effet très-piquant.

Nos Marbriers pourraient également tirer parti du basalte ; puisque celui-ci, quoiqu'il ne puisse se tailler, se polit très-bien, & que par sa dureté extrême il a de l'éclat. Ils en feraient des tables, des consoles, des chambranles de cheminée, &c. ; & le travail en serait même assez facile, s'ils avaient soin de choisir, parmi les basaltes, celui dont je parlerai ailleurs, & que les Naturalistes ont désigné sous le nom de lamelleux, parce qu'il est formé par couches & par feuillets.

Outre que le basalte peut se polir, il se fond encore très-bien, & sans addition ; & par conséquent il est beaucoup d'arts où il serait également possible de l'employer sous cette modification. M. Faujas de Saint-Fonds a proposé d'en couler des statues ; qui, bien plus économiques que le bronze, seraient à-la-fois plus durables encore. Près de Montpellier on en fait des bouteilles. Pourquoi l'Auvergne, qui a tant de basalte, & qui, au défaut de bois, possède des mines de charbon minéral, ne ferait-elle pas, dans le voisinage de quelqu'une de ses mines, un établissement semblable ? En ce moment elle n'a point de verreries, & se trouve obligée de soudoyer celles du Nivernais. Alors, au contraire, elle fournirait non-seulement à sa propre consommation, mais encore à celle de quelques Provinces voisines. Cette exploitation serait même d'autant mieux assurée, que ces bouteilles, quoique noires, sont beaucoup plus légères, & en même-tems plus fortes que les bouteilles ordinaires. Néanmoins, avant d'employer les basaltes, il faudrait les éprouver. Tous ne se trouvent point également propres à l'usage dont je parle. Il en est qui, à raison des principes de leur composition, sont solubles par les acides; j'en ai vu l'expérience chez M. Mossier; & je n'ai pas besoin de dire que ceux-ci pouvant gâter le vin, ils doivent être rejettés.

La lave de Volvic tient une place dans les cabinets des Naturalistes. On la cite même dans les livres élémentaires d'Histoire-Naturelle; & en effet elle est remarquable par deux accidens particuliers: l'un est d'offrir du fer spéculaire en paillettes ou en lames; l'autre de contenir quelquefois des noyaux de quartz, ou intacts, ou peu altérés par le feu, mais dont quelques-uns sont gros comme la tête.

Le puy de Dome a aussi, dans sa lave, de cette sorte de fer volcanique; mais les lames les plus grandes de la sienne n'ont que la largeur de l'ongle; au lieu qu'à Volvic, au moins si j'en crois les Carriers que j'ai interrogés, on en voit qui sont aussi larges qu'un gros écu. Un fait que j'ose vous garantir, & qui mérite bien plus d'attention parce qu'il tient à deux loix de la Nature contradictoires; c'eſt que le fer ſpéculaire de Dome eſt attirable à l'aimant, & que celui de Volvic ne l'eſt pas; ou au moins, pour parler plus exactement, c'eſt que dans un grand nombre de ſes paillettes il n'y en a que très-peu qui ſoient attirables.

Je viens de vous parler de laves qui contiennent, les unes du ſchorl, les autres du quartz; je vous ai parlé ailleurs des laves des Monts-Dor, dans leſquelles on reconnaît encore les élémens du granit qui les compoſait; je dois vous dire maintenant qu'il exiſte beaucoup de laves homogènes, dont la matière eſt une & ſans aucun mêlange de ſubſtances différentes. Celles-ci ont-elles été primitivement granitiques? Aſſurément on ne doit pas douter que des volcans, dans certains endroits de leur foyer, n'aient été aſſez ardens pour fondre entièrement des parties de granit; quoique cette pierre ſoit preſque infuſible dans ſes derniers élémens. Mais que ce feu ait eu conſtamment aſſez de violence pour fondre ainſi une montagne de granit tou‑ entière, voilà ce qu'il n'eſt guères poſſible de concevoir. Puiſque parmi les différentes ſortes de pierres qu'a pu vitrifier un volcan, toutes ont une fuſion plus facile que celles du granit, pourquoi les laves homogènes ne devraient-elles pas à celles-ci leur origine? Pourquoi par exemple ne feraient-elles pas dûes aux ardoifes, aux pierres-de-corne, aux fchifts, &c. qui étant homogènes eux-mêmes ne peuvent, en fe fondant, former qu'une fubftance fimple comme eux ? Au refte, cette opinion eft celle de M. de Sauffure; &, en vous annonçant une conjecture, c'eft une autorité que je vous cite.

Les laves n'affectent aucune figure régulière; elles n'ont aucune forme de criftallifation qui leur foit propre; & en cela elles diffèrent du bafalte qui quelquefois a les fiennes : mais auffi le bafalte n'a qu'une feule couleur, dont les nuances peuvent être plus ou moins foncées ; au lieu que parmi les laves, quoique la couleur ordinaire foit le gris-noir, on trouve quelquefois toutes les teintes poffibles. J'en ai de rouges, de grifes, de blanches, &c. Au pied du puy de la Balme, fur la grande route du Mont-Dor, j'en ai vues d'un jaune-de-foufre, fort beau, & d'autres d'un bleu très-décidé. Je vous ai parlé ailleurs de celles de Sercoui, qui font à-la-fois rofe & citron ; enfin je vous ai dit que, dans la feule collection

du vallon

du vallon des Bains, on pourrait former plus de quatre-vingt nuances différentes.

Quant à la pefanteur, elle eft à-peu-près la même pour les divers bafaltes; auffi cette fubftance eft-elle une des plus lourdes & des plus compactes du globe. Dans les laves au contraire, le poids varie prefque autant que les couleurs; & tandis que les unes, par la nature des pierres & des métaux dont elles font compofées, approchent de la pefanteur du bafalte; d'autres, telles que la ponce, ont, par la diverfité de leur vitrification ou par celle de leurs principes, une légèreté qui eft propre à très-peu de corps dans le Règne minéral.

A toute cette variété, dont l'afpect & l'étude font également fatisfefans, il faut joindre encore tous les accidens qu'ont ajoutés les eaux; les eaux, cet agent puiffant & actif avec lequel la Nature, fans interruption, travaille, change & vivifie la face de notre globe. Ici, c'eft la fuperficie des laves qu'elles ont attaquées & décompofées fous cent couleurs différentes; là, ce font des fubftances étrangères qu'elles y ont introduites très-profondément. J'ai un morceau de lave très-compacte & très-lourde, que par hasard j'avais cassée pour en connaître le grain. Elle contenait, dans son intérieur, une infiltration de suc calcaire très-blanc, en gouttes allongées. J'en ai une autre, du genre de celles qu'on appelle cellulaires, & qui a toutes ses cavités remplies du même suc. Vous diriez une pâte noire, pêtrie avec des dragées blanches. Tantôt l'eau a porté, dans les fentes de la lave, des particules ferrugineuses qu'elle avait dissoutes & prises ailleurs, & qui se régénérant sur la pierre, y ont formé de nouveau fer en petites masses, ou en globules pareils à ceux du plomb-à-tirer. Tantôt, au contraire, elle est venue dissoudre de nouveau ce fer passé à l'état d'hématite, & n'a laissé sur les parois que l'empreinte, en rouille, de la forme qu'il y avait.

Souvent la lave elle-même, en coulant sur la terre au moment où elle était fluide, a saisi & happé, dans son cours, différentes substances, qui aujourd'hui s'y trouvent en quelque sorte enchatonnées. Quelquefois ce sont des cailloux roulés; & alors les Naturalistes appellent ces morceaux *poudingues* volcaniques; du nom d'un mêts anglais, dans la composition duquel il entre des raisins secs. Quelquefois ce sont des fragmens de pierres dures ; & ceux-ci, ils les ont désignés sous le nom de *brêches*, à cause de leur ressemblance avec certains marbres nommés ainsi. J'ai vu chez M. Mossier quelque chose de plus extraordinaire ; c'est une lave enduite d'un vrai mortier ; mais d'un mortier fait par la Nature. Le volcan avait calciné des terres calcaires ; de l'eau, survenue-là, y avait fait un lait de chaux ; & la lave, en y passant, s'en était encroûtée.

La plupart des objets que je viens de vous détailler, se trouvent dans ceux des cabinets d'Histoire-Naturelle où l'on est curieux d'avoir des suites complettes. Mais, ce que je n'ai vu nulle part que chez le Naturaliste dont j'ai si souvent occasion de vous parler, & ce qu'on ne trouvera peut-être pas dans l'Europe entière ; c'est une suite de produits volcaniques, pris dans une même montagne & dans une même substance ; & qui, d'un côté offrant la matière intacte, de l'autre offrent successivement tous les dégrés de coction depuis le tripoli jusqu'au laitier, ou autrement jusqu'à la vitrification la plus parfaite.

Or voilà ce qu'a M. Moſſier; & ce que, grace à ſa générofité, je poſsède comme lui. Il a eu le bonheur de trouver un volcan dont la chaleur fut ſi violente, que, dans certaines parties, elle a réduit en verre ſes matières; tandis que, dans d'autres, elle n'a fait que les cuire ou les chauffer; & que plus loin elle ne s'eſt point même fait ſentir à la montagne. Cette montagne était formée d'un ſchiſt argileux-bitumineux; & ſur le ſchiſt repoſait une maſſe de charbon minéral qui a ſervi d'aliment au feu, & dont on trouve des ſcories, ſoit mêlées avec les laves, ſoit en priſmes iſolés.

En tête de ſa précieuſe collection, M. Moſſier a placé d'abord la matière intacte avec toutes ſes variétés. Enſuite vient le tripoli, dans lequel vous reconnaiſſez très-diſtinctement les couches du ſchiſt, & qui ne differe de celui-ci qu'en ce qu'ayant été dépouillé de ſon gluten par le feu, ſes parties n'ont plus d'adhérence entre elles, & ſe réduiſent en pouſſière quand on les gratte. Plus loin vous voyez le tripoli, plus cuit, paſſer à la dureté de la brique, ſans cependant faire feu avec le briquet; puis devenir brique véritable, & donner des étincelles. Cette dernière claſſe eſt la plus nombreuse de toutes, parce que les couches du schist contenant des matières métalliques que le feu a colorées diversement en bleu, en rouge, en lilas, &c.; elle a beaucoup de variétés très-agréables à l'œil.

Les morceaux qui suivent sont également briques; mais, plus voisins du foyer, ils ont éprouvé un commencement de fusion, & ils passent à l'état de lave poreuse. Viennent ensuite les laves poreuses & boursoufflées, mais assez légères pour nager sur l'eau; puis les laves rouges, blanches, &c., plus lourdes, mais où l'on reconnaît encore les couches primitives du schist & des parties calcinées du charbon qui les a chauffées; puis les laves cellulaires & pesantes; puis les brèches; les laves métalliques, provenant d'une mine de fer fondue; les laves-basalte; le basalte passant à l'état de laitier & d'émail; le laitier devenant verre noir, parfait (*); enfin le verre se décomposant,

―――――――――――――――――――――

(*) Les Naturalistes distinguent deux sortes de laitier; l'un totalement opaque; l'autre qui, lorsqu'il est cassé, offre à l'extrémité de ses cassures une sorte de transparence : mais chez eux les mots verre ou laitier sont

& à sa surface extérieure se changeant en argile, tandis qu'intérieurement il devient, ou paraît devenir pechstein.

Mon ami, voilà donc les différens corps que peut produire un volcan ! Voilà comment est graduée son action ; dans quelles bornes est circonscrite sa puissance ; & ce qui reste de ces fournaises ardentes, l'effroi du genre humain, après que, pendant de longs siècles, elles ont ébranlé & dévasté la terre ! En contemplant leurs produits, je vois que, quand le feu n'a pu dévorer ou évaporer une substance, il tend toujours à la réduire en verre ; mais j'y vois aussi qu'il est des matières que la Nature semble avoir soustraites à sa destruction, & qu'après lui avoir laissé vitrifier des argiles, elle sait revivifier les verres qu'il a formés, & les rendre argile encore.

Il est infiniment rare de trouver du laitier

---

synonimes. M. Moffier en fait deux dénominations différentes. Il nomme laitier l'émail opaque ; &, comme le mot verre porte toujours à l'esprit l'idée de lumière & de clarté, il appelle verre volcanique, le laitier dont les cassures sont transparentes.

dans les volcans d'Auvergne ; soit que le tems l'y ait détruit & décomposé ; soit que ces fournaises, dont l'effet est si terrible en apparence, aient réellement, à cause de leur grande étendue, une chaleur moindre que celle des fourneaux de nos Chymistes & de ceux de nos verreries. On n'y voit guères, en objets de vitrification, que des ponces, dont ce tissu fibreux n'est, selon M. Daubenton & d'autres Naturalistes, que du verre filé, & agglutiné en faisceaux ou en pelotons. Mais si ce feu y a été trop faible pour vitrifier les terres, les pierres & les métaux, il a eu au moins assez d'activité pour fondre ces substances. A la vérité, la plupart de celles qui n'ont éprouvé que les premiers dégrès de fusion sont reconnaissables encore dans quelques-uns de leurs élémens ; mais aussi, quand il a pu leur donner une coction plus forte, il a effacé chez elles les traces de leur nature primitive ; & avec une identité intrinsèque à-peu-près la même, leur a donné encore à l'extérieur une sorte de ressemblance générale. C'est à ce caractère de fusion plus parfaite, de dureté & de compacité plus grandes, que se distinguent spécialement les laves, connues sous le nom de basaltes; quoique les Naturalistes n'aient pas encore assigné la ligne précise de démarcation qui sépare les deux genres, & que plusieurs donnent ce dernier nom à des laves compactes, même lorsqu'elles contiennent des matières hétérogènes non fondues. Ce basalte, outre ce que je vous en ai dit plus haut, lorsque je l'ai comparé aux laves ordinaires, a encore d'autres qualités distinctives, qu'il n'est pas de mon sujet de détailler ici. Mais il en est une pourtant que doit connaître indispensablement tout homme qui voyage en Auvergne; & à ce titre, je ne dois point l'omettre : c'est celle qu'il a de cristalliser.

Le cristal, quand la Nature a eu le tems, l'espace & le repos nécessaires pour le former, ayant toujours une forme déterminée, une forme constamment la même & inhérente à sa nature, on a nommé cristallisation la propriété qu'ont la plupart des corps du Règne minéral d'affecter, comme lui, une figure régulière, laquelle constitue une partie de leur essence. La Chymie, par exemple, m'annonce que le nitre se cristallise en aiguilles, & le sel marin en cubes. Surpris d'une uniformité si constante dans des corps bruts, privés de vie & de mouvement, je veux en constater la vérité. Je fais séparément dissoudre dans l'eau les deux substances, & laisse évaporer tranquillement le liquide. Eh bien, après cette évaporation, je retrouve, dans l'un de mes deux vases, des aiguilles ; dans l'autre des cubes ; & dussé-je mille fois recommencer l'expérience, mille fois elle me donnera les mêmes résultats.

Ce que m'apprend la Chymie sur les substances salines, elle me l'enseigne pour un grand nombre d'autres substances minérales, pierres, pierreries, métaux &c. Chacune a sa manière d'être, sa modification invariable, que jamais elle ne peut quitter pour une autre. Telle est la loi de la Nature ; loi sur laquelle est fondé l'Ouvrage, si connu, de M. Romé de Lisle ; loi enfin tellement indestructible, qu'à la forme seule le Naturaliste me dira quel est tel ou tel corps ; quoique cependant il s'en trouve quelques-uns qui en ont une semblable.

Ce qui arrive à une matière saline, dissoute dans l'eau, le basalte, dissous dans le feu, a pu l'éprouver également. Ainsi, comme l'une s'y cristallise, quand l'eau de sa dissolution est évaporée; il ne seroit pas étonnant que l'autre, après l'évaporation paisible de son feu, se soit cristallisé aussi. En effet, c'est ce qu'on voit; & ce qu'après tout il serait possible d'expliquer : mais ce qui confond toutes les idées & toutes les explications, c'est qu'au lieu d'avoir, comme les autres corps réguliers, une forme particulière & indélébile, le basalte en a un grand nombre, qui toutes lui sont également propres, & dont plusieurs sont mêmes opposées entr'elles. Ainsi, par exemple, ici il s'applanit en tables, & là il s'arrondit en boule; tandis qu'ailleurs il s'élève verticalement en colonnes. Ces colonnes elles-mêmes, tantôt je les vois rondes, tantôt taillées à pans; & souvent, dans une même colonnade, je vois ces pans varier depuis trois jusqu'à huit, & quelquefois même par-de-là. Formées d'assises, ainsi que celles de notre Architecture, quelquefois les assises sont, de même que les nôtres, planes & unies sur leurs deux faces; quelquefois au contraire la face inférieure offre dans son centre une éminence, & la supérieure une concavité; de sorte que deux assises s'emboîtent l'une dans l'autre, à-peu-près comme les articulations de quelques-uns de nos os : ce qui, chez les Naturalistes, a fait donner à ces colonnes le nom d'*articulées*.

Si vous examinez les prismes de basalte isolés & répandus çà & là sur la terre, vous y trouverez une bien autre variété encore. Formes pyramidales, triangulaires, quadrangulaires, pentagones, exagones, &c., en un mot toutes les formes qu'offrent les corps qui, chez les Géomètres, portent le nom de réguliers, ces prismes les ont ; souvent même, par une bizarrerie qui paraît incompatible avec la régularité, ils en réunissent plusieurs ensemble.

Malgré leur grande antiquité, il en est qui sont si bien conservés encore, & qui ont leurs arêtes si vives, que j'ai vu des personnes ne jamais vouloir croire que ce fût un ouvrage de la Nature, & les regarder, ou comme des pierres taillées, ou comme une matière fondue, ou enfin comme une argile façonnée dans un moule.

Dans les prismes pyramidaux, plusieurs sont aimantés. J'en ai même vus avoir deux poles, comme l'aimant ; & par l'un de ces poles attirer l'aiguille mobile, tandis que l'autre la repouffait. Que vous dirai-je : le bafalte, dans fa criftallifation, offre des phénomènes fi variés & fi nombreux à-la-fois, que tout y étonne ; & que fi l'Hiftoire-Naturelle avait, comme la Fable, fon Protée, ce ferait lui particulièrement qu'elle eût dû repréfenter fous l'emblême de ce Dieu aux mille formes.

Quoiqu'il y ait en Auvergne beaucoup de montagnes qui, avec de grands courans de bafalte, n'ont, ainfi que Grave-neire, ni une feule grande maffe régulière, ni même un feul prifme, néanmoins les colonnades bafaltiques font affez fréquentes dans cette Province ; & c'eft un des beaux fpectacles dont vous jouirez, fi vous venez y faire un voyage. Souvent les colonnes n'ont qu'une hauteur médiocre ; & quelquefois elles s'élevent jufqu'à cent & cent-cinquante pieds. A Laval & à Montaley, elles forment une forte de théâtre, dont les deux ailes s'avancent très-loin à droite & à gauche ; tandis qu'au centre tombe une cafcade (*). A Fung, c'eft un autre afpect encore. Le cou-

---

(*) Jai vu ces deux-ci dans un fecond voyage que

tant s'avançait vers le lac par un plateau qui avait sa pente de ce côté-là. Devenu perpendiculaire lorsque le plateau est devenu escarpé, il a formé un large mur de basalte, dans la largeur duquel se trouvent d'énormes colonnes lamelleuses. Les unes, placées en avant, débordent la masse; & d'autres occupent un plan plus reculé. Vues du vallon, elles semblent de vieilles tours qui, flanquant les murs d'une longue terrasse, annoncent les restes d'un antique château. Lorsque vous allez à Pardines par Néchers, vous trouvez sur votre gauche, avant d'entrer au village, un effet pareil. Ici seulement les colonnes, beaucoup plus distantes entre elles, sont toutes placées sur le contour extérieur de la plate-forme, & paraissent des contreforts bâtis pour la soutenir. A la Tour-d'Auvergne, elles servent non-seulement de base

---

j'ai fait aux Monts-Dor par une route de traverse; en prenant par Gergoviat, la Roche-Blanche, Juffar, S. Genest, Font-freide, le lac Aidat, Sauzet, &c. On voit la cascade de Laval, lorsqu'on va du Vernet au lac Chambon; & celle de Montaley, en allant de Chambon au lac Pavin.

& de fondemens au château, mais encore de *fol* au *foirail* ou marché du bourg. Cependant, comme les assises ne peuvent pas être toutes à la même hauteur, & qu'il s'en trouve qui sont plus basses les unes que les autres, cette sorte de pavé n'est rien moins qu'égal. J'aurais en ce genre bien d'autres objets, également pittoresques, à vous détailler; mais si vous venez en Auvergne, ils s'offriront à vous dans vos différentes courses. D'ailleurs il est des tableaux qu'il faut voir sur les lieux; leur énumération fatigue enfin; & je sais, par mon expérience, que si ce sont les détails qui rendent un Voyage intéressant, ce sont aussi les détails & leurs descriptions qui rendent un livre ennuyeux.

Ces colonnes polygones, malgré leur extrême dureté, s'alterent enfin, ainsi que tous les autres corps de la Nature. Mais ce qui est fort étrange, c'est qu'en se décomposant, leurs assises anguleuses prennent la forme de boules, ou celle d'ellipsoïdes; comme s'il tenait à l'essence de certains basaltes d'avoir une configuration régulière, & qu'ils ne pussent perdre la leur sans en prendre aussitôt une autre. Vous pourriez croire peut-être que cette production nouvelle n'eſt qu'une ſuite de la décompoſition elle-même, qui, d'abord, détruiſant les arrêtes des pans de la colonne, comme moins épaiſſes, doit, par leur chûte, la laiſſer ronde. En effet, abattez les angles d'un cube; & vous aurez une boule. Mais je vous dirai que ces boules n'occupent pas toujours le centre de leur colonne, & qu'on en voit quelquefois prendre naiſſance à l'angle même d'un des pans extérieurs (*).

D'ailleurs, ce qui ferait ſoupçonner qu'elles ne ſont point le réſidu d'une ruine, mais un corps particulier, formé là, anciennement ou récemment, d'une manière ſpéciale; c'eſt la décompoſition ſingulière qu'elles éprouvent elles-mêmes. Les bombes & autres corps de ce genre, lancés par l'exploſion des volcans, s'uſent

---

(*) On peut en voir une, en ſortant de Rochefort, & montant la côte pour aller au Mont-Dor. A Chevalat, il y a des boules placées ſi près les unes des autres, que néceſſairement il doit y en avoir eu pluſieurs dans une même colonne.

& s'atténuent infensiblement dans toute leur fuperficie ; on ne les voit point s'effeuiller par
éclats ni par lames. Il n'en est point ainsi des
boules & des ellipsoïdes dont je parle ; ils se
délitent par couches concentriques ; à-peu-près
(pardonnez-moi la comparaison) comme un ognon
que vous dépouilleriez succeffivement de ses diverses enveloppes. D'ailleurs on en trouve d'ifo-
lées, dans des plaines & fur des montagnes où
jamais il n'y eut apparence de colonnes.

Ce que j'ai vu de plus beau en ce genre,
& ce que je conseillerai à tout amateur d'Histoire-Naturelle de voir aussi, est à la Roche-noire.
Là, fur la pente du côteau (*), fort de terre
une boule, ou plutôt un ellipsoïde, dont le
grand diamètre a près de trois toises. Le tems,
en le décomposant, a enlevé les parties supé-
rieures qui formaient sa calotte, & mis à découvert les différentes rangées de ses couches
concentriques. Les lames, découpées d'espace en

(*) A l'aspect fud de la montagne, du côté de
Chalandrat, & en descendant du plateau vers quelques
vignes qui sont là.

espace

espace, dans leur contour, semblent des segmens de cercle; mais, par une sorte de dilatation, partie du centre, les diverses enveloppes se sont séparées les unes des autres, & entr'ouvertes comme les feuilles d'une fleur. En un mot, figurez-vous une rose enfoncée en terre par son pédicule, & qui s'y serait épanouie; donnez à cette rose une forme ovale; supposez-lui de larges & épaisses feuilles en lave, avec dix-sept pieds de diamètre; & vous aurez l'idée la plus exacte de l'objet dont je vous parle. M. Faujas de Saint-Fonds, dans sa *Minéralogie des volcans*, a décrit un morceau de ce genre; qu'il propose à l'admiration des Naturalistes, & dont il a donné le dessin gravé. C'est aux Naturalistes à prononcer sur le mérite de celui que je leur annonce. Quant aux Voyageurs ordinaires, comme ils lui trouveront des feuilles mieux découpées, mieux arrondies, & une forme beaucoup plus agréable, je ne serais pas surpris qu'ils le préférassent à celui des Cévennes.

Il est des boules basaltiques qui ont une autre sorte de décomposition encore. Celles-ci, au lieu de s'écailler par couches concentriques, comme celles dont je viens de faire mention; se délitent par fragmens prismatiques, qui, en se détachant de la masse, y laissent des trous de figure régulière (*). Mon ami, qu'est-ce donc que ces basaltes, dans qui la régularité des formes paraît une propriété inaltérable! Quelle est cette substance étrange, qui, modelée de tant de façons différentes, & toujours régulièrement, finit par être régulière encore, lors même qu'elle se détruit?

La décomposition des produits volcaniques est plus ou moins rapide, selon qu'ils contiennent une quantité plus ou moins grande de substances salines, de chaux métalliques, de matières terreuses, calcaires; & autres principes pareils, solubles par l'action de l'air, des gaz & des pluies. En se décomposant, ces laves se réduisent en une sorte de terreau noir, qui aquiert quelque fécondité; & de-là vient qu'en Auvergne les

---

(*) En allant de Clermont à la Cheire de Volvic par Chanat, on peut en voir quelques-unes à Mouillebout, monticule au pied duquel on passe, & qui est en deçà de Chanat.

montagnes volcanisées sont presque toujours fertiles : au lieu que les montagnes granitiques, dont la décomposition ne donne que du gravier & du sable, ne le sont presque jamais. Quelquefois les laves blanchissent à leur superficie, & paraissent tomber en efflorescence ; ainsi qu'on le voit dans celles de Volvic. Quelquefois, commme à Gergoviat, aux Côtes près de Clermont, & en mille autres endroits, elles se couvrent d'une sorte de lychen blanc, nommé pérelle, que les Paysans viennent gratter sur les pierres, & qui s'emploie dans les teintures en écarlate. Cette variété tient, sans doute, à la différence de principes dont les laves sont composées. Par-tout l'homme instruit trouvera des expériences à faire ; & l'homme observateur, des faits à remarquer.

Près de Sauzet-le-froid, & au sud de ce village, est une montagne volcanique, nommée le puy de Montainard ; aujourd'hui totalement couverte d'herbe ; excepté à la face méridionale, où se trouve une large bande verticale qui est à nu, & qui laisse voir des scories dans le genre de celles de Grave-neire. M. du Vergier, Prieur de Sauzet, m'a certifié que pendant le long hiver qu'éprouve son canton, cette partie de Montainard demeure toujours également à découvert; & qu'en très-peu de tems la neige y fond; tandis que le reste de la montagne conserve la sienne durant six à sept mois. Il est impossible que M. du Vergier ait pu se tromper sur un fait qu'il voit habituellement de ses fenêtres. Moi qui ne puis en douter d'après son témoignage, j'ai voulu savoir si l'effet tenait à la nature même des scories, & si toutes avaient la propriété de fondre la neige. En conséquence, depuis mon retour à Paris, j'ai écrit à mon frere, dans le mois de janvier, pour lui demander en quel état était Grave-neire alors; & il m'a répondu que Graveneire était totalement couvert de neige. Comme M. du Vergier n'est Prieur de Sauzet que depuis deux ans, il faudrait vérifier, pendant plusieurs années de suite, si la zône de Montainard est constamment nue l'hiver; & quand ce fait, si extraordinaire, sera constaté, il restera ensuite à examiner quelle en est la cause locale; mais vous sentez, mon ami, que ce n'est point à un Voyageur qu'appartiennent de pareilles expériences.

M. le Comte de Buffon parle d'un rocher qui

ayant glissé d'une montagne, par-tout sur son passage se creusa un large fossé, & traversa cependant une plaine, une prairie & une rivière. Si vous allez à Pardines par Néchers, vous verrez dans la plaine *des Roches*, par de-là Plauzat, quelque chose de plus extraordinaire encore. Ce sont deux très-grosses masses de basalte, hautes d'une vingtaine de pieds, larges à proportion, & qui, en roulant, sont venues se placer-là, lorsqu'elles étaient encore molles & brûlantes. Quoiqu'elles soient un peu éloignées l'une de l'autre, cependant, comme elles sont sur le même alignement, & que par conséquent il a fallu un même dégré de mouvement pour les porter à une même distance du point de départ, il est probable qu'il ne se détacha des environs du volcan qu'une seule roche; que cette roche, dans sa route, se rompit & se sépara en deux; & que les deux quartiers allerent, par des rayons divergens, se fixer chacun où les portait leur vélocité commune. Ce qui me confirmerait dans cette opinion, c'est qu'un des blocs, arrivé au lieu de son repos, s'y partagea lui-même en deux parties; & celui-ci est le plus curieux à observer, parce que le schist calcaire qui entoure chacune d'elles paraît avoir été cuit ou altéré par leur chaleur, tandis que le schist qui les sépare n'a point souffert.

Les montagnes d'où la roche a descendu étant fort éloignées, la plaine où elle se trouve étant fort large, il a fallu, pour qu'elle pût rouler & parvenir à une pareille distance, que déjà sa masse eût aquis une certaine solidité. Néanmoins elle devait en même-tems avoir quelque mollesse; puisque dans sa chûte elle a saisi & agglutiné à sa surface, des matières qu'on y trouve encore. D'ailleurs, si vous examinez les masses du bloc séparé en deux, vous verrez dans une fouille qu'on a faite au pied de l'une d'elles, que la matière, assez chaude encore pour être fondue par des sels qu'apparemment elle aura trouvés-là, y a fusé à travers le schist calcaire. Quant à l'autre partie du bloc, elle a une de ses surfaces comme taillée à pic. Or, dans la hauteur de son plan vertical, sont nombre d'enfonçures qui prouvent que, dans sa route, ayant rencontré quelques pierres & d'autres corps proéminens, ceux-ci y ont laissé leur empreinte en s'y moulant en creux; & que par conséquent, quand elle a roulé, sa pâte était encore un peu molle.

Il se pourrait pourtant que dans le voisinage d'un chaînon de monts fort élevés, tel vallon ou telle plaine eussent eu une montagne isolée & moins considérable, qui fût devenue volcan. C'est dans une vallée que se trouvent la *Sanadoire*, & la *Tuilière* ou *Trioulaire* ; énormes roches volcaniques des environs du Mont-Dor, les plus célèbres de ce genre, & qui peu distantes l'une de l'autre, & séparées par un ruisseau, sont formées, l'une de prismes, & l'autre de couches lamelleuses (*).

Un phénomène moins majestueux à la vérité, mais plus singulier encore, est un monticule de la Limagne, nommé le puy Dulin (**), haut tout au plus d'une douzaine de

---

(*) Les habitans du voisinage viennent enlever ces lames écailleuses, & ils s'en servent, en guise de tuiles, pour couvrir les toits de leurs maisons; ce qui a fait donner à la roche le nom de la Tuilière.

(**) Après le Petit-Pérignat, près de Sarlière, & sur la gauche de la route d'Issoire. On le voit de la route.

pieds ; & qui, malgré cette humble ftature, paraît cependant, au moins fi l'on en juge par fa forme conique, & par le cratère qu'il a confervé, avoir été un volcan ; ainfi que Dome & le Mont-Dor. Ce cratère, fort large pour une auffi petite maffe, eft rempli prefque en entier par un jet de lave qu'il a vomie, & dont la hauteur excède celle du tertre lui-même. Du refte, la lave ne s'eft point épandue par de-là la bafe du cône ; fans doute parce que le monticule, même avant fa déflagration, a été trop petit pour fournir à une grande éruption, ou même à une fimple coulée.

En allant de Bravant à l'étang de Fung, vous trouvez un volcan nain, du même genre, & qui, comme l'autre, n'a couvert en lave que fon cône. Celui-ci, nommé le puy de Crau, eft plus haut, plus confidérable que Dulin ; mais il a une forme fi agréable, il eft fi parfaitement arrondi, fon petit cratère enfin, large tout au plus de quelques pieds, orne fi bien le centre de fon fommet, que vous diriez un volcan en miniature, & que vous regrettez prefque de ne pouvoir l'enlever, pour aller l'offrir à l'admiration de l'Europe, dans ce Muséum fameux auquel préside le Pline de la France.

C'est après avoir vu ces diminutifs de cratères qu'il faut monter sur Dome, & aller examiner le cratère superbe qui se trouve vers sa base, en descendant par la gravouse. Celui-ci, l'un des objets les plus renommés de la Basse-Auvergne, & l'un de ceux en effet qui mérite le plus de l'être, offre la forme d'un cône renversé, ou autrement d'un entonnoir; ce qui, dans le pays, l'a fait appeler par le peuple le *Nid-de-la-poule*. Je ne puis vous donner ici ni la mesure géométrique de ses deux diamètres, ni, comme je l'ai fait pour Pavin, celle de sa hauteur verticale. Tout ce que j'ai pu faire, moi, simple Voyageur, a été de me placer au point le plus élevé de ses bords, de descendre en droite ligne jusqu'au fonds de sa cuve; & avec ma canne, dont la longueur m'est connue, de mesurer la distance d'un point à l'autre. Malheureusement cette sorte de mesure ne me donnait que la pente oblique de l'entonnoir; & c'était sa profondeur perpendiculaire que j'eusse désirée; mais, quoi qu'il en soit, j'ai compté près de 400 pieds.

Si le Nid-de-la-poule n'offrait pas des laves, des pouzzolanes noire & rouge, deux échancrures opposées, par lesquelles probablement coulèrent autrefois quelques-unes des matieres qu'il vomit, on aurait de la peine à croire que ce fût là le foupirail d'un volcan. A la peloufe verte, dont est tapiffé fon contour intérieur, on le foupçonnerait au contraire un monument du travail des hommes; quoique néanmoins l'art humain eût bien des difficultés à vaincre pour fe faire un cône auffi vaste, auffi regulièrement arrondi, auffi parfait dans fes proportions & fes formes.

C'est là fur-tout que je voudrais conduire ceux des Naturaliftes, qui croient que la pouzzolane n'eft autre chofe qu'un *detritus* de laves, réduites en parcelles très-menues, après avoir été charriées & brifées par l'action des eaux pluviales. En leur montrant des pouzzolanes accumulées fur les bords d'un cratère, c'eft-à-dire près du lieu même d'où elles font forties; ils conviendraient que cette matière a dû être le produit d'un volcan; & que par conféquent elle n'eft point le réfidu de laves broyées.

Dans Clermont on ne connaît d'autre cratere

que le Nid-de-la-poule. Cependant à quelque distance de Dome, & dans la même chaîne, il y en a un beaucoup plus magnifique encore ; c'est celui du puy Pariou. Aussi régulièrement dessiné, une fois au moins plus large & plus profond, Pariou a, de plus, l'avantage d'être placé à la cîme de sa montagne, & d'en occuper tout le sommet. Il n'a qu'une seule échancrure ; au bord de laquelle commence une sorte de trottoir, qui, s'étendant circulairement tout le long du cratere, revient, toujours horizontale & toujours de niveau, regagner l'autre côté de la brèche ; mais au-dessus du trottoir s'éleve un très-haut parapet, dont le plan, incliné comme celui du cratere lui-même, semble un collet surajouté à ses bords. Le Nid-de-la-poule a aussi cette sorte de hausse. Vous vous rappellerez sans doute que le lac Pavin en a une pareille ; & vous en conclurez qu'absolument semblables en tout, les trois crateres ne different entre eux qu'en ce qu'avec une largeur & une profondeur beaucoup plus grandes, Pavin a eu, dans son voisinage, des sources qui sont venues l'envahir & changer la belle & vaste coupe en un abîme d'eau.

Pariou est, comme le Nid-de-la-poule, tapissé d'herbe; &, comme lui, il sert de pacage à des troupeaux. Ces animaux, que par-tout ailleurs on ne remarquerait peut-être pas, font ici un plaisir inexprimable. On aime à les voir paître tranquillement, ou ruminer étendus sur l'herbe, dans une enceinte qui jadis fut une fournaise dévorante, & qui vomissait des rochers & des flammes.

L'idée de ce contraste si étrange donne tant de plaisir qu'on ne peut résister à l'envie d'y descendre aussi. On va s'asseoir au point central de son bassin ; & là, sur la pelouse, on contemple avec admiration ses dimensions si étonnantes. Lorsque vous portez les yeux sur la pointe la plus élevée de ses bords, vous vous croyez dans un précipice profond; mais aussi, de quelque côté que vous regardiez, ce précipice offre un si bel amphithéâtre, son talut est par-tout si égal, enfin l'échelle immense des anneaux concentriques qui le forment, vient, en s'étrecissant toujours, finir si régulièrement auprès de vous, que vous êtes ravi. En vain l'image de cet abîme de feu revient encore allarmer votre esprit, & troubler vos plaisirs; sur ce brâsier éteint vous ne voyez plus qu'un lit de verdure, semé de fleurs champêtres ; & le ressouvenir de ce qu'il fut autrefois, vous rend plus délicieux encore le tableau frais & riant de ce qu'il est aujourd'hui.

Ces formes charmantes, & faites pour le plaisir des yeux, vous n'aurez garde de croire pourtant que les deux crateres les aient eues jadis, au tems de leur ignition. Non certes. Ce ne fut d'abord qu'une large & informe cheminée, que se creusa ce volcan ; quand devenu trop violent pour être contenu par l'épaisseur de sa montagne, il en enleva le sommet, & s'ouvrit un passage à travers ses voûtes. Peu-à-peu les flammes, calcinant ou fondant les parois & le foyer de leur soupirail, lui donnerent une ouverture beaucoup plus grande, & une plus grande profondeur. Mais en même-tems qu'elles augmentaient intérieurement ses dimensions, elles l'exhaussaient au-dehors par les matières que leur expansion lançait & accumulait, sans cesse, tout autour de ses bords. Après l'extinction du volcan, les dégels, les vents & les pluies ont éboulé la plupart de ces substances, dont la nature ordinairement est d'avoir peu de consistance, peu d'adhésion entre elles. Retombées dans le foyer d'où elles étaient sorties, elles l'ont en partie comblé; & c'est ainsi que se sont effacés les crateres de la plupart des montagnes volcaniques d'Auvergne, & spécialement ceux de Grave-neire, dont il ne reste plus que des creux informes. Quand il s'est trouvé dans le foyer un jet de basalte ou de lave compacte, le jet a résisté aux dégradations; & tandis que tout s'est écroulé autour de lui, seul il a resté sur sa base; à-peu-près comme un glaçon subsiste encore dans le vase où il s'est formé, même après que le vase a éclaté & n'existe plus. Ceci se voit en petit au puy Dulin, dont je viens de vous parler à l'instant; & telle est peut-être l'origine de ces basaltes qu'on voit s'élancer, en quelque sorte, de certaines montagnes, & y jaillir à nu. Les seuls crateres qui se soient conservés, sont ceux dont les bords étaient couverts de substances dures & peu susceptibles de s'écrouler; ceux qui n'étant dominés par aucun terrein supérieur, n'ont pu être comblés par les attérissemens des eaux pluviales, ainsi qu'il est arrivé au Trou-d'enfer; enfin ceux dont les parois intérieures, & les matières projettées au-dehors, après s'être démantelées ou éboulées pendant quelque tems, après avoir aquis la pente & le talut qui étaient nécessaires pour leur donner quelque consistance & empêcher un éboulement plus considérable, ont pu en même-tems entrer assez vîte en décomposition pour se couvrir d'herbe. La pelouse, en contenant leur terre, les aura défendus de l'action destructive des élémens ; elle aura consolidé la forme nouvelle qu'ils venaient d'aquérir ; & c'est sous cette forme que nous voyons aujourd'hui Pariou & le Nid-de-la-poule.

On vous aura montré, sans doute, dans les cabinets de Paris, des prismes de la fameuse montagne de Saint-Sandoux ; & l'on n'aura pas manqué de vous parler de sa roche, célèbre chez les Naturalistes-Physiciens par sa cristallisation singulière, & peut-être le seul objet de ce genre qu'offre le monde entier. Mais vous a-t-on dit qu'avec cette roche si étrange, la même montagne en a deux autres encore, d'une forme totalement différente ; & qui, par leur diversité, sont faites pour l'admiration du Voyageur savant, ainsi que pour l'étonnement du Voyageur, qui, comme moi, ne l'est pas.

La plus septentrionale est composée de colonnes irrégulières, par assises; mais aujourd'hui, gercées, fendillées dans tous les sens, & sans rien de remarquable que l'état de ruine & de caducité qu'elles annoncent. Plus loin, vers le sud, est la seconde, formée de lames ou de feuillets inclinés à l'horizon. Ce qui distingue celle-ci de la plupart des autres du même genre, c'est que ses couches, au lieu d'avoir toutes la même inclinaison, en ont de contraires; c'est que tandis que les unes s'abaissent au sud, les autres s'abaissent au nord; & que souvent les lames opposées se touchent & arcboutent l'une contre l'autre. La troisième roche, plus méridionale encore, & la plus célèbre des trois, ou plutôt la seule connue, est formée de prismes à plusieurs pans, & qui, presque horizontaux, présentent au-dehors une de leurs extrémités, tandis que par l'autre ils se dirigent & tendent vers un centre commun. Dans la partie supérieure de la masse, la base des prismes paraît lamelleuse & se délite par couches; dans la partie inférieure chacun d'eux a tous ses pans très-bien marqués;

marqués ; & , à une certaine distance, ils offrent l'aspect des alvéoles d'une ruche.

Je sens, mon ami, qu'il n'est pas possible de de vous décrire de pareils objets ; il faut les voir. Au reste, celui-ci a été gravé dans différens Ouvrages d'Histoire-Naturelle, & notamment, quoiqu'assez mal, dans le Dictionnaire Encyclopédique. Moi, tout ce que je puis imaginer de mieux pour vous en donner quelqu'idée, est de faire une hypothèse, qui, toute chimérique qu'elle sera, vous en présentera au moins une image aussi juste que nette. Supposez des millions de poutres de basalte, d'une longueur très-considérable ; que quelques-unes soient taillées à quatre pans, quelques autres à huit, tout le reste à cinq, à six ou à sept ; couchez-les toutes à plat l'une sur l'autre, mais de façon qu'une de leurs extrémités étant tournée vers vous, toutes s'inclinent un peu pour aboutir, par l'autre bout, vers un même point ; enfin, quand votre imagination les aura ainsi entassées par milliards, que leur sistême ou leur arrangement tende à faire une montagne en boule : & vous aurez alors, dans la plus exacte vérité, la roche de Saint-Sandoux,

Ainsi donc voilà la Nature, qui, allumant un volcan sur une montagne, fait par lui des poutres à pans ; & qui, avec ces poutres, produit ensuite les élémens d'une sphère énorme. Mais en même-tems qu'avec un courant de basalte elle forme ici une sorte de boule, plus loin elle élève des colonnes ; tandis qu'entre les deux elle construit des lames, inclinées l'une à l'autre en sens contraire. L'homme du peuple n'apperçoit dans tout cela que des pierres ; l'homme du monde, qu'une bisarrerie que son inexpérience appelle des jeux de la Nature, quoique jamais la Nature ne joue. L'homme accoutumé à se demander la raison de tout ce qu'il rencontre d'extraordinaire, ne trouve là à la vérité que des modifications d'une même matière ; mais en voyant, dans un espace assez borné, cette matière se mouler alternativement en solives, en feuillets & en assises ; en la voyant tour-à-tour horizontale, inclinée & verticale, il voudrait savoir comment elle a réuni-là des propriétés, qu'ailleurs elle ne possède que séparées ; &, tout en admirant le spectacle varié qu'elle lui offre, il se dépite secrettement de ne pouvoir en deviner la cause.

Un autre objet volcanique, digne d'être connu & observé par vous, est le puy de Montaudoux; l'une des hauteurs qui entourent Clermont, & celle de toutes qui, la plus voisine de la ville, est en même-tems la plus petite de l'enceinte. Cette dénomination de puy vous annonce déjà une éminence conique. Montaudoux l'est en effet; & son cône se termine par un pic de basalte. Quoiqu'il ait eu quatre coulées de lave, sa masse pourtant n'en a été couverte que dans certaines parties; par-tout ailleurs elle est à nu, & l'on voit qu'elle est calcaire. Mais ses couches, qui primitivement ont dû être, & ont été en effet, ou horizontales ou inclinées à l'horizon, aujourd'hui, par un phénomène fort étonnant, sont perpendiculaires.

Il n'y a que le volcan qui ait pu opérer ce changement de position; & c'est le sentiment de M. Mossier. Lorsque le feu, au moment de son explosion, ouvrit la cîme du puy, il dut nécessairement soulever & déplacer les terres; mais ce qui surprend, c'est qu'au lieu de confondre & de bouleverser leurs lits, ainsi qu'on devrait l'attendre d'une convulsion aussi terrible, il n'a fait que les redresser tranquillement; à-peu-près comme un écran plié, que vous trouveriez couché sur un plancher, & que vous releveriez, sans déranger ni ouvrir ses feuilles. Enfin le volcan a long-tems brûlé ; son feu même fut très-violent, puisqu'il en a résulté quatre coulées & un pic, très-considérable, de basalte; & cependant, comme il a laissé les couches dans la position où il les avait mises à sa première explosion, on est tenté de croire qu'il brûla pacifiquement, sans bruit, sans éruption nouvelle, sans aucune de ces secousses & de ces commotions effrayantes, qui sont communes aux montagnes volcanisées, & qui changent totalement la face des contrées qu'elles avoisinent. Son basalte en feu découla du monticule, avec la même bénignité (pardonnez-moi l'expression) qu'en auraient découlé quatre sources d'eau vive. Il n'a même eu aucune de ces pluies de pouzzolanes, de scories & autres produits pareils que donnent les volcans ordinaires : au moins c'est ce qu'annoncent les terres calcaires de la montagne, laissées par lui totalement à découvert, & qui autrement eussent été enfouies sous une grande épaisseur de matières volcaniques, ou que la mer aurait recouvertes d'autres couches horifontales, s'il eût été fous-marin.

Je ne fuis point furpris, quand je vois les Auteurs qui ont écrit fur les volcans, avouer que la théorie de ces monts enflammés eft très-imparfaite. Il faudrait en obferver un fi grand nombre! Et nous en avons fi peu! Mais au moins les volcans éteints, qu'il eft tant facile d'étudier; pourquoi ne connaît-t-on pas la leur? Pourquoi ne cherche-t-on pas à deviner ce qu'ils furent, parce qu'ils font? Je viens d'en citer un, qui paraît avoir été d'une nature douce & tranquille. Ce fait, tout invraifemblable qu'il femble, ferait-il donc vrai? Et, s'il peut l'être, n'eft-il pas affez important pour mériter qu'après l'avoir examiné ici, on cherche enfuite à le vérifier ailleurs?

Je ne vous parle pas de la maffe de bafalte qui eft à la cîme de Montaudoux; parce qu'on peut expliquer ces protubérances volcaniques, en difant, comme déjà je l'ai avancé ci-deffus, qu'elles furent formées dans le moule d'un cratère; & que l'enveloppe a difparu par la dégradation des fiècles. Cependant il en eft dont la formation n'est pas, à beaucoup près, auſſi facile à expliquer ; ce ſont celles qui ſe trouvent implantées ſur des roches de granit intact. Dans le voiſinage du puy de Dome, vous en verrez une de ce genre, ſur un pic nommé Mont-Rodei. La montagne eſt granitique ; & au-deſſus du granit eſt le baſalte, aujourd'hui couvert en partie par un vieux château en ruines ; le ſeul peut-être de tous les châteaux poſſibles qu'on ait perché ſur une double baſe de ce genre ; & le ſeul par conſéquent, qui eût pour fondemens ces deux ſubſtances, les plus dures & les plus ſolides du globe.

Près de Chanat, eſt une éminence, pareille à celle de Mont-Rodei, & nommée Mouillebout. Granitique dans toute ſa circonférence, comme Mont-Rodei, elle eſt couronnée, ainſi que lui, par des colonnes de baſalte qui font ſa cîme, & deſquelles s'échappe une coulée qui court à l'eſt. Du côté du nord, les colonnes ont cinq, ſix ou ſept pans, & ſont très-régulières. Vers les autres points de l'horizon, elles n'ont au contraire que des aſſiſes très-minces ; &, par un contraſte ſingulier, ſont très-informes.

Comment donc ſont venus germer ſur les deux

éminences, & pousser-là, en quelque sorte, ces produits basaltiques? Y ont-ils été apportés & déposés par un courant? Le fait paraît d'autant moins vraisemblable que les deux pics sont entièrement isolés. Chacun d'eux a-t-il été volcan? Tout semble l'annoncer. Mais alors aussi quel prodige incroyable que ces volcans, qui, avec une explosion assez forte pour enlever leur calotte de granit, avec un feu assez ardent pour fondre du basalte & le vomir en jet perpendiculaire, ont brûlé cependant sans altérer au-dehors leur fourneau, sans l'endommager en rien, enfin sans autre effet apparent que cet énorme faisceau de colonnes bizarres, élevé par eux à l'extrémité de leur soupirail, & avec lequel ils le fermerent, lorsqu'ils s'éteignirent.

Il serait avantageux pour l'étude de l'Histoire-Naturelle, & satisfesant pour la curiosité, de savoir si le basalte perce à travers la masse entière du granit, ou s'il n'est qu'incrusté à la superficie. L'expérience constaterait ou démentirait un fait important; & M. Mossier m'a dit que maintes fois il avait eu l'envie de l'entreprendre. D'ailleurs elle est assez facile; sur-tout à Mouillebout, dont l'éminence n'a pas trente pieds de haut. Ajoutez à cela que, comme il suffirait de percer le monticule à sa base, & de pénétrer jusqu'à son centre par une tranchée faite avec de la poudre à canon, la dépense serait fort peu considérable.

Un travail à entreprendre, beaucoup plus curieux encore, & bien autrement intéressant par ses résultats, serait celui qui nous ferait connaître l'intérieur d'un volcan, & qui, en suivant une coulée de basalte jusqu'à sa source, nous mettrait à portée de voir ce qu'elle est à sa base, & sous quelle forme elle s'est élancée. Peut-être, avec quelques journées d'Ouvriers, pourrait-on exécuter cette belle entreprise au petit puy Dulin; si ce tertre, comme je le soupçonne, a vraiment été volcanisé. Mais une pareille expérience ne nous instruirait probablement pas assez; j'en désirerais une plus étendue & plus grande; enfin, s'il m'est permis de désigner ici mon vœu, c'est Pariou, ou plutôt c'est le Nid-de-la-poule, comme moins coûteux, que je voudrais voir ouvert.

Lorsqu'on parcourt les montagnes volcaniques, souvent on entend la terre retentir sous le pied des chevaux, & rendre ce son creux & sourd que rendraient des voûtes souterreines. Ces voûtes existent en effet ; & il est aisé de sentir qu'un volcan n'a pu fournir à toutes ses éruptions, sans creuser autour de lui, dans la montagne, de longues & hautes cavernes. Le nid-de-la-poule a les siennes sans doute. Son cratère, il est vrai, s'est comblé en partie par les matières qui se sont éboulées de ses bords ; mais l'éboulement n'a pu combler que le cratère : les cavernes, sous l'abri de leurs toits, ont dû rester libres & ouvertes : & ce qui nous intéresse davantage, c'est qu'encloses de tous côtés, & défendues en conséquence contre l'action des élémens, elles doivent être encore pour nous ce qu'elles étaient à l'extinction du volcan.

Il n'y aurait donc, pour pénétrer dans les entrailles de celui-ci, qu'à vider & débarrasser l'*abîme* (c'est le nom que les Naturalistes donnent à la cuve du foyer). Avec un Ingénieur habile & des Mineurs intelligens, on en viendrait bientôt à bout ; & le travail serait même d'autant plus facile que les matières éboulées, légeres & incohérentes par elles-mêmes, no doivent avoir d'autre solidité que celles qu'ont les terres ordinaires, tassées par le tems. Arrivé à la profondeur du foyer, il faudrait travailler avec précaution; &, en mettant à découvert cet âtre, dont l'étendue suffirait seule pour étonner, n'endommager en rien, s'il était possible, ni ses cavités & ses boursoufflures, ni les jets & les monceaux de matières vitrifiées, fondues ou altérées, qui doivent encore y être adhérentes, ni enfin les scories de ses bitumes & de ses autres substances inflammables, qui nécessairement doivent y subsister encore. Si par hazard il s'y trouvait, comme je le présume, une coulée de basalte, dont la nappe s'élevât vers l'échancrure des bords du cratère, on ne manquerait pas de la conserver avec soin; afin d'offrir à l'admiration des curieux un torrent de matière fluide, qui, contre la loi des corps graves, est devenu perpendiculaire, & qui, dans cet état de fluidité, a pu néanmoins, malgré sa pesanteur, se glacer lentement, en n'ayant pour base que le foyer ardent qui l'avait fondu. On mettrait la même attention à déboucher l'entrée des cavernes & à dégager les parois de l'abîme.

Leurs gibbosités & leurs crevasses, leurs pointes & leurs bavures, tout cela doit être respecté précieusement. Tout ce qu'en Italie on emploie de précautions lorsqu'on fait fouiller dans les lieux où l'on soupçonne des monumens antiques, il serait nécessaire de l'employer pour cette partie du travail. Le cratère, il est vrai, perdrait alors sa forme si agréable ; il n'offrirait plus qu'un gouffre affreux ; & l'on doit s'y attendre : mais c'est pour cela même qu'il faudrait lui rendre sa forme primitive, & le montrer tel qu'il est réellement. Son genre de beauté étant d'être parfaitement horrible, plus il le serait, & plus le spectacle en deviendrait magnifique.

L'honneur d'un projet aussi nouveau & aussi extraordinaire n'appartient qu'à l'Auvergne. C'est la Province qui doit seule l'entreprendre & l'exécuter ; puisque l'objet est à elle, & qu'elle seule en tirerait un avantage. Je ne puis croire qu'un travail pareil, & qui ne consisterait absolument que dans un déblaiement de terres, fût très-dispendieux. Mais, coûtât-il au-de-là de ce qu'auraient annoncé les apperçus & les calculs, qu'est-ce qu'une dépense médiocre, pour obtenir un monument qui, dans l'univers entier, ferait unique, & qui, bientôt, par la foule de curieux qu'il attirerait, deviendrait pour l'Auvergne un genre de revenu affuré. Quand Louis XIV donna, dans Verfailles, ces Fêtes magnifiques, dont l'Europe garda fi long-tems la mémoire, Colbert promit au Roi qu'il les ferait payer par les étrangers. Et en effet le nombre de ceux qui accoururent pour les voir fut tel, & les dépenfes de tout genre qu'ils firent dans Paris monterent fi haut, qu'ils donnerent à l'Etat plus que les plaifirs n'avaient coûté.

Ce que Colbert promettait à fon Maître; j'oferais prefque l'affurer à l'Auvergne. Et en effet quelle célébrité n'aquérerait pas fon volcan? Où trouverait-on ailleurs quelque chofe qui en approchât? Et quel eft le Voyageur, foit étranger, foit même Français, qui ne voulût l'avoir vu? Il eft probable qu'en devenant un gouffre & un précipice très-profond, on ne pourrait plus y defcendre qu'avec une longue fuite d'échelles, & peut-être même avec des machines particulières. Mais, foit que des machines y devinffent néceffaires, soit qu'à l'aide de ses pointes saillantes & de ses coulées, on pût pratiquer habilement, dans le contour de son immense circonférence, une rampe ou une descente quelconque, qui permettrait en même-tems d'examiner la nature de ses parois, il n'en serait que plus curieux & plus piquant encore.

On ne se verrait pas, sans quelque étonnement, descendu dans les entrailles d'une montagne, où l'on jouirait néanmoins de l'aspect libre d'une grande partie du ciel. Après avoir vu l'abîme, examiné son foyer & parcouru son aire, ou allumerait des flambeaux pour visiter les cavernes. C'est-là que, transporté de plaisir, le Naturaliste trouverait des coctions, des fontes & des vitrifications à tous les dégrés possibles, des substances nouvelles & que nous ne connaissons problablement pas, enfin des effets du feu en grand, & mille accidens divers, dont nous ne pouvons avoir d'idée, & qu'aujourd'hui il n'est pas même possible pour lui de deviner. Mais, tandis qu'il casserait la roche pour examiner qu'elle est sa nature, quelle lave ou quel basalte elle a donnés, à quelle épaisseur elle est cuite ou fondue, &c., le Voyageur se livrerait à l'enthousiasme d'un autre spectacle. De toutes parts, entouré des vestiges du feu, il en contemplerait avidement les effets nombreux. Ici les flammes ont fait éclater la roche ; là elles l'ont dévorée profondément ; &, dans leur fournaise, se sont ouvert une fournaise nouvelle. A côté d'une pierre calcinée & blanchie par elles, il en voit une qu'elles ont noircie avec des métaux ou des bitumes. Par-tout, sous ses pieds, sont des monceaux de scories, des masses de laitier, des ruisseaux de lave ; & de la voûte il voit s'allonger & pendre sur sa tête le rocher fondu. Dans cette caverne, les basaltes se sont cristallisés avec une régularité dont la perfection le ravit ; dans cette autre, tout s'est amoncelé avec une confusion, & sous des formes affreuses, qui lui font horreur. Il ne se promène qu'en frissonnant, au milieu de cet enfer éteint ; & entouré de torches ardentes, dont la lueur va rejaillir au loin sur les laves humides, il se croit dans ce Palais de Satan qu'a tenté de nous peindre Milton ; que le Poëte nous a représenté brillant d'or ; mais qu'il eût rendu vraiment effroyable, s'il avait pu jouir d'un spectacle pareil à celui que j'entrevois ici.

En attendant que l'Assemblée Provinciale d'Auvergne en adopte & en exécute le projet, je vous proposerai moi d'aller à Chaluffet en voir un autre, du même genre, & dont la Nature seule a fait tous les frais.

Chaluffet est un hameau situé à une grande lieue par-delà de Pontgibaud, & composé de six ou sept masures couvertes en paille. Il faut quitter ses chevaux dans ce lieu de misere, descendre à pied la montagne, & s'avancer vers un vallon que traverse la Sioule. C'est sur le penchant de ce vallon qu'est le volcan dont je veux vous parler. A la vérité, il n'offre point de cratère, & n'a que des bouches latérales; mais aussi, de tous ceux que j'ai vus en Auvergne, il est le seul de son genre; & je n'y en connais aucun qui soit aussi étonnant, aussi bien conservé & aussi frais; si cependant il est permis d'appeller frais ce qui est l'ouvrage du feu.

Avant d'arriver au volcan, & à quelque distance devant vous, est une autre montagne, qui frappe d'abord les yeux par le tableau qu'elle présente;

& dont l'aspect singulier, en donnant à votre imagination une première secousse, vous dispose aux émotions plus fortes que vous devez éprouver à la vue de l'autre. Volcanisée ainsi que Chalusset, elle fut couverte, au tems de son inflammation, d'une pouzzolane, couleur de feu. Sur cette enveloppe naquit ensuite une pelouse; mais les eaux pluviales, s'y conservant des ravins & des lits, ont, dans certains endroits, laissé à découvert le sable volcanique. Du sommet à la base de la montagne, on voit son rouge enflammé former, sur ce tapis de verdure, de larges bandes ardentes; & l'effet en est tel qu'on croit voir la lave découler du volcan, en fleuve de feu.

En avançant vers le vallon, vous êtes averti de sa proximité par un bruit sourd & lointain, dont vous ne pouvez d'abord deviner la cause; mais que bientôt vous distinguez pour être celui d'une eau courante. Peu considérable en lui-même, mais grossi & renvoyé au loin par les échos du vallon, il ressemble, à une certaine distance, au mugissement des vagues de la mer. Ce n'est pourtant que le murmure de la Sioule qui, descendue des Monts-Dor, vient couler-là

sur

sur des laves, & serpenter entre des montagnes dont elle est obligée de suivre les sinuosités. Dans la saison des pluies & à la fonte des neiges, ce torrent s'élève très-haut; ainsi qu'on peut le voir par les roches qu'il a atteintes & rongées. Dans les sécheresses, au contraire, à peine son lit a-t-il quelques pouces d'eau; mais alors aussi l'espace qu'il abandonne sur ses bords se couvre d'une herbe verte; & c'est sur ce gazon frais qu'il faut descendre pour considérer le volcan dans son point de vue le plus favorable.

Il consiste en un massif de lave qui, quoiqu'adossé contre la montagne, & placé vers sa base, est cependant assez haut pour paraître, du lieu où vous êtes, la surmonter & former sa cîme. La face antérieure, tournée vers vous, présente plusieurs bouches horizontales, dont quatre, entre autres, sont si grandes qu'aujourd'hui vous pourriez les appeller des cavernes. Tout cela servit autrefois de couloir aux matières fluides & enflammées; & ces matières formerent sept coulées, qui, maintenant en décomposition, & séparées les unes des autres par des lits de fougere, s'élèvent perpendiculairement sur le penchant de la montagne.

Les plus confidérables des fept font les deux extérieures. Elles partent chacune d'une des extrémités du maffif volcanique, s'en éloignent en décrivant une couche fémi-circulaire qui le déborde de beaucoup ; & formant ainfi aux autres coulées une forte d'enceinte, & au maffif lui-même deux efpèces d'aîles en avant-corps, elles vont, par une pente très-rapide, fe jetter dans le lit de la Sioule, où jadis elles furent arrêtées par une montagne de granit qui eft de l'autre côté de la rivière.

Toute fimple qu'eft la defcription que vous venez de lire, elle fuffit néanmoins pour vous faire fentir combien doit être pittorefque ce volcan avec fa façade perpendiculaire, fes bouches horizontales, fon amphithéâtre incliné, & fes nappes de bafalte, les unes droites, les autres circulaires. Au grand effet de ce fpectacle s'en joint encore un autre ; celui des bouches elles-mêmes, dont les unes, comme fi elles venaient de s'éteindre, ont le noir foncé du charbon ; tandis que les autres, rouges & ardentes comme le feu, paroiffent en quelque forte être encore embrâfées.

Ce contrafte étrange, cet alliage incroyable

inſpire, je ne ſais, quel frémiſſement, dont véritablement on n'eſt pas maître. A l'aſpect des autres volcans vous n'éprouvez rien de ſemblable. Leur verdure, leur air de vétuſté, tout vous dit qu'ils ne ſont plus. Pour être ému en les voyant, il faut vous rappeller qu'ils exiſterent; &, par un effort d'imagination, vous les repréſenter en feu. A Chaluſſet au contraire l'illuſion eſt complette. Le volcan eſt encore ce qu'il fut autrefois; l'horizontalité de ſes bouches l'a conſervé intact; il ne lui manque que des flammes. Vous regrettez preſque de n'être point arrivé quelques jours plutôt pour l'avoir vu brûler; ou, pour mieux dire, vous vous applaudiſſez d'être arrivé au moment où ſa lave n'eſt plus que rouge. Si jamais ſpectacle put donner à une Nation l'idée d'une entrée des enfers, c'eſt aſſurément celui-ci; & je ne doute nullement que ce ne ſoit quelque antre volcanique de ce genre, qui fit imaginer en Italie ces portes de l'Averne; adoptées enſuite, ainſi que bien d'autres fables, par l'auteur de l'Enéide.

Après avoir conſidéré le volcan aux bords de la Sioule, & à ſon point de perſpective, il faut gravir la montagne pour l'examiner de près, & pour jouir de tous ses détails vraiment effrayans. On peut même, à l'aide des tubérosités & des proéminences qu'offre sa lave, grimper dans les cavernes : mais quoiqu'elles ne soient pas fort hautes, l'entreprise néanmoins exige quelque adresse, & n'est pas sans danger ; car si le pied venait à glisser, ou que la tête tournât, à-coupsûr on roulerait au pied de la montagne, & l'on y serait brisé.

Ce fut le premier d'oût, par un des jours les plus chauds de l'année, & vers deux heures après midi, que j'y entrai. Vous saurez qu'une des propriétés des laves est de s'échauffer promptement au soleil. Soit que cette vertu d'absorber ses rayons tienne à leur nature ou à leur couleur, il est certain qu'en peu de tems elles y deviennent brûlantes ; & peut-être est-ce à cette cause qu'il faut attribuer ces chaleurs suffocantes dont je vous ai parlé ailleurs, & qui, tous les ans, font périr plusieurs personnes dans le pays des montagnes. La lave de Chalusset, échauffée depuis le matin par un soleil étincelant, brûlait si fort qu'à peine pouvais-je y appuyer la main. Dans l'émotion où m'avait mis tout ce que je venais de voir, cette chaleur me semblait celle du volcan lui-même; &, pour me convaincre qu'elle lui était étrangère, il me fallait toute ma raison.

La forte de terreur que devait m'infpirer une illufion auffi frappante, augmenta bien davantage, quand j'entrai dans les cavernes; quand je touchai ces gueules béantes par où avait ruiffelé la montagne en flammes; & que je vis l'une s'offrir à moi avec ce noir luifant & infernal d'une matière qui vient de s'éteindre, & l'autre, avec ce rouge ardent d'une matière qui brûle encore. Celle-ci, tournée au midi, avait été embrâfée par le foleil. L'air y étouffait; je faillis d'y être fuffoqué, & fus obligé d'en fortir promptement; mais vous fentez tout ce qu'un effet pareil dut ajouter au trouble raviffant que j'éprouvais déjà.

Je defcendis, pour refpirer & pour reprendre mes fens, dans la caverne inférieure, qui, plus profonde que les trois autres, & tournée à l'eft, ainfi que le volcan, m'annonçait au moins de la fraîcheur & de l'ombre. Comme elle n'était point affez haute pour que je puffe m'y tenir debout, je cherchai à m'aſſeoir; &, en reprenant haleine, j'en examinai les détails.

C'eſt une ſorte de grotte, arrondie en ceintre, & dont la voûte nourrit un lychen blanc & des capilaires, qui, entretenus par les vapeurs qu'attire & que condenſe la fraîcheur du lieu, étaient très-verds encore quand je les vis; quoique depuis quinze jours il n'eût point plu. Elle a de profondeur environ deux toiſes; & ſe termine par une autre ouverture, beaucoup plus étroite, laquelle peut en avoir autant. Celle-ci, cilindrique dans ſa forme, mais ſi baſſe qu'on ne peut y entrer qu'en rampant, a ſa pente vers la caverne. Elle forma probablement autrefois un des couloirs de la lave; & aujourd'hui encore ſa partie inférieure eſt couverte d'une pouzzolane rouge, dont le lit s'étend depuis le fonds du boyau volcanique juſqu'à l'entrée de la grotte.

La maſſe ſur laquelle je m'étais aſſis eſt un banc de lave, qui, en longueur & en largeur, occupe à-peu-près les deux tiers de la caverne, & qui paraît être ſorti d'un de ſes côtés. Il a dans ſon maſſif différens trous, dont quelques-uns, aſſez larges & profonds, feraient soupçonner que, s'il a été le produit d'une coulée, eux-mêmes postérieurement, quand il fut refroidi, devinrent, à leur tour, des canaux par lesquels fusa une lave nouvelle. Au reste, malgré la sorte d'inaltérabilité que devrait avoir un pareil siège sous une voûte où il est à l'abri des injures du ciel, néanmoins il paraît usé par le frottement. Sans doute que, de tout tems, & depuis que le pays est habité, les Pâtres du voisinage sont venus se réfugier-là, pour se défendre du soleil, des vents & des pluies. Quoique le lieu n'ait aucune célébrité & soit totalement inconnu, il se peut néanmoins aussi que, par hasard, un Voyageur en ait, comme moi, entendu parler dans les environs, & que, comme moi, il ait eu la curiosité d'y venir. Au moins, j'y ai trouvé les fragmens d'un verre à boire; sorte de meuble qui certainement n'a point été porté-là par des Pâtres. En effet, ce doit être une partie de plaisir, bien extraordinaire assurément & bien délicieuse, que celle de venir chercher l'ombre & le frais dans la fournaise même que remplissaient autrefois des flammes; de s'y voir, pour murs & pour toit, la roche & les métaux qu'elles fondirent ; &, en mesurant de l'œil la large ouverture par où s'élançaient leurs tourbillons, de boire un vin exquis ; riant ou causant en paix sur ce qui fut un lit de feu.

Pour nous, quoique nous eussions fait porter aussi quelques provisions, nous préférames pourtant d'aller dîner un peu plus loin ; afin de pouvoir examiner à loisir, & sans perdre de tems, un objet qui nous restait à connaître. Ce sont deux fontaines qu'on trouve sur sa gauche, lorsqu'on remonte la montagne pour regagner le hameau. Je dois vous dire quelques mots sur ce phénomène ; ne fût-ce que pour distraire votre imagination de toutes ces images d'incendies & de volcans, dont depuis si long-tems je vous entretiens : & c'est par-là que je terminerai un ouvrage, dans lequel j'ai lieu de craindre d'avoir trop multiplié, ou du moins d'avoir trop étendu les détails.

Les deux sources, quoique très-peu distantes l'une de l'autre, ont cependant des qualités fort différentes ; ou plutôt, l'une est une source ordinaire, dont l'eau, sans couleur, sans odeur &

sans goût, ressemble aux eaux qu'on trouve & qu'on boit dans tous les pays. L'autre au contraire est une de ces fontaines gazeuses & ferrugineuses que je vous ai fait connaître ailleurs, & que je vous ai dit être si communes en Auvergne. Les habitans de Chalusset ont nommé la leur la *Font-chaude*. En effet, ces sortes d'eaux minérales ont la plupart une chaleur sensible, qui alors leur fait donner, par les Naturalistes & les Médecins, le nom de thermales. Mais celle-ci n'eût-elle que la température des sources ordinaires, les bulles de gaz qui s'en dégagent, le bruit que font ces bulles en allant crever à la surface du liquide, suffiraient seuls pour induire en erreur des paysans grossiers, & pour leur faire croire que c'est la chaleur de leur fontaine qui la fait bouillonner.

Les troupeaux des environs en recherchent l'eau avec avidité; soit à raison du sel qu'elle peut contenir, soit par le goût acidule qui lui est propre. Sans se tromper sur les deux fontaines, les animaux laissent la première, & courent à l'eau gazeuse. Mais on a grand soin de les en éloigner, m'ont dit les femmes du lieu; parce que souvent ils glissent sur le terrein, dont la pente est escarpée; & qu'en roulant de la montagne, ils vont tomber dans le vallon de la Sioule.

Pour moi, quoique je croie très-possible qu'un bœuf ou une vache, malgré l'adresse qu'ils ont ordinairement à marcher sur les montagnes, tombent & se précipitent; cependant je soupçonne que si cet accident arrive quelquefois à ceux de Chalusset, ce n'est point parce qu'ils perdent l'équilibre, mais parce que le gaz de la fontaine les a tués : & voici ce qui me le fait présumer.

Lorsqu'une Paysanne va chercher de l'eau à quelque source de cette nature, elle la puise avec un vase. Sa main seule par conséquent est plongée dans le gaz mortel; sa tête, élevée au-dessus de la vapeur pesante, continue de respirer un air pur. Il n'en est point ainsi des animaux. Obligés, pour boire, de porter leurs lèvres ou leur bec, sur la surface du liquide, ils enfoncent ainsi la tête entière dans l'exhalaison funeste; mais, en voulant avaler l'un, ils respirent l'autre, & se donnent la mort.

A Chades-Beaufort, au nord de Pontgibaud,

& non loin de Chaluſſet, eſt une ſource de ce genre, & qui prouve ce que je vous dis ici. Souvent, ſur les bords de ſon baſſin, on trouve morts des bergéronnettes, des moineaux-francs, & pluſieurs de ces ſortes d'oiſeaux qui vivent près des villages. M. Moſſier m'a dit y avoir vu un renard. L'animal chaſſeur était venu boire-là; & il y avait péri. Il n'y a pas long-tems qu'une vache y mourut. Son corps reſta ſur la place même où elle avait été frappée de mort; mais ſi la fontaine ſe fût trouvée, comme celle de Chaluſſet, ſur le penchant d'une colline eſcarpée, la bête, en tombant, aurait roulé dans le vallon; & ſon maître, qui en eût ignoré la vraie cauſe, n'aurait pas manqué de dire que ſa vache avait gliſſé. Au reſte, cette fontaine porte à Chades-Beaufort le nom de *Fontaine empoiſonnée*; quoi-qu'elle ne contienne pas plus de poiſon que les autres, & quoique ſon eau probablement ſoit auſſi ſaine à boire que ſon gaz eſt funeſte à reſpirer.

Cependant ces effets mortels ne ſe font guères ſentir qu'à la ſource même des eaux gazeuſes, ou fort près de leur ſource. Pour peu qu'elles aient pu couler dans leur canal, le gaz s'en dégage; & alors, en cessant d'être dangereuses, elles perdent ce piquant qu'il leur donnait. C'est ce que j'ai éprouvé sur celles de Chalusset. A une certaine distance de la fontaine, elles sont presque insipides.

Quant à la terre calcaire qu'elles tiennent en dissolution, elles la déposent, sur leur route, vers le bas de la montagne, & assez près de la Sioule. Là est un rocher qu'elles ont formé, & que chaque jour elles travaillent à augmenter. Déjà, en ce moment, il a une largeur & une épaisseur considérables. Avec les siècles il deviendra un monticule; il s'avancera jusqu'à la Sioule; &, ainsi que le ruisseau de Clermont, formera peut-être un pont, qui, s'appuyant sur la rive opposée, ira porter les eaux de la fontaine par-de-là celles du torrent.

Ce fut à l'abri du rocher calcaire que nous vinmes nous reposer & manger à la hâte un morceau. J'envoyai chercher de l'eau à la font-chaude. Les eaux gazeuses, quand elles ont coulé sur un sol pur, & qu'elles n'ont point dissous de fer, donnent au vin un piquant, qui ajoute à sa bonté. Mais si, comme celle-ci, elles sont ferrugineuses, si elles contiennent un acide minéral, alors elles alterent à-la-fois & sa couleur & sa qualité; & l'on est obligé, ou de se contenter de l'un des deux, ou de boire l'un & l'autre séparément.

Je ne vous dirai rien sur les stalactites du rocher de Chalussset; quoique dans les cabinets j'en aie peu vues d'aussi belles, & que nous en ayons rapportés à Clermont des morceaux, qui, vraiment, étonnent pour la délicatesse & la singularité du travail. Ce qu'elles ont de plus remarquable est que la plupart contenant des mousses & des plantes aquatiques qui ont crû sur le rocher, elles offrent souvent une sorte de végétation pierreuse ou d'arbuste-pierre. On en voit même plusieurs dont une partie est encore mousse verte, flexible & intacte; tandis que l'autre est déja incrustée, ou commence à s'incruster. Fontenelle appellait cela *prendre la Nature sur le fait.* Pour un Observateur, ce plaisir est le premier de tous; & en effet vous conviendrez que, pour notre instruction, autre chose est de trouver un corps entièrement fini par elle, & qu'elle a comme abandonné dans la masse des autres; ou de la surprendre occupée secrettement à travailler ce même corps, à rapprocher ses parties, à combiner ses principes, enfin à lui donner une forme & une manière d'être.

Plus j'étudiais son travail dans celui-ci, & plus il m'étonnait. C'est avec de l'eau que je la voyais former une pierre. Je voyais cette eau aller, dans les entrailles de la terre, dissoudre un rocher; l'anéantir en quelque sorte; & après l'avoir transporté au-dehors en le rendant invisible à mes yeux, tout-à-coup me le montrer, en venant, devant moi, le placer & le former de nouveau ailleurs. ,, La mer a autrefois élevé cette ,, montagne, me disais-je à moi-même. Par la ,, suite, des feux souterreins l'ont brûlée & fondue ,, en partie; aujourd'hui l'eau la ronge intérieure-,, ment, tandis qu'au-dehors l'air travaille à la ,, couvrir de verdure. Dans des milliers de ,, siècles peut-être elle sera une plaine marneuse ,, & fertile. C'est donc ainsi qu'agit la Nature! ,, Ce qu'elle fait détruire par les élémens, elle ,, emploie les élémens à le rétablir. Ici elle

„dissout un corps jusqu'à ses dernières molé-
„cules ; là elle reprend des atômes dispersés,
„& par eux réédifie des masses dont le volume
„effraie les regards. Sur ce rivage, elle envoie
„les mers dévorer & abattre une montagne;
„près de cet autre, elle leur ordonne de
„construire une montagne dans une plaine.
„Telle est sa marche & l'ordre de ses loix,
„ajoutais-je. *Diruit, ædificat;* elle ne produit
„qu'en détruisant; elle ne détruit que pour
„produire; & c'est ainsi que renouvellant sans
„cesse l'enveloppe de notre faible globe, elle lui
„donne sans cesse la vigueur d'une nouvelle vie
„& les attraits d'une jeunesse éternelle."

―――――――

Un *Voyage d'Auvergne* serait un Ouvrage imparfait, si, après avoir pu instruire ou amuser les personnes qui le liront, il ne servait en même tems de guide aux Curieux, qui, l'ayant lu, voudraient aussi, comme l'Auteur, visiter les lieux dont il fait mention. Il me reste donc à diriger la marche de ceux-ci, à leur indiquer la route qu'ils ont à suivre, & les objets qu'ils doivent chercher à voir sur cette route : quoique, pour premier avis, je leur conseille d'abandonner quelquefois mon itinéraire, de s'écarter, à dessein, dans les montagnes, & d'aller, au hasard, ainsi que les anciens Chevaliers-errans, chercher les aventures. L'Auvergne est un pays si extraordinaire & si peu connu, qu'infailliblement, si j'en juge d'après ce que j'ai presque toujours éprouvé, ils n'auront qu'à se féliciter de leur curiosité; & que probablement même leurs aberrations ameneront des découvertes nouvelles.

Dans le nombre de mes renseignemens, j'insérerai quelques notices particulières sur certains objets de Minéralogie que pourront rencontrer les Naturalistes; si cependant il m'est permis de parler aux Naturalistes, moi, qui, dans leur science si vaste & si étendue, ai des connaissances si bornées.

Un avantage inappréciable qui m'a mis à portée de connaître la Basse-Auvergne, a été de demeurer quelque tems à Clermont. Indépendamment de la douceur que j'éprouvais en vivant auprès de mon frere, & dans une société de gens aimables, chez qui je n'ai trouvé qu'amitiés, qu'amitiés, prévenances & caresses, j'avais autour de moi, à des distances médiocres, la plupart des choses curieuses qu'offre cette partie de la Province. Je conseillerai donc aux Voyageurs de s'établir, pour quelque tems, dans Clermont. Delà ils pourront faire, sans peine, dans la Limagne & dans les montagnes les excursions que je vais leur indiquer; & il n'en est même aucune, à la rigueur, qui ne leur permette de revenir coucher dans la ville; excepté celle des Monts-Dor, laquelle exigera une abscence de plusieurs jours. Je commence par les objets des environs de Clermont ; c'est-à-dire, par ceux qui sont assez peu éloignés pour qu'on puisse les voir dans une promenade, ou au moins les visiter à pied, sans fatigue.

1.º Les Fontaines de Saint-Vincent.

2.º La Grotte du Pont-de-Nau.

3.º Le Puy de la Poix et le Puy Crouele.

N.ª *Les articles, dont je ne fais qu'énoncer les noms, & sur lesquels je ne dis rien, sont ceux dont j'ai traité dans l'Ouvrage. Alors il faut chercher à la Table des matières l'endroit où il en est parlé.*

4.° MONT-ROGNON.

Cette montagne est un pic de basalte, sur la pointe duquel était bâti un château-fort, dont il subsiste encore des murs d'enceinte, une tour & des ruines. Du côté de l'ouest le basalte a des formes prismatiques; vers le côté du nord, il a produit un courant, qui a descendu dans la plaine, mais qui s'est peu avancé. M. Mossier y a trouvé un fragment de basalte, dans lequel est un morceau, assez considérable, de bleu-de-montagne, que la matière volcanique avait happé dans son cours, lorsqu'elle était chaude & fluide.

5.° LE PUY DE MONTAUDOUX.

6.° GRAVE-NEIRE ET CHARADE. Voyez la *Table*.

A Charade, quartz qui, étant cassés, offrent, quelquefois, intérieurement, de belles cristallisations; cristaux de schorl noir, isolés & volcanisés; laves bleues, contenant des cristaux de schorl vert-jaune.

En descendant de Grave-neire par les divers chemins qui conduisent à Clermont, on trouve beaucoup de boules basaltiques qui se délitent par couches concentriques ; quoique Grave-neire n'ait pas une seule colonne, ou régulière ou informe.

7.º ETOUFFIS ; FONTAINE DE SAINT-MART ; CAVERNE SÈCHE DE ROYAT ; GROTTE AUX SOURCES.

Sur la montagne de Royat, vis-à-vis la Chapelle appellée Notre-Dame-de-Lorette, & de l'autre côté du chemin, est un filon de spaht-fluor. Si vous en cassez un morceau un peu gros, vous y trouvez trois couches superposées ; l'une argileuse, l'autre quartzeuse, & la troisième spathique. Souvent, dans le quartz & dans le spath on voit de la galene.

8.º CHATÉ.

J'ai entendu dire à M. Mossier que cette montagne était une de celles de la Basse-Auvergne qui méritait le plus d'être étudiée par un Naturaliste. Sa base, prolongée vers Clermont, est une couche calcaire, mêlée de gravier. Plus haut, en montant, c'est une roche bitumineuse, puante Au-dessus de la roche, vous voyez du grès, qui, participant à la nature de celle-ci, est odorant comme elle. En continuant de monter vers le sud-ouest, vous passez du grès puant à un grès pur, mais grossier; puis à un grès très-dur & très-serré; puis à un mauvais porphire; puis de ce porphire à un mauvais granit; & enfin de ce granit imparfait à un granit très-compact, lequel fut la roche primitive de Châté. C'est dans l'ordre inverse qu'il faut étudier la montagne; en descendant du granit dur de la cîme, au lit calcaire de sa base. Toutes les couches qui la composent dans sa hauteur furent formées les unes au-dessous des autres par la décomposition de la roche primitive, & par des alluvions diverses.

Au-dessus du mauvais granit dont je viens de parler, on trouve du spath séléniteux, connu dans les cabinets d'Histoire-Naturelle.

Vers le bas de la montagne, il ne faut pas oublier de voir le blé brûlé qui a fait donner à ce lieu le nom de *Greniers de César*.

9.° Fontanat.

Prendre par l'ancien chemin de Villarts; voir la Voie romaine & la partie de l'aqueduc qui traverse la Voie; passer par Villarts; se détourner un peu sur la droite pour considérer une cheire qui est là; aller aux sources de Fontanat & à celle qu'on nomme la Font-de-l'arbre; revenir voir, au-dessous des moulins de Fontanat, l'aqueduc; & retourner à Clermont par Royat, pour examiner le canal qui conduisait l'eau de Fontanat à Châté.

10°. Chanturgue et les Côtes.

Ces deux montagnes, ainsi que celle de Vare qui en est voisine, n'en fesaient qu'une autrefois; quoiqu'aujourd'hui toutes les trois soient séparées par un intervalle qu'ont creusé les torrens des pluies. Chanturgue, avec les Côtes, forme l'une des pointes du fer-à-cheval qui fait l'enceinte du bassin de Clermont. Gergoviat fait l'autre pointe; & ce qui est digne de remarque, c'est que ces deux éminences, quoi qu'éloignées de deux grandes lieues, ont des caracteres de ressemblance très-frappans. Toutes deux calcaires, toutes deux ayant été volcan sous-marin, toutes deux sans la moindre apparence de cratère, elles ont, toutes les deux, pour cîme, un très-long plateau, dont la superficie entière, ainsi qu'une partie du cordon de son escarpement, sont couverts de basalte. A Chanturgue, la lave ; en coulant vers certains endroits avec plus d'abondance, y a formé des courans, qui, descendant & s'avançant dans la mer, éleverent, dans le tems, des espèces de promontoires. Ces pointes, à la retraite des eaux, sont devenues des côteaux en pente, par lesquels on peut gravir sur la hauteur. Cependant je conseillerai d'y monter par les Côtes ; d'autant plus qu'en suivant ce dernier chemin, on peut examiner la nature primitive de la montagne. C'est un schist calcaire bitumineux, dont la matière, devenue lave, a conservé ses couches : d'où l'on serait porté à conjecturer que les basaltes lamelleux doivent leur origine à des schits, qui, malgré leur fusion, ont gardé leurs feuillets. Dans beaucoup d'endroits des deux montagnes on voit ce basalte lamelleux se déliter en boules ; autre fait dont les Naturalistes peuvent tirer des conséquences intéressantes.

La lave, en se décomposant, a produit, sur les deux montagnes, un terreau noir, devenu terre végétale ; aussi leur superficie est-elle presque totalement cultivée. Il y a même eu là autre fois des bâtimens ; & l'on y trouve encore, sur-tout vers le côté qui regarde Clermont, beaucoup de tuiles & de briques en fragmens. De ce même côté, sur le cordon & à-l'escarpement du plateau, on voit un commencement de colonnes basaltiques, informes. Vers Nohanent (on prononce Nonent), la masse des colonnes est beaucoup plus considérable.

II₀. HAUTE-CÔTE DE SAYAT.

Cette montagne, située au nord, & par-delà celles du bassin de Clermont, est granitique. J'en ai dit quelque chose dans le cours de l'Ouvrage.

On y trouve de beaux cristaux de feld-spath, (*) étincelant, & deux sortes de macles; les unes en croix, les autres oblongues. Celles-ci se terminent, à chacun de leurs bouts, par deux pointes qui font ensemble un angle très-aigu. Leurs côtés sont taillés en biseau; &, comme dans celles

___

(*) J'en ai rapporté un qui a dix-neuf lignes de haut sur dix-huit de large. J'y en ai trouvé un autre qui, au lieu d'avoir la troncature de ses angles sur son côté le plus large, comme ils l'ont ordinairement, l'avait sur le plus étroit. Celui-ci est entre les mains de M. Mossier.

où le tranchant du biseau est usé, on apperçoit une ligne de jointure, on est tenté de croire qu'originairement elles furent formées de deux cristaux oblongs, qui se sont appliqués l'un sur l'autre, en écartant un peu leurs pointes. C'est ce que M. Sage, dans sa *Description méthodique*, appelle *Feld-spath ou prisme hexaèdre, comprimé, à sommet dyèdre, en cristaux maclés*.

Au bas de cette montagne granitique, le long du vallon, sont des monceaux de pouzzolane & de rapillo, très-noirs. Le volcan le plus voisin étant celui des Côtes, ces substances n'ont pu appartenir qu'à lui. Elles y furent lancées par ses explosions. Par la suite elles se sont couvertes d'herbe; mais les eaux pluviales y ont creusé des ravins qui, en quelques endroits, les ont mises à découvert.

Objets plus éloignés de Clermont, qui exigent un voyage à cheval, & une journée.

1.° PONT-DU-CHATEAU ET LA ROCHE-NOIRE.

Ces deux objets peuvent se voir dans le même voyage. En allant de Pont-du-Château à la Roche-noire, on verra, à Pérignat, l'ancienne pierre milliaire.

2.° { Jussat.
La Roche-blanche.
Gergoviat.

Il a été parlé ailleurs de Juſſat. J'ajouterai ici qu'en beaucoup d'endroits ſa roche eſt mamelonnée, & qu'elle reſſemble à des rognons de bœuf; qu'on y voit une grotte avec banquette, large de vingt-deux pieds, ſur treize de profondeur; & qu'à l'extrémité de la montagne, près du chemin de la *Côte-rouge*, eſt un courant de baſalte qui offre beaucoup de priſmes, ainſi que des boules & des ellipſoïdes, leſquels ſe délitent en couches concentriques.

Gergoviat a été ſouvent mentionné dans le cours de cet Ouvrage. A la pointe nord-eſt de cette montagne célèbre, & en deſcendant vers Romagnat, les Naturaliſtes trouveront des priſmes iſolés de baſalte, de différentes formes, & dont pluſieurs ſont très-bien conſervés.

Plus loin, au ſud-eſt, près du chemin par lequel les beſtiaux montent de la plaine ſur la montagne, ſont pluſieurs maſſes baſaltiques, ſur l'une deſquelles on voit de la zéolite à filets ſoyeux, & criſtalliſée en rayons divergens, comme une aigrette.

A l'Orient est un rocher argille-calcaire, d'une nature particulière. Les fragmens qu'on en casse offrent à leur superficie une sorte de vernis clair & luisant, d'une couleur gris-blanc, & qu'on prendrait pour un enduit léger de poix résine. Dans les endroits où la matière est plus abondante, elle a la couleur brune du caramel. M. Mossier, à qui nous en avions remis plusieurs morceaux, nous avait promis d'en faire l'analise ; mais comme son travail n'était point fini, quand je suis parti de Clermont, j'en ai apporté des échantillons à Paris, & les ai montrés à différens Naturalistes. La plupart ont varié sur sa nature; mais MM. Sage, Daubenton & de Fourcroix l'ont déclarée une sorte de pechstein. Au reste, si quelques personnes voulaient connaître le lieu précis de la roche pour la visiter, en voici le renseignement. Il faut se rendre à la ferme qui appartient à l'Abbaye de Saint-André. De la porte de cette ferme, si vous jettez les yeux vers la montagne, vous voyez descendre vers vous, & en droite ligne, un long ravin. Montez jusqu'à l'origine du ravin, & par-de-là encore. Là vous trouverez une sorte de chemin creux, qui croise le ravin angles droits. C'est dans le chemin qu'est la roche.

3.° Le Puy de Dome.

En montant par le chemin du midi, & descendant par la gravouse, on verra le *Nid-de-la-poule*. Un peu plus loin, au nord, est le puy Pariou, dont il faut aller voir le cratère.

Autour du Nid-de-la-poule, on trouve des laves qui ressemblent parfaitement, pour la forme, à du bois pétrifié; & d'autres laves qui contiennent du fer octaèdre. En y cassant des larmes volcaniques, j'en ai trouvée une dont l'intérieur est un granit cuit à blanc, à demi-vitrifié, & qui ressemble, pour la couleur, au biscuit de porcelaine.

4.° Volvic.

J'ai déjà conseillé d'y aller par Chanat, & d'examiner, en passant, le monticule de Mouillebout.

La montagne de Chanat a un objet très-curieux. C'est une coulée de lave, haute de plusieurs pieds, & qui, descendue du volcan vers le vallon, aujourd'hui est traversée par le chemin. La matière, au lieu de former, comme dans les autres courans, un même lit & une masse continue, est séparée par tronçons, lesquels sont placés à la suite les uns des autres. Les tronçons ne sont point encore des boules; ce ne sont point encore des colonnes : mais ils tendent à devenir l'un ou l'autre. Ce morceau d'étude est un des plus satisfesans que puisse espérer de rencontrer un Naturaliste.

Vis-à-vis le courant, & dans les pierres qui forment l'enceinte des champs voisins, sont des laves lardées de chrysolites.

Plus loin, sur la montagne même, & près du bois, on trouve des cristaux de schorl volcanisés, & de petites larmes volcaniques, très-jolies, qui ont la forme d'un noyau d'abricot.

Par-delà Chanat, sur la montagne nommée *de l'Abbesse*, est du schorl natif & intact, en grandes masses.

Plus loin il faut voir Jume, le volcan de Nugerre, la Cheire, &c., & revenir à Clermont par Volvic.

5.º CHALUSSET, route de Pontgibaud.

Visiter, en passant, la montagne du grand Sercoui, & deux grottes de cette montagne, tournées au fud, & qu'on apperçoit du chemin. La plus éloignée des deux eft la plus belle. Elle a cinquante-fix pieds de profondeur, fur vingt-fept de large; & l'on peut y monter par un fentier de Pâtres.

Plus loin, voir la Cheire. A Pontgibaud, prendre un guide pour aller à la mine du Roure; revenir à Pontgibaud; aller à Chaluffet, puis à la mine de Barbacaut. Mais pour peu qu'on veuille faire des obfervations dans chacun de ces différens endroits, il ne fera guères poffible de revenir coucher à Clermont. Ainfi, je ferai d'avis de partager le voyage en deux journées, en couchant à Pontgibaud.

A ce que j'ai dit ailleurs fur les deux mines, j'ajouterai ici qu'elles contiennent du plomb blanc, criftallifé; & j'en ai rapporté des morceaux. M. Moffier a trouvé auffi, fur la montagne du Roure, des criftaux de plomb rouge & de plomb vert.

6.º PARDINES, route d'Iffoire.

Voir en paffant le puy Dulin; après le village de Vaire, tourner à droite par un chemin qui conduit à la roche Saint-Sandoux; venir à Plauzat, prendre le chemin de Néchers; examiner, dans la plaine *des Roches*, les deux masses volcaniques descendues des montagnes voisines; avant d'entrer dans Néchers, considérer la composition de sa montagne, & la vue pittoresque qu'offre son ruisseau.

On peut dîner à Pardines, avant d'aller voir l'éboulement; mais dans ce voyage, ainsi que dans tous ceux du même genre, je conseillerai aux personnes qui craignent les mauvais gîtes, de faire porter à leur suite quelques provisions. Au reste, la journée de Clermont à Pardines est très-forte; & il faut partir de grand matin, si l'on veut revenir, le soir, coucher à la ville.

Voyage du Mont-Dor par la grande route.

Voir Mont-Rodei; la cascade de Saillian; quitter le grand chemin vers Bravant; passer par ce village pour aller voir le puy de Crau, l'étang de Fung, & les colonnes basaltiques du plateau de Gorsat, vis-à-vis la digue de l'étang; revenir prendre la grande route; au *Pont-des-eaux*, voir de la roche-de-corne schisteuse, & en masse, de couleur jaunâtre. (En face du pont, les lits sont perpendiculaires; un peu plus loin, ils sont inclinés.) Quitter de nouveau la route à *Saint-Bonnet*;

& aller, au-delà de ce village, voir du basalte en tables.

Ce basalte est la crête d'un courant qui descend au sud vers le vallon de Saint-Bonnet. La matière, en s'amoncelant là par couches, s'y est assez élevée pour faire un monticule, dans lequel une cristallisation particulière, ou des fentes perpendiculaires de retraite, ont formé quelques colonnes poligones. Le basalte est sonore comme une cloche de métal. Il y en a même, à l'extrémité de la roche, une table inclinée, que les jeunes Pâtres & les enfans du voisinage viennent, par amusement, frapper avec des pierres, pour la faire sonner; & qu'ils ont tant frappée qu'elle en est sillonnée.

C'est ce genre de basalte, que je désirerais, ainsi que je l'ai dit ailleurs, voir employer par nos Marbriers; & l'entreprise serait pour eux d'un produit d'autant plus sûr, qu'avec un grain très-fin il a ses deux surfaces lisses & planes, comme si elles avaient été polies par l'art. D'ailleurs on peut en tirer des morceaux considérables; puisqu'en allant au lieu où est la roche, on passe la Sioule sur une de ces tables basaltiques, qui a dix pieds de long sur trois pouces d'épaisseur.

Il y a dans la roche plusieurs ouvertures; & les gens du pays prétendent, à ce que m'a certifié M. le Curé de Saint-Bonnet, que ces ouvertures communiquent, par-dessous terre, au moulin d'un autre village, nommé Villejaques. On assure même que des moutons, des porcs, des chiens, & jusqu'à des enfans y ont passé.

Quoique ce fait me parût d'autant moins vraisemblable que, de-là jusqu'à la Sioule, le terrein va en pente, & qu'il devient une prairie, dont le sol est mou, cependant j'ai voulu m'en assurer; &, déterminé à entrer dans le souterrein, s'il existait, je me suis transporté au moulin de Villejaques, qui est à neuf cens pas de distance. Mais les gens du moulin, que j'ai interrogés, ne connaissaient pas cette caverne; & ils n'en avaient pas même entendu parler.

On croit également à Saint-Bonnet qu'au village même de Villejaques, il y en a une autre, qui, passant sous le puy Mazat, va, en traversant toute la montagne, aboutir au village de Poulagnat. Celle-ci me paraît aussi fabuleuse que la première;
& j'avoue

& j'avoue que, d'après ce que je venais de vérifier sur cette première, je ne crus pas devoir perdre mes pas à certifier la non-exiftence de l'autre.

Entre Saint-Bonnet & Jouigeat, dans un champ qui appartient au Maréchal de ce premier village, on trouve, entre des fciffures de lave, du pechftein, dont la nature eft d'autant plus intéreffante, que prefque tous les morceaux font en décompofition, & qu'ils paffent à l'état de terre ochreufe. Les Payfanes des deux villages en font un petit commerce ; & elles viennent en offrir aux Voyageurs.

A Jouigeat, les pierres dont on a clos les héritages, font des laves lardées de beaux criftaux de fchorl & d'aiguilles fines de feld-fpath. A l'extrémité du village eft une carrière de fable ponceux, ou autrement de ponce, que les eaux ont apportée & dépofée-là, après l'avoir réduite en poudre.

Après Jouigeat, il faut reprendre la grande route, & fe rendre à Rochefort pour y coucher. Je doute même qu'une journée fuffife pour tous les objets dont je viens de faire mention.

Avant d'arriver à Rochefort, & à l'entrée du

bourg, on remarquera de très-belles boules de basalte qui se délitent en couches concentriques; puis plusieurs rangs de colonnes articulées & poligones. La masse basaltique est interrompue par quelques maisons qui la cachent. On la retrouve au-delà des maisons ; & là, elle présente, dans ses fentes, du fer mamelonné, qui, en quelques endroits est applati, & ailleurs, rond comme du plomb à tirer.

Le lieu où l'on a bâti le bourg n'est guères qu'une ravine que les eaux ont creusée dans la lave ; & il se trouve enfoncé là comme dans un précipice. Le château, dont il ne subsiste plus que des ruines, mais où l'on reconnaît encore la place d'une citerne & celle d'un pont-levis, était placé sur un pic volcanique, oblong. Il faut visiter ce lieu, & les deux grottes qui s'y trouvent; examiner l'effet des eaux sur sa double vallée ; voir dans celle du sud les colonnes prismatiques qu'a formées un courant de basalte qui est venu s'y jetter, &c.

A peu de distance de Rochefort, est un autre pic volcanique, nommé la *Roche-pointue*, dont la lave est du basalte lamelleux. Les habitans s'en servent pour couvrir leurs maisons; & ils l'appellent pierre-tuile.

De Rochefort on ira voir la roche Sanadoire, & la Tuillière ou Trioulaire. La face la plus intéressante de cette dernière est celle qui regarde le puy Barbier, c'est-à-dire celle qui est tournée vers la source du ruisseau par lequel sont séparées les deux roches.

De la Sanadoire, reprendre la grande route du Mont-Dor. A une demi-lieue environ du village des Bains, se détourner sur la gauche, & remonter une petite rivière, nommée Chanaut, qui va se jetter dans la Dordogne. On y trouve différentes sortes de laves roulées, très-curieuses; & une, entr'autres, qui, contenant beaucoup de cristaux de schorl noir, offre la forme d'une truffe. Mais ce qui est à remarquer, c'est que tandis que la lave s'est usée par le frottement, le schorl plus dur a résisté seul, & déborde la truffe; à-peu-près comme ces cloux de gérofle qu'on enfonce par leur pointe dans des citrons, & qui n'y montrent que leur tête. En beaucoup d'endroits la rivière coule sur du tripoli. C'est de tripoli que sont formés ses bords; on en voit des masses hautes de quarante pieds ; & par-deſſus ces maſſes eſt du baſalte, qui, dans le tems, eſt venu couler & s'arrêter-là. En creuſant dans le tripoli, nous avons trouvé du bois carboniſé.

J'ai déjà dit que dans la vallée des Bains, le long de la Dordogne, on trouvoit des laves granitiques de toutes les couleurs. J'ajouterai ici que parmi ces laves, il en eſt qui, étant caſſées, offrent, dans leur intérieur, du ſouffre régénéré.

Dans l'éboulement de l'*Ecorchade*, il y en a d'autres qui contiennent, comme le baſalte de Rochefort, du fer mamelonné & paſſé à l'état d'hématite.

Près de la grande caſcade, & ſur la gauche en y arrivant, beaucoup de criſtaux de feldſpath, ſimples & macles, très-bien conſervés.

Du même côté, au nord-eſt, & tout au haut de l'enceinte, grotte ou cavité dans laquelle on trouve du fer ſpéculaire.

Après pluſieurs jours paſſés au village des Bains pour viſiter le Mont-Dor & ſes environs, on reviendra à Clermont par l'ancienne route ; &, par celle-ci, on verra, comme je l'ai dit ailleurs, d'immenſes pacages, beaucoup de troupeaux, des sites pittoresques, des burons, le Trou-d'enfer, la cheire de Saté, puis les trois montagnes granitiques qui sont restées intactes au milieu des montagnes volcanisées.

Voyage au Lac Pavin.

On y va de Clermont par la route de Besse. Je n'ose proposer d'y aller par la route que j'ai suivie; parce qu'étant une route de traverse, & sans auberges, il faut, pour l'entreprendre, être assuré d'un gîte. Cependant, si quelqu'un de mes Lecteurs avait cette ressource, s'il se sentait capable de ne point craindre des chemins horribles, enfin s'il voulait étudier les mœurs des Montagnards, je lui dirais de prendre, comme moi, par Gergoviat, la Roche-blanche, Jussat, Saint-Genet, Font-freide, Aidat, Sauzet-le-froid, &c.

Font-freide a été ainsi nommé pour la fraîcheur de sa fontaine. Je l'ai éprouvée le deux septembre, à dix heures du matin, par un très-beau jour; le vent étant à l'est. Mon thermomètre, à l'air extérieur, marquait dix-sept degrés. Plongé dans le tuyau de la source, il descendit à cinq.

Au-dessus de la fontaine, est une carrière de lave tendre, qu'on exploite, & dont on tire des pierres & des moëllons pour batimens.

Après avoir demeuré alternativement au Vernet & à Sauzet, après avoir visité le lac Guéri, les eaux thermales de Sénecterre, la roche Sanadoire, la Védrine, & la plupart des montagnes d'alentour, je suis allé à la cascade de Laval, au lac Chambon, à la cascade de Montaley & à Pavin.

Avant de gravir à Montaley, & en côtoyant la vallée de Chaudefour, j'ai apperçu au loin, dans cette vallée, deux immenses pyramides volcaniques, qui s'élevaient là comme deux obélisques isolés. Le guide, qui, ce jour-là, avait la bonté de me conduire à Pavin, étant un homme respectable, & de la complaisance duquel je craignais d'abuser, je n'ai pu voir de près les deux objets dont je parle; mais j'exhorte les Voyageurs à s'y transporter. Il en est de même de trois énormes colonnes qu'on apperçoit sur la gauche, en allant de Pavin à Besse, & qui sont par-delà le ruisseau de la Couse.

Besse, petite ville entourée de montagnes voléaniques, est bâtie elle-même sur un courant de lave, qu'on voit distinctement quand on est sorti de la ville, & qu'on a passé la Couse.

Plus loin, près du ruisseau de la Malevoisière, on trouve du basalte en tables. Le pont du ruisseau est, ainsi qu'à Saint-Bonnet, une de ces tables.

Par-delà le ruisseau, & en montant la côte, sont des prismes isolés, très-beaux & très-frais.

A Murol, volcan fort curieux à étudier; parce que seul, ou au moins avec un ou deux courans du voisinage, il réunit tous les objets qu'on ne trouve ailleurs qu'épars. Colonnes polygones, colonnes rondes & menues, ou autrement quilles prismatiques, monticules formés, les uns de basalte lamelleux, les autres de laves en grandes masses, scories de toutes les couleurs, scories contournées, pouzzolane, cheire, &c. enfin tout est-là; & peut-être suffirait-il d'avoir visité ce lieu pour connaître toutes les productions d'un volcan.

TABLE
DES MATIÈRES.

Abbesse (montagne de l'), *page* 524
Abîme, 489
Académie de Clermont, 21
Aidat, 312, 314. Village, 314. Antiquités, 315
Alagnat, 208, 432
Alagnon, 169
Allier, 169. Projet de l'amener à Clermont, 170. Roule des topases & des émeraudes, 247
Allyre (Abbaye de Saint), 49, 52, 102. Saltactites, 113. Cave, 182, Requête pour le rétablissement d'une confrairie du Saint, 112. Colonnes portées par le diable, 52. Eaux minérales, 97, 102, 111
Améthistes, 247, celles du Vernet, *ibid.*
Angles rentrans & saillans, à Fung, 316
Animaux des montagnes, 277
Antimoine (mines d'), 243
Aqueduc romain, 36, 37, 42. Quand détruit, 44. Aqueduc moderne de Clermont, 44, 146. Aqueduc de Châté, 152
Ardres, son éboulement, 353
Artheme (prétendu miracle attribué à Saint), 79. Rue de Saint, 102
Arvernes (villes des), 34. Statue, 46
Attraction, 222. Des nuages sur les montagnes, 71, 222
Aubiere, 178, 200
Audigier, 33

TABLE DES MATIÈRES.

Auvergnats, causes de leurs émigrations, 3. Mauvais effets qui en résultent, 5. Caractère 302. Amour pour le travail, 411

Auvergne, sa division géographique, 6. Etendue, population, commerce, 2, 3, Nature du sol, 1. Ce qu'en dit Grégoire de Tours, 6, Son histoire, 32. Rivières, 169. Etangs, eaux minérales, 114. Mines, 199, 243. Bestiaux, 6, 252, 272. Matières volcaniques pour bâtimens, 45. Volcans, 388

Autour (montagne d'), 43
Bain de César, 357
Bains du Mont-Dor, 357
Bains (village des), 357
Balme (puy de la), 448
Barbacaut (mine de), 243; son gaz méphitique, 137
Barbier (puy), 312, 531
Barraque (la), 206, 237. Barraque de la Cathédrale, 242
Basalte, 155. Nature, 455. Couleur, 448, Pesanteur, 499, masses de basalte, 160, 378. Cristallisé, 456. Lamelleux, 440, 518, 530. En table, 458, 527, 535. Sonore, 527. En boules, 458. En colonnes prismatiques, 458, 460. Se polit, 444. Peut s'employer par les Marbriers, 444, 526. Par les Statuaires, 444. Par les verriers, 445. Basalte sur du granit, 486. Courans, 421. En tronçons, 523. Sa décomposition, 465. Se délite en prenant des formes rondes, 462. Redevient argile, 454. Usé par les eaux, 156. Sources sous du basalte, 172, 174
Batiers, 253
Beaumont, 422

Bénédictins de Clermont, 103, 182
Besse, 325, 439, 534
Besson (M.), 402
Bestiaux des montagnes, 252, 252. Quand y arrivent, 254. Quand partent, 274. De la Haute-Auvergne, 272. De la basse, 272, 273. Leur instinct, 255. Leur naturel sauvage, 263. Aversion pour les chiens, *ibid.* Pour les habits rouges, *ibid.* Courage contre les loups, 264
Beuf (l'Abbé le), 85, 90
Beurre d'Auvergne, mauvais, 268
Bibliothèque de Clermont, 29
Bitumes, 182, ont servi à la déflagration des volcans, 397. Comment formés, 195. Terres & schits bitumineux, 181
Blanzat, 74, 240
Blé brûlé des Côtes, 149, de Chaté, 148
Bleu-de-montagne dans du basalte, 514
Bois rare en Auvergne, 199. Pourquoi, 200
Bombes volcaniques, 418
Bonnet (Saint), 526
Bort, 6
Bouches volcaniques, 320, 432, 495
Boules volcaniques, 418. Se délitant par couches concentriques, 464. Par fragmens prismatiques, 466
Bourboule (bains de la), 365
Bourée d'Auvergne, 301
Boutes, 65
Bravant, 472, 526
Brêches volcaniques, 451, 453
Brieude, (M. de) 361
Brioude, 6, 7
Brique volcanique, 452

Buffon (M. le Comte de), 401, 409, 468
Burons, 255, 256. Leur structure, 257. A demeure, 260. Mobiles, *ibid.*
Buronniers, 257
Cabinet d'Histoire-Naturelle, 24
Cailloux roulés qui se trouvent loin des eaux, 345
Calcaires (matières), leur origine, 398. Montagnes calcaires, 190, 399
Calcédoine, 191
Calvaire des Bénédictins de Clermont, 182
Cange (du), 8
Capucin (le), 373
Carrières volcaniques, 50, de Volvic, 436, de la Cathédrale, 442. de Fontfreide, 439. De grès, 50. De marbre, 54
Cascade du Mont-Dor, 377. De Saillians, 378 De Trador, *ibid.* Laval, 460. Montaley, *ibid.*
Cassini, 206, 374
Caudes-aigues, 354
Cavernes volcaniques, 427, comment formées, *ibid.* Cavernes de Chaluffet, 495, 500. Du pont de Nau, 427. De Royat, 158, 427. De Saint-Bonnet, 528
Caves de Clermont, 61. Leur température, 62. Caves à Etouffis, 125
Cendres volcaniques, 429
César, 39, 83, 84, 85, 86, 87. Canal de, 39. Greniers de, 149, Bains de, 357
Chades-Beaufort, sa fontaine, 507
Chadrat, 50
Chalets, 256
Chaluffet, 495. Volcan, *ibid.* Fontaines, 504
Chamalière, 36, 43, 125, 423

Chambon, 252
Chambon (lac), 312
Chanat, 418, 420. Larmes volcaniques, *ibid.*
    Laves lardées de chryfolites, 524. Courant
    de bafalte en tronçons, 523
Chanaut, 531
Chanturgue, 171, 389, 412, 517
Chanvres d'Auvergne, 2. De Clermont, 64
Charade, 408, 424, 514
Charbon foffile & volcanique, 219
Charbon-de-terre, 199. Origine, 398. A fervi à
    l'inflammation des volcans, 397, mines de, 199
Charcoux, 214, 216
Châté, 152, 424. Habitations, 147, Canal, 152.
    Blé brûlé, 148, fpath féléniteux, 516, Nature
    de la montagne, 515
Châteaugay, 74, 240
Chaudefour, 534
Chaudes-aigues, 354
Charerat (M. de), 22, 23, 25, 75, 94, 367
Cheires, 431. Ce que c'eft, 430. D'Alagnat,
    432. Mazaye, *ibid.* Pontgibaud, *ibid.* Saté,
    ibid. Volvic, 433
Chemin des enfers, 406
Cheminée du diable, *ibid.*
Chevalat, 463
Chevalier (M.), mefure la profondeur du lac
    Pavin, 326
Chryfolites de volcans, 524
Claire (Abbaye de Sainte), 102
Clermont, 13, 34. Defcription de fon baffin, 14.
    Situation de la ville, 15, Ce qu'elle eft, 16.
    Pourquoi nommée Clermont-Ferrand, 35. Si
    elle eft bâtie fur un ancien volcan, 59. Plus

DES MATIÈRES. 541

grande autrefois, 18. Monumens qu'y offrent les fouilles, *ibid*. Antiquités, 46. Voie romaine, 35. Aqueduc ancien, 37. Aqueduc moderne, 44. Fontaines publiques, 146. Fontaines minérales, 96. Commerce 64. Goîtres, 176. Climat, 67. Température, 67. Vents, 71. Pluies, 69. Orages, 73, 76, 240. Vignobles, 67. Vins, 62, 65. Caves, 61. Son histoire, 32, 34. Mœurs des habitans, 19, Académie, 21, Bibliothèque, 29. Cabinet d'Histoire-Naturelle, 24, 95. Jardin de botanique, 22. Pont minéral, 103. Ruisseau, 168

Clersou, 51

Colonnes portées par le diable, 52. Tronçons de colonnes antiques, 49, 358

Colonnes volcaniques, 458, 460. Poligones, *ibid*, 530. Informes, 335. Articulées, 459. Rondes, 458, 535. Se délitant en boules, 462, 530

Combres, 243

Come, 241. Ses trois cheires, 431

Constructions romaines, 45

Corrigier (M. l'Abbé), 44, 89, 315. Son opinion sur Gergovia, 87

Côtes (les), 149, 171, 389, 517. Composition de la montagne, 399. Volcan, 517. Son basalte, 518, Blé brûlé, 149

Coulées de lave, 125, 430

Courans de lave, 422

Couse (la) 322, 534

Cratères, 59, 320. Comment ont pris les formes qu'ils ont, 477. De Pariou, 475. De Pavin, 320. Du petit Dome, 473. Du puy de Crau, 472. Du puy Dulin, 471

Crau (puy de), 472
Criſtal, 456. Sur la pierre à poix, 191. Sa nature, 192
Criſtalliſation, 456. Du baſalte, *ibid.*
Crocus, 47
Crouéle (puy), 189
Cuvage, 117
Danſes des Auvergnats, 301. Des Clermontois, *ibid.*
Danville, 90
Daubenton, (M.) 455, 522
Deſmarets (M.), 393, 402, 441
Décompoſition des laves, 201, 466, 518
Dome (puy de), 203, 221. Célébrité, 205. Situation, *ibid.* Diſtance de Clermont, 206. Sa forme, vue qu'il offre, 210. Comment a brûlé, 211. Eſt ſorti de terre, 207, 215. Sa lave, 212. Antiquité de ſon volcan, 217. A carboniſé des forêts, 215. Annonce les changemens de tems, 221. Son attraction ſur les nuages, 222. Pâturages, 234. Plantes, 235. Pluies, vents & orages qu'il produit, 236, 238. N'a point de ſources, 237
Dome (petit puy de), 206. Cratère, 473. Laves, 216
Dordogne, 307. D'où tire ſon nom, 376. Laves qu'elle roule, 377
Doucet (M.), 68, 80
Dulin, 471, 478
Eaux de ſources produiſent des goîtres, 179. De Clermont, fades, 158, Pluviales, 69. Leurs dépôts dans la Limagne, 8. Minérales d'Auvergne, 114. De Barbecaut, 137. De la Bourboule, 365. De Chaluſſet, 504. De Clermont

96, 114. Du Mont-Dor, 361, 365. De Saint-Mart,, 98, de Sénecterre. 115
Eaux (rue des), 102
Eboulemens, communs en Auvergne, 334. De l'Ecorchade, *ibid.* Juffat, 337. Pardines. 344. Plauzat, 334. La Roche-blanche, 339. La Roche-noire, 335. La Roche Sanadoire, 334
Echirs, 289, 238
Echo, 185
Ecorchade, 372. Eboulement, 334. Fer mamelonné de fes laves, 532
Ellipfoïdes bafaltiques, 462. De la Roche-noire, 464
Email volcanique, 453
Emeraudes en Auvergne, 247
Enfers (les), 406
Eraigne (pierre d'), 440
Etables habitées l'hiver, 281
Etangs rares en Auvergne, 311
Etouffis, 117, 124, 423. Leur caufe, *ibid.* Etouffis de Barbecaut, 137, de Montjoli, 117. Du moulin de la Charité, 124
Faujas de Saint-Fonds, (M.) 394, 397, 401, 445, 465
Fayette (M. le Marquis de la), 270
Feld-fpath, 519. Aiguilles, 529. Criftaux, 519, 532
Fer fpéculaire, 216. de Dome, *ibid.* du Mont-Dor, 532. de Volvic, 446. Fer mamelonné 530, 532
Fontaines publiques de Clermont, 146. Murs aux fontaines des villages, 293. Fontaines minérales, voyez eaux.
Fontanat, 39, 125; fes fources, 40; ruiffeau, 41, 152, 168, 237

Font-chaude, 505
Font-de-l'arbre, 41, 237
Font-freide, 439, 532
Font-more, 174
Forêts enfévelies fous les pouzzolanes de Dome, 215
Fourcroix, (M.) 522
Froid de Clermont, 67. des montagnes 334, 297
Fromages, 268, manière de le faire, *ibid.* mauvaife qualité, 269. de Sénecterre, 272
Froment ne vient point dans les montagnes, 279
Fruits ne croiffent point dans les montagnes, 279
Fung, 312, 472. Colonnes bafaltiques, 460. Angles rentrans & faillans, 316. Forme, 316. manière de le pêcher; 317
Gandaille, 193
Gapérou, 268
Garde, (enclos de la) 102
Gaz méphitique, 96. des Etouffis, 117, 124. de Barbacaut, 137. de Chades, 507. de Chaluffet, 505
Gazeufes, (eaux) voyez *eaux*.
Genet, (Saint-) 461
Gergovia, 83, célèbre dans Céfar, *ibid.* où fituée 84, auteurs qui ont écrit à ce fujet, 85, 90
Gergoviat, 151, 171, 517. Volcan, 415. Prifmes, 521. Pechftein, 522. Pierre-à-poix, 190. Zéolite, 522; nature de la montagne, 190. Travaux pour la cultiver, 413; n'éprouve point d'orages, 75; fi Gergovia y fut bâtie, 85; probabilités, 86; fouilles à ce fujet, 91; nommé ainfi depuis long-tems. 85
Godivel mefure la largeur du lac Pavin, 325
Goîtres, 175; communs dans la Limagne, 176; point

DES MATIÈRES. 545

point dans les montagnes, 177; leur cause, *ibid.*
Gorsat, 526
Goudron, (eau de) minérale, 187
Granit cuit dans une lave, 523; basalte sur granit, 486
Granitiques, (montagnes) stériles, 466; laves, 355
Graveneire, 124, 460, 514. Volcan, 417. Pouzzolane, 417; larmes, 418. Scories contournées, 417; bombes, *ibid.* courans, 421
Gravouse, 208
Grégoire-de-Tours, 6, 8, 47, 52
Greniers de César, 149
Grès, 50, dans les édifices anciens *ibid.* imparfait, 516; puant, 515; carrières, 50
Grotte.... Jussat, 521, *voyez* cavernes.
Guéret, (matelas de) 283
Guéri, 312
Guettard, 198, 394, 438
Haches de pierre, 50
Haute-côte, 519
Hematile, 450, 530
Hospitalières, (Dames) 80
Huile, employée par le peuple comme assaisonnement, 13
Jaude, 97; ses eaux minérales, 98, 99, 100
Jacobins de Clermont, 28, 80 82
Incrustation, 101
Jouigeat, 529
Jume, 434
Jussat, 337; prismes & grotte, 521; éboulemens 337
Kirchker, 105, 107
Laes, 311
Lachamp, 217
Laitier volcanique, 494, 454

M m

Lancelot, son opinion sur Gergoviat, 85; réfuté
   par Danville, 90
Lande, 193
Langle, 357
Lapillo, voyez Rapillo.
Larbre, (M. de) 22; 236, 279, 356
Larmes volcaniques, 418, 524
Laval, cascade & colonnes basaltiques, 460
Laves, 503 cellulaires, 450, 453; poreuses, 453;
   métalliques, 453; boursoufflées, 419; colorées,
   448.... contenant du granit cuit à blanc, 523;
   contenant du soufre, 532; homogènes, 447;
   avec corps étrangers, 446, 450; altérées par
   les eaux, 449; haches de lave, 50; lave de
   Dome, 212, de Sercoui, 214, du Mont-
   Dor, 355, pourroient être employées par les
   Sculpteurs, 444; employées pour bâtimens,
   50, 438; pour sarcophages, 51; pour voûtes,
   440; s'échauffent au soleil, 500 décomposition,
   201, 466
Le Beuf, son opinion sur Gergoviat, 85, 90
Liévre, comment trouve sa nourriture sous la
   neige, 277. Liévres blancs, 278
Ligone; 94. Atteliers de poterie antique, ibid.
Limagne, étendue, 7. Sol, 69, 181. Descrip-
   tion, 8, 9. Eloges qu'en font Sidoine & Gré-
   goire de Tours, 7, 8; ce que signifie ce mot, 8;
   son accroissement en hauteur, 69, 181, 310.
Loradoux; 174, 422
Loups, 264
Lycheus dans les cavernes, 165
Machaul, 193
Macles du Mont-Dor, 532. de la Haute-côte
   de Sayat, 519

DES MATIERES.

Madeleine, (Fontaine de la) 358, 382
Maladies des Auvergnats-montagnards, 288; des Clermontois, 68
Malevoissière, 535
Malsherbes, (M. de) 391
Malintrat, 181
Marais de Limagne, 180, 182, 200, 262
Marbres d'Auvergne, 53, 54; dans Clermont, 18, 52
Marguerite, (Fontaine de Sainte) 363
Mart, (Eaux minérales de Saint-) 98, 100
Massiac, 6
Massillon, 16, fonde une bibliothèque à Clermont, 29
Maupertuis, (M. de) 58
Mazat, 528
Mazayes, 432
Médailles en Auvergne, 93
Meillaux, 345
Méphitisme, *voyez* Gaz.
Mer, a couvert l'Auvergne, 13, 114, 180, 400; y a produit les matières calcaires, 116, 180, 399; & bitumineuses, 181
Mercure des Arvernes, 46
Mines d'Auvergne, 243; difficulté de les exploiter, *ibid.* de charbon de terre, 199; de plomb, 243, d'antimoine, 243
Monchié, (Puy de) 212, 215
Monnier, (le) 382
Montagnards, 280; leur vie pendant l'hiver, 283, 285, nourriture, 284; caractère, 284; taille, 300; passion pour le vin, *ibid.* 65
Montagnes, 67; leur vertu pour attirer les nuages, 71, 221; abaissées par les pluies, 309;

à cime plate, 171, 335....., Volcaniques & creuses, 488, fécondes par la décomposition, 201, 466; granitiques au milieu des volcans, 408; conducteurs électriques d'orages, 76, 240; devenues pacages, 200; font la richesse d'Auvergne, 251; jadis couvertes en bois, 200; mauvais effet de les avoir labourées, 201; air élastique des montagnes, 308; température, 202, 279, 297.... Chaleurs excessives, 298; rosées, 294; vents, 289; ne nourrissent ni fruits ni froment, 279; animaux & oiseaux des montagnes, 277

Montainard, 467
Montaley, 460
Montaudoux, 388, 483
Mont-Dor; 373; forme, 374; cascade, 377; bains, 359; température, 360, fer spéculaire, 532
Monts-Dor, 98, 353; étendue, 354; nature diverse, *ibid.*
Mont-Ferrand, 35
Mont-Fermi, 243
Mont-Joly, 117; son étouffis, *ibid.* 124
Monthon, (Puy de) 86
Mont-Rodey, 486
Mont-Rognon, 388, 514
Moraie, (rue de la) 102
Mortier Volcanique, 451
Mosaïque, 18, 47
Mossier, (M.) 28, 61, 75, 77, 95, 99, 123, 149, 192, 195, 397, 402, 408, 415, 446, 451, 452, 454, 483, 487, 515, 525
Mouillebout, 466, 486
Moulins-à-vent, pourquoi il n'y en a pas en Auvergne, 71, 169, 289

Murol, 535
Nau, (pont de) 427
Néchers, 461, 469
Neige, 279 238, 290; quand tombe fur les montagnes, 276, 278; quand commence à fondre, 234, 254
Nid-de-la-poule, 473, 488, 532
Nohanent, 519
Nonettte, 54
Noyers, point fur les montagnes, 203; plantés fur les routes, 12
Nuages, leur formation, 225, attirés par les montagnes, 71, 221, 231
Nugerre, 434
Oifeaux des montagnes, 277; morts aux fontaines gazeufes, 507
Ollaires, (pierres) 53
Orages de Clermont 73, & des environs, 74; leur caufe, 71; ne fe font point fentir à Gergoviat, 75; ni entre les Monts-Dor & Dome, 242
Orcival, 439
Pacages des montagnes, 251; abus de certains pacages, 200; comme on les fume, 259
Panthéon, 357
Paratonnerre, 80
Pardines, 344, 461, 469
Pariou, 475, 488
Parquer, (ufage de) certains troupeaux, 259
Pavin, 312, 475, fa célébrité, 319, forme, 320, largeur, 325, profondeur, 326
Pazumot, 86, 86
Pélon, 193
Perdrix, comment vit pendant l'hiver, 278; blanches, *ibid.*

Pérelle sur les basaltes, 467
Pérignat, (petit) 471, *outre-Allier*, 36
Peschtein, 454 ; à Saint - Bonnet, 529 ; à Gergoviat, 522
Pierre milliaire, 35, 36 ; pierre antique, 48, 49
Pissasphalte, 182 ; au Calvaire, *ibid.* à Gergoviat, 190 ; au puy de la poix, 183 ; au puy Crouèle, 189 ; à Pont - du - Château, 190 ; dans la Limagne, 191, 193 ; projets sur cette matière, 188, 195 ; son usage, *ibid.* sa cause 193, 195 ; si elle peut devenir dangereuse, 198
Plauzat, 334, 469
Pline, 46, 54
Plomb, (mines de) 243 ; plomb blanc ; rouge ; vert, 525
Pluies, au puy de Dome, 236 ; à Clermont, 68 ; leur effet sur la Limagne, 8, 69
Poil-de-bouc, 259
Poix minérale, *V.* Pissasphalte.
Poix (puy de la) 183 ; sa carrière, 184 ; sa roche, 185 ; écho, *ibid.*
Ponce, 455 ; ce que c'est, 449 ; sable de ponce, 529
Pont-de-pierre de Clermont, 103 ; théorie de sa formation, 106
Pont-des-eaux, 526
Pont-du-Château, 190 ; situation, *ibid* ; carrière à pissasphalte, 188, 191
Pontgibaut, 238, 243, 432
Porphire, 516
Poterie antique en Auvergne, 94
Poudingues volcaniques, 450
Poulagnat, 528
Pourçain, (Saint) 7
Pouzzolane, 45, 207 ; différente des cendres

DES MATIERES.

volcaniques, 429; produite par les volcans, 474; lancée au loin, 520; de Grave-neire, 417

Prismes de basalte, 459; aimantés, 459; de Gergoviat, 521; de Malevoissière, 535; de charbon-de-terre, 397

Procès singulier après l'éboulement de Pardines, 353

Prudelle, 43, 388
Pulvérière, 507
Puy, acception de ce mot, 183; puy Barbier, 312; de Crau, 472; Crouéle, 189; Dulin, 471; de Dome, 203; du petit Dome, 206; de la Balme, 448; de Montaudoux, 388; Monchié 212; Monthon, 86; de la Poix, 183; de Salomon, 212; de la Vache, 432

Pyramides volcaniques dans la vallée de Chaudefour, 534

Quartz *dans des laves*, 446
Quilles prismatiques, 535
Rapillo, 45; employé pour mortier, 45
Ravel, 348
Riom, 10, 439
Rivières rares en Auvergne, 169; pourquoi, 311
Roche-blanche, (la) 339
Roche-de-corne, 448, 526
Rochefort, 298, 529
Roche-noire, (la) 335; masse basaltique, *ibid*; ellipsoïde curieux, 464
Roche-pointue, (la) 530
Roches, (plaine des) 469
Roches volcaniques qui ont roulé étant encore molles, 469
Romagnat, 521
Romé-de-Lisle, (M.) 457

Rosée abondante sur les montagnes, 294; n'empêche point la sérénité du ciel, 296
Roure, (mine de) 243
Royal-Navarre, (Régiment de) 79
Royat, 125, 174, 515; ancienne situation, 147; position moderne, 154; vergers, 155; courans de basalte, *ibid*; 423, grotte & sources, 158, 163, 237; caverne sèche, 427
Sable ponceux, 529; sable attirable à l'aimant, 216
Sage (M.) 520, 522
Saillians (cascade de) 378
Salhers, 407
Salomon, (puy de) 212, 215
Sanadoire, (roche) 334; son éboulement, *ibid*; nature de sa roche, 471
Sandoux, (Saint) 334, 479; ses roches volcaniques, 480
Sarcophage, 51, 55; devenu autel, 54, 58; de Rheims, 57
Sarliève, 180, 471
Saté, 432
Savenne, 54
Savigné, (M. de) 242, 298, 313
Saussure, (M. de) 213, 403, 448
Sauzet, 290, 294, 357, 467
Sayat, 74, 76, 519
Schist calcaire bitumineux, 181, 182, 518; argileux bitumineux 452
Schorl intact, 524; volcanique & isolé, *ibid*; dans des laves, 425, 434, 531
Scories de laves, 161, 417; de charbon minéral, 452
Séganzin, (M.) 368

DES MATIERES. 553

Sénecterre, 116, 299; fromages, 272; eaux thermales, 114, 116, 363
Sercoui, 214, 216; sa forme, 214; sa lave, 214, 448; ses grottes, 524
Serpentine (colonnes de) 53
Sidonius Apollinaris, 7; sa maison de campagne, 314, 315
Sioule, 169, 495, 496
Soucy, (creux de) 328
Sources de Fontanat, 40, Royat, 161; Saint-Vincent, 170; sous des lits de basalte, 173
Spath séléniteux, 516; fluor, 515
Stalactites, 101; de Saint-Allyre, 105, 113; de Chalusset, 508; du pont minéral de Clermont, 110
Statue des Arvernes, 46
Suisse, (chalets de) 256; vulnéraires, 235, 356, 297
Suisses, (fromages) appellés en Auvergne, 270
Thierri, 44
Toiles d'Auvergne, 2
Tome, 268
Tonnerre, 73; pourquoi fréquent à Clermont, 76
Topases en Auvergne, 247
Tourbe, 200
Tour-D'Auvergne, (Comte de la) 91
Tour-D'Auvergne, (la) 461
Trador, 378
Trajan, 36
Tripoli, 452; en grandes masses, 531
Trou-d'enfer, 406
Truffles volcaniques, 531
{ Tuilliere, (la) / Trioulaire, } nature de sa roche, 471, 531

Tuf volcanique, 60
Vache, (puy de la) 432
Vachers; ce que c'est en Auvergne, 253, 254
Vaches, 263; donnant peu de lait, 267; moyens qu'on emploie pour traire celles des montagnes, 266
Vaires, 525
Vallée-des-bains, 355, 372
Vallons d'Auvergne, beaux, 310; leur verdure, *ibid.*
Vare, 517
Vasso, 47, 53
Vedrine, (la) 439; ses pacages, 261
Vents dans la Limagne, 71; leur cause, 72; dans les montagnes, 289; réguliers, 293
Vergier, (M. du) 290, 468
Vernet, 242
Vernet, près d'Issoire, 247
Verre volcanique, 453
Vésuve, 45
Villarts, 37, 43, 153, 430
Villejaques, 528
Vignobles de Clermont, 67; cessent sur les montagnes, 203
Villeneuve, 237
Vincent, (Saint) 174; ses sources, 170
Vins de Limagne, 262; leurs défauts, 62; leur couleur noire, 63; consommés en partie dans les montagnes, 65; s'y bonifient, 66
Voie romaine, 35, 43
Volcans, 11, 59; près de Clermont, 388; très-nombreux en Auvergne, 12, 388; connus récemment, 391; antiquité, 396; César n'en parle pas, 394; leur étendue en France, 401; sous-marins,

sous-marins, 408, 416; qui ont brûlé sans fracas, 484; jamais seuls, 409; ont changé l'Auvergne, 411; leur théorie imparfaite, 404; projet d'en creuser un, 488; volcan de Chaluffet, 495

Volvic, 433; sa cheire, *ibid*; carrières, 436; laves employées pour bâtimens, *ibid*; noyaux de ses laves, 446; fer spéculaire, *ibid*.

Vulnéraires de Suisse, 235, 356

Zénodore, 46

Zéolite de Gergoviat, 521

ERRATA.

Aux 16 premières pages on a mis, pour titre, *Histoire d'Auvergne*, lisez : *Voyage d'Auvergne*.

Page 6, ligne 8, auta nt dr, *l.* autant d'or.
Page 9, l. 14, est ce qui, *lis.* & ce qui.
Page 28, l. 17, le Province, *lis.* la Province.
Page 46, l. 1, pouzzalene, *lis.* pouzzolane.
Page 57, l. 23, de ce celui, *lis.* de celui.
Page 72, l. 24, par la forme, *lis.* par sa forme.
Page 79, l. 22, de l'y avoir, d'y avoir.
Page 134, l. 8, vous vous doutez bien, *lis.* vous vous en doutez bien.
Page 151, l. 24, elle sfon, *lis.* elles sont.
Page 175, l. 19, de ses habitans, *lis.* des habitans.
Page 177, l. 1, que les hommes, *lis.* chez les hommes.
Page 303, l. 6, dans les villages, *lis.* dans les villes.
Page 319, l. 8, l'accoissement, *lis.* l'accroissement.
Page 344, l. 22, Pradines, *lis.* Pardines.
Page 351, l. 22, ces terres, *lis.* les terres.
Page 429, l. 19, cuoleur, *lis.* couleur.
Page 433, l. 17, offirira, *lis.* offrira.
Page 434, l. 18, au-dessus du volcan, *lis.* au-dessous du volcan.
Page 448, l. 1, que celles du granit, *lis.* que le granit.
Page 455, l. 8, ce tissu fibreux, *lis.* le tissu fibreux.
Ibid. l. 11, ce feu, *lis.* le feu.
Page 522, l. 1, argille-calcaire, *lis.* argillo-calcaire.
Page 529, l. 6, Pehstein, *lis.* Pechstein.
Page 534, l. 11, gravir à Montaley, *lis.* gravir Montaley.